세종혁신학교,
소담초가 건네는 소소한 기록 3

오늘도
혁신학교

세종혁신학교, 소담초가 건네는 소소한 기록 3

오늘도 혁신학교

초판 1쇄 인쇄 2021년 3월 8일
초판 1쇄 발행 2021년 3월 12일

지은이 김민정, 김아현, 김혜진, 박지연, 서승원, 윤휘경, 이상미, 임진희
　　　 임형신, 장경희, 정유숙, 정현미, 조윤진, 주대근, 함유찬
펴낸이 김승희
펴낸곳 도서출판 살림터

기획 정광일
편집 조현주
북디자인 꼬리별

인쇄·제본 (주)신화프린팅
종이 (주)명동지류

주소 서울시 양천구 목동동로 293, 22층 2215-1호
전화 02-3141-6553
팩스 02-3141-6555
출판등록 2008년 3월 18일 제313-1990-12호
이메일 gwang80@hanmail.net
블로그 http://blog.naver.com/dkffk1020

ISBN 979-11-5930-185-8 03370

세종혁신학교,
소담초가 건네는 소소한 기록 3

오늘도
혁신학교

김민정 · 김아현 · 김혜진 · 박지연 · 서승원 · 윤휘경 · 이상미 · 임진희
임형신 · 장경희 · 정유숙 · 정현미 · 조윤진 · 주대근 · 함유찬
지음

살림터

소담초, 이 학교 뭐지?

세종특별자치시교육청 교육감 최교진

꼭 4년 전 이맘때 유 선생님이 『어쩌다 혁신학교』라는 원고를 들고 왔습니다. 그리고 오늘 정 선생님이 『오늘도 혁신학교』라는 원고를 들고 왔습니다. 물론 그사이에도 소담초는 해마다 꾸준히 책을 내 왔습니다.

"혁신학교를 담은 다른 책들과 다르다. 이런 거 저런 거 잘했다고 뽐내는 이야기도 아니고 앞장선 이들의 무용담도 아니다. 이래라저래라 하는 길라잡이도 아니다. 소담초를 이루고 있는 이들의 소소한 이야기를 담담하게 풀어놓았을 뿐이다."

당시 추천사에 쓴 글입니다. 이 책을 다 읽고 당시 추천사를 다시 생각해 봅니다. 4년 전과 분명 다른데, 무엇이 달라졌을까? 올해는 코로나19와 함께 살았습니다. 사상 처음으로 개학이 연기되면서 학교가 잠시 멈춘 듯 보였지만 그렇지 않았습니다. 그 안에서 쉼 없이 작동되는 '뭔가'가 있었습니다. 소담초의 기록을 읽다 보니 그 뭔가의 실체가 보입니다.

함께 만들어 가는 학교, 코로나19 상황 속 구성원이 바뀌는 과정에서도 민주주의가 살아 꿈틀대고 있었습니다. 이 민주주의는 화려하거나 멋있는 모습을 하고 있지도 않고, 우리를 마냥 편안하게 하지도 않습니다. 그러나 그 민주주의가 코로나19라는 위기 속에서도 '학교교육'을 지켜 냈습니다. 방역과 교육 사이에서 끊임없이 고민하며 천 명이 넘는 학생들의 일상을 지키고자 고군분투한 흔적이 글 속에 고스란히 드러납니다. 그리고 현실에 기반을 두고 미래교육을 고민합니다.

다음은 살아 있는 공동체의 힘입니다. 살아 있는 공동체는 구성원을 환대합니다. '소담초, 이 학교 뭐지?' 짧지만 소담초의 일상이 머릿속으로 그려집니다.

갑자기 발령받아 온 곳이 소담초, 많은 걱정을 했지만, 어느덧, 살아 있는 학교의 일부가 된 교감 선생님.

코로나19 위기로 인해 교육과 방역 사이에서 혼란을 겪을 때 방역도 교육이다, 교육으로 풀어내는 훌륭한 베테랑 선생님.

처음으로 학교에 근무하게 되었는데, 함께한 동료가 코로나19였던 보건 선생님의 적응기.

코로나19 상황 속에서 교육을 멈추지 않기 위해 소담초TV를 운영하며 끊임없이 소통의 창구를 열어 놓으려 애쓴 선생님.

살아 있는 공동체는 위기에서도 교육을 멈추지 않았음을 보여 줍니다.

엄청난 시간과 공을 들여 아이들과 함께 책을 만든 선생님.

학기 중간에 신규로 발령받아 얼떨결에 같이 아이들의 책을 만들고, 본인도 작가가 되었다는 선생님,

교직 2년 차에 그럴싸한 연구회를 이끄는 선생님.

코로나19라는 위기를 기회로 바꾸고자 다양한 콘텐츠를 만들면서 더 하지 못함을 아쉬워하는 선생님.

신규로 발령받아 좌충우돌 교무실 생활을 하지만 '교무실의 보배'라고 불리는 선생님.

2학기에 갑자기 부장을 맡아 학년을 고민하며 멋지게 마무리한 2년차 선생님.

어느덧 학교의 교무행정사로 살아가는 것이 익숙한 행정사 선생님.

살아 있는 공동체는 미래를 고민합니다.

주요 구성원이 바뀌는 힘든 과정 속에서도 다시 자리를 잡고, 다음 갈 길을 고민하는 선생님.

따뜻한 생활공동체를 꿈꾸며 아이들의 일상과 삶을 살피는 선생님.

코로나19 위기 속에서도 학생자치는 멈추지 않음을 보여 주고, 오히려 유쾌하게 '놀면 뭐 하니?'라고 말하는 선생님.

소담마을인생학교, 우리의 배움은 학교에서만 이루어지는 것이 아니며, 학교와 마을이 함께하는 교육이 우리 아이를 건강하게 키운다는 것을 증명해 나가는 학부모님.

코로나19로 인해 많은 활동을 하지 못했음을 아쉬워하는 아버지회 회장님의 글에서 공동체의 생명력을 확인하며 가슴이 설렙니다.

마지막으로 소담초는 새로운 구성원을 멋지게 맞아들입니다.

새로 발령받은 교감 선생님을 위해 마련한 '게릴라 전문적학습공동체'에 대한 기록만 읽어 보더라도 소담초가 어떤 학교인지 단번에 알 수 있습니다. 여기는 이런 거 저런 거 잘했다고 뽐내는 사람도 없습니다. 앞장선 무용담도 아닙니다. 그냥 소소한 일상의 대화입니다. 그럼에도 소담초가 왜 소담초인지 알 수 있습니다. 대화의 주인공들이 모두 소담의 주인으로 살아가기 때문입니다.

소담초는 이제 한 매듭을 지었습니다. 4년 동안의 세종혁신학교 운영을 마무리했습니다. 그리고 교육공동체의 동의를 받아 혁신자치학교로 새 출발을 합니다. 새로운 사업의 시작이 아닙니다. 한번 되돌아보고, 길을 뚜벅뚜벅 걸어가는 과정입니다. 정 선생님의 말처럼 "쉽게 절망하지 않거나 함부로 희망하지 않으면서 묵묵히 걸어가는 오늘의 합이 소담의 미래"입니다.

소담을 응원합니다. 그 길에 즐겁게 그리고 기꺼이 함께할 것입니다.

고맙습니다.

김이 모락모락 나는 '집밥'같이 편안함을 주는 학교 이야기

한국교원대학교 교육정책전문대학원 교수 김성천

이 책은 마치 집밥을 먹는 것처럼 편안하고 소소한 일상의 교육 재료로 구성하였다. 맛깔스럽게 혁신교육을 요리하는 법을 제공한다. 혁신학교에 관한 각자의 느낌과 고민, 실천을 진솔하면서도 재미있게 담아냈다. 갓 지은 밥처럼 학교의 온기가 그대로 느껴진다. 코로나19 사태라는 초유의 상황에서도 소담초등학교가 학습공동체와 소통과 나눔, 민주주의 등 '혁신학교의 기본기'를 바탕으로 위기를 제대로 극복할 수 있었음을 담백하게 서술한다.

사실, 그동안 혁신교육은 고도의 전문성과 투철한 운동성, 견고한 교육철학이 결합된 우국지사의 결연함과 같은 자세 없이는 도전하기가 쉽지 않은 '넘사벽'(넘을 수 없는 4차원의 벽) 느낌을 주곤 했다. 그러다 보니 그것은 '나의 영역'이 아닌 '타인의 영역'이며, '우리 학교'에 해당하는 이야기가 아닌 '다른 학교'의 이야기였을 뿐이다. 혁신학교는 '나의 리그'가 아닌 '타인의 리그' 혹은 '그들만의 리그'로 인식되곤 했다. 이 책의 저자들은 진중한 혁신교육의 문법에서 벗어나 유쾌하고 상쾌한 혁신학교의 실천기를 거침없이 쏟아 낸다.

혁신학교는 대단한 학교가 아니다. 일상의 실천을 나누고 공유함으로써 지역의 학교와 공동의 성장을 도모한다. 혁신학교는 사람의 성장을 꿈꾼다. 학생-학부모-교직원이 하나의 학교 공동체를 만나서 성장해야 한다. 이 책은 소담초를 통해서 각자가 어떻게 성장했고, 무엇이 그들을 성장하게 만들었는가를 자서전처럼 재미있게 풀어낸다.

혁신학교는 기억과 기록의 공동체이다. 치열했던 고민과 실천을 개인의 내면에 머무르는 추억 차원으로 남기지 않고, 그 과정을 기록하고 공유함으로써 또 다른 이들 혹은 학교의 성장을 촉진한다. 개개인의 의미 있는 실천이 휘발된 채 누군가에게 전수되지 못했던 적이 얼마나 많았던가? 기억과 실천의 휘발을 막아 내는 가장 좋은 방법은 기록과 공유가 아닐까? 그 가능성을 이 책은 입증하고 있다.

혁신학교는 유행이 아니다. 잠시 정책적 스포트라이트를 받고 역사의 뒤안길로 물러서는 소비 영역의 개념이 아니고, 정치적 이벤트는 더더욱 아니다. 교육이라는 이름으로 행했던, 정확히는 관행과 경로 의존성에 놓인 학교의 공간, 시간, 관계, 철학, 교육과정, 문법, 문화에 근본적 질문을 혁신학교는 던진다. "학생의 삶에 무엇이 유익하며, 우리가 하려는 그것이 최선인가"를 끊임없이 고민하며, 나름의 답을 삶으로 입증하는 과정이 '혁신교육'이다. 이 책은 '구호'가 아닌 '실천'의, '결과'가 아닌 '과정'의, '혼자'가 아닌 '함께'의, '지시'가 아닌 '자치'의 힘을 보여 주고 있다.

혁신학교의 최대 성과는 사람이다. 혁신학교의 가치와 철학에 서서히 동화되는 사람들을 누가 어디에서 어떻게 확보해야 할까? 가장 좋은 방법은 삶으로 보여 주고 삶으로 설득하는 것이다. 관계와 리더십, 문화, 철학이 결합될 때 혁신의 주변부에 있던 존재들은 중심부로 이동을 스스로, 자발적으로, 기꺼이 선택하게 된다. 이 책은 혁신 가치가 어떻게 전이되고 확장될 수 있는가에 관한 단초를 제공한다. 혁신학교와 혁신교육에 관한 담론이 경기와 서울 지역을 중심으로, 혹은 농촌의 작은 학교를 중심으로 형성된 경향이 있다. 소담초는 세종특별자치시에 입지한 비교적 전통이 짧은 학교인데, 이 사례는 혁신교육 생태계의 다양성과 보편적 확대 가능성을 시사한다는 점에서 큰 의미가 있다.

소담초, 여긴 뭐지?

교감 박영애

(스페인 발렌시아)
새벽녘부터 한국에서 온 카톡 소리에 잠이 깼다.
"교감샘, 소담 발령이래요. 잘 난 것 아니죠? 어째요?"
"원치 않으셨겠지만 소담초에 발령 나심을 환영합니다!"
"학교자치와 내부형 공모교장제도가 안착되도록 잘하시리라~"
이건 뭐지?

소담초에 복직을 했다. 교무실에 들어서는 순간, 아주 친밀한 그들 사이에 환영받지 못하는 존재라는 못난 생각이 들었다. 그들이 원하는 전직 교감은 다른 곳으로 전근 가셨고, 원치 않은 내가 여기, 교감 자리에 앉았다. 게다가 업무지원팀의 팀장이란다. 불편하다.
나는 '혁신'이라는 말을 못내 외면해 왔다. 전임지에서 친한 동료 교사들이 혁신학교에 관심을 기울일 때, 나는 승진을 준비했고 교감이 되었고, 나름 전통적인(?) 교감이 되지 않으려고 노력을 해 왔다. 그리고 조금은 괜찮은(누군가가 실소를 할지도 모른다) 교감으로 살아왔지만, 그렇다고 혁신학교 교감 깜은 아니다. 이런 내가 왜 이곳에 있을까? 나의 20년 훌쩍 넘은 학교생활과 뭔가 다른, 이해할 지점이 낯선 그들, 여긴 뭐지?

오후 4시 40분, 선생님들이 퇴근을 안 한다. 그리고 뭐가 그리 재미있는지 웃음이 끊이지 않는다. 뭔가 나 모르게 모의하는 느낌이다. 그들은 무엇을 모의하는가?

"신입생에게 학교생활 안내를 재미있게 해 봅시다.", "소담초TV를 제작해 봐요.", "코로나19로 등교하지 못하는 상황이니, 우리끼리라도 콘텐츠를 마련하고, 쌍방향 수업을 준비해야겠어요.", "올해 졸업생들을 위해 출판 프로젝트를 해 볼까요?", "어린이날 전 직원 축하영상을 만들어요. 각 실별로 준비하도록 해요." 그뿐이 아니다. "A선생님 발령 100일 되는 날, 축하해 줄 이벤트를 마련해야죠.", "연말인데 마니또 해 볼까요?" 등. 말 꺼낸 교사가 실행까지 책임져야 할 텐데, 그런 걱정은 필요가 없다. 기꺼이 모두 함께 참여한다.

즐기면서 진행하는 모습을 보자니 교생실습 때 동기들과 모의했던 기억이 떠오른다. 모처럼 만에 살아 있는 학교 같다는 생각이 들었다. 교사의 자발성. 그들이 필요성을 말하고, 콘텐츠를 마련하고, 검토하고, 부족한 점도 그들끼리 메운다. 교장, 교감이 시킬 일이 없다. "그거 좋겠어요.", "재미있겠네요.", "필요하겠네요.", "너무 잘하셨어요." 추임새만이 필요할 뿐. 학교에서도 이렇게 재미있게 일할 수 있다니,

이들은 뭐지?

연석회의, 기획회의, 교무업무지원팀 회의, 코로나비상대응팀 회의, 간부회의, 교실 마실, 두레…. 회의하다가 3, 4월이 다갔다. 팀장이니 회의를 진행해야 한다는데, 도무지 뭐가 뭔지 모르겠다. 회의하다가 휴식하고 또 회의한다. 솔직히 체력이 부치고 머리도 아프다. 회의는

회의 규칙을 정해서 효율을 높여 봐야겠다고 생각을 한다. 그런데 나도 어쩔 수 없이 어떤 논의거리가 나오면 시간 가는 줄 모른다.

회의의 좋은 점은 함께 논의하고 결정한 사항에 대해 모두가 함께 책임을 진다는 것이다. 그 묘미를 알기에 이제 나도 혼자 결정하기 전에 "회의해 봅시다~"를 외친다. 경력에 상관없고, 지위에 상관없고, 맡은 일에도 상관없이 자신의 생각을 말하고, 때론 그것이 정말 기발한 교육활동으로도 이어진다. 예를 들어, 대부분의 학교가 코로나19 예방으로 학교 축제를 생략했을 때, 우리 학교는 온라인 축제를 했다. 학생들 공연도 동영상으로 제작하고, 각 반별로 부스도 열었다. 게다가 연석회의에 참석했던 학부모님들은 뻥튀기를 돌려 선물 꾸러미를 만들었다. 며칠 동안 학교로 출근해서 만든 1,100여 명분의 꾸러미가 학부모 지원실에 가득 찼을 때, 정말 감동이었다. 교사의 자발성에 이어 학부모의 자발성. 놀랍다. 회의의 결과이다.

여태까지 살아오면서 정해진 것을 받아들이는 것이 더 편하고 익숙했었는데, 소담초의 구성원들은 주체적으로 활동한다. 시간과 노력이 많이 필요하고, 분명 힘들 텐데, 투덜거림이 없고 즐겁게 자신이 감당해야 할 부분을 기꺼이 감당하는 학교, 여기는 또 뭐지?

물론 의견이 맞지 않을 때도 있었다. "다모임에서 회의 주제를 바로 잡아야 했어요.", "업무지원팀 위주로 운영되는 것 같아요.", "두레체제를 꼭 운영해야 하나요?", "우리 학교만의 교육과정을 정립했으면 합니다.", "지금 일도 너무 많아요." 등. 그럼에도 불구하고 결정의 중심에는 '홀로서기와 함께하기로 삶을 가꾸는 소담교육'이 차지한다. 다들 학교를 너무 사랑하고 애정이 넘친다. 직장인으로서 근무하는 학교는 4년 후면 훌쩍 떠나는 곳일 뿐인데, 애교심이 넘치는 이들은 진정 뭐지?

소담초에서는 모두가 전문가다. 교사, 행정직원, 교무행정사, 돌봄전담사, 특수실무사, 급식실무원, 배움터지킴이, 교통봉사직. 학교의 구성원들이 서로를 존중하고, 각자의 맡은 역할에서 최선을 다한다. 누가 시켜서가 아니라 스스로 자기 업무를 기획하고 추진하고 협력한다. 수레바퀴처럼 잘 맞물려 돌아간다. 무엇인가 어려움이 있어야 달려가서 해결해 줄 텐데…. 어디에도 없다. 한 분이 어려우면 기꺼이 협력하려는 소중한 마음이 있는 곳, 여기서 나는 뭐지?

50학급 규모의 학교를 감당하느라 사실 힘이 든다. 아침에 울리는 전화벨은 선생님들 복무에 이상이 있다는 것이고, 교사 공석이 없어야 하니 분주하다. K-에듀파인 결재도 해야 하고, 회의도 주재해야 한다. 나보다 더 잘하는 교사들 사이에서 가끔은 줄타기도 해야 한다. 공평해야 하고, 공정해야 하는 일 앞에서 고민에도 빠진다.

교무실은 늘 바쁘고, 선생님들은 각자의 일이 전부인 양 나를 부르고, 뭔가 부족함 때문에 전문 서적을 뒤적여 보면서 근사한 교감을 꿈꾸지만, 허당미 뿜뿜 풍기는 지금의 나도 좋다. 교감 업무 폭주하는 바쁜 12월, 내 직장인 소담초등학교에 출근하는 발걸음이 가볍다. 요즘 재미가 생겼다. 뭐가 재미있냐고? 글쎄, 궁금하지?

차례

1부

학교가 멈췄습니다

그때는 아무도 알지 못했다. 불철주야 대응팀의 임기가 1년을 꼬박 채울 것임을. 지침과 현장의 판단 사이에 존재할 시차와 격차, 강도 높은 긴장감과 권한 없는 책임감 사이의 허탈함, 되풀이되는 엇박자로 인한 피로감과 무력감 앞에서 꽤 오랜 시간 버텨야 함을. 그리고 무엇보다 물을 곳도 답할 곳도 결국은 우리임을 깨닫게 될 것임을 말이다.

긴급대응, 어디까지 해 봤니?

정유숙

우리 동네 1호 확진자

2020년 2월, 여느 해보다 호기롭게 새 학년 준비를 시작했다. 그간 세종시교육청은 '수업에 몰입하는 3월' 운영을 위해 다년간의 채비를 해 왔다. 학사일정 마감과 교원 인사발령 일정을 1월로 당긴 한편, 2월 새 학년 교육과정 준비 기간이 알차게 꾸려질 수 있도록 업무 관련 출장 일정과 안내를 사전에 통합하며 학교를 지원해 왔다. 4년 차 혁신학교인 소담초에서도 부장단 워크숍과 소담인 하나 되기 주간(교사 편)을 순조롭게 꾸리고, 번외로 학년군별 워크숍과 학년 단위 연수가 열리는 등 아이들 맞을 준비에 여념이 없었다.

2월 22일 토요일 아침, 신천지발 집단 감염으로 전국 확산 중이던 코로나가 마침내 세종을 겨눴다. 세종 1호 확진자의 동선을 확인하는 순간 머리가 하얘졌다. 너무도 익숙한 상호. 교육과정 준비 기간 내내 우리 학교 선생님들이 점심식사를 했던 곳이었다. 공공경보를 확인하고 아이들 미술학원을 데려다주러 나서던 발걸음을 돌렸다. 그 뒤의 일들은 장면 장면만 기억난다. 바로 긴급대응팀 회의가 소집되었고, 사태 파악과 만일의 상황에 대한 대처를 준비하기 위해 동분서주했다.

다음 날 정부의 대응 단계가 최고 수준인 심각 단계로 격상되고 개학이 한 주 연기되었다는 초유의 소식에 도리어 한숨을 돌릴 수 있었다.

그때는 아무도 알지 못했다. 불철주야 대응팀의 임기가 1년을 꼬박 채울 것임을. 지침과 현장의 판단 사이에 존재할 시차와 격차, 강도 높은 긴장감과 권한 없는 책임감 사이의 허탈함, 되풀이되는 엇박자로 인한 피로감과 무력감 앞에서 꽤 오랜 시간 버텨야 함을. 그리고 무엇보다 물을 곳도 답할 곳도 결국은 우리임을 깨닫게 될 것임을 말이다.

이참에 프로젝트 수업

등교 연기가 발표되었고, 매주 대응팀 회의를 했다. 비상시에만 작동하는 긴급대응팀 회의가 있었지만 코로나19 상황이 어느덧 일상이 되다 보니 기획회의가 자연스럽게 대응팀 회의가 되어 버렸다. 첫 개학 연기는 놀라운 일이긴 했지만 그래도 한 주니 어떤 면에서는 느긋하게 기다릴 수 있었다. 학년도 교육과정에 대해 안내하고 학급 아이들과 전화나 밴드를 통해 담임선생님 소개나 우리 반 알아 가기 등을 진행했다. 확산이 진정 국면에 들어서지 못하자 개학이 3월 23일에 이어 4월 6일로 추가 연기되었고, 불안한 몇몇 학교들이 학습 내용을 다루기 시작했다. 공식적으로 학기가 시작되지 않았으니 선행학습이다, 아니다로 현장에서는 여러 말들이 오갔다. 다행히 소담의 문화는 '교육과정=진도빼기' 병증에 대한 튼튼한 항체가 형성되어 있기에 지금 무엇을 해야 할지에 집중하기로 했다.

그중 핵심은 '재난을 배워야 진짜 시민' 프로젝트였다. 민들레 편집장 장희숙 선생님의 글[1]에서 영감을 얻어 코로나를 학습하는 기회로

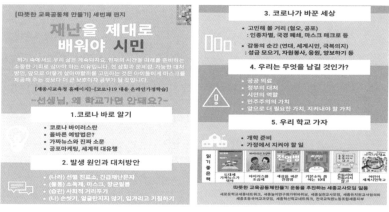

코로나19 관련 학교 공통 프로젝트 수업

삼자는 전환을 얻었다. 지금의 재난 상황이 왜 일어났고, 어떻게 진행되고 있는지, 그리고 재난 상황이 우리에게 남긴 것들을 6개 학년이 공통으로 교육에 담아 보자고 제안하였다. 그간 학년 프로젝트 수업은 경험이 제법 있지만 학교 단위 프로젝트 수업은 '소담인 하나 되기 주간'(학기 초 생활, 적응 교육)을 제외하고는 처음이었다. 참조할 것 없이 맨손으로 직접 내용을 찾고 쌓아야 할 텐데 학년 부장들의 합의가 금세 이루어졌다. 질병 자체에 대한 공부뿐 아니라 코로나가 가져온 혐오와 공포(인종차별, 국경폐쇄), 시장 윤리(소독제 사재기, 마스크 매크로), 국경을 넘어서 사람들은 어떻게 연대하는가(세계시민), 또 공공 의료와 민주주의, 정부의 대처 등을 큰 주제로 삼았다.[2]

1. [학교의 안과 밖] 「재난공부」, 장희숙, 경향신문 오피니언, 2020. 3. 16.
2. http://www.sje.go.kr/boardCnts/list.do?boardID=1433&m=032109&s=sje 관련 자료(총24건)는 [세종시교육청]-[코로나19 대응자료실]-[원격수업 안내]-[프로젝트학습방]에 탑재되어 있다.

세 차례의 개학 연기에 이어 교육부가 내놓은 해법은 온라인 등교였다. 에듀테크라는 말조차도 낯설 때. 전국의 모든 교사가 우왕좌왕 플랫폼을 탐색하고 관련 기능을 익히느라 허둥댔다. 우리도 많은 정보를 바탕으로 토의를 이어 갔고, 여러 측면에서 심층적으로 분석하며 플랫폼 기반을 고민하다 학년 단위로 통일하기로 했다. 여러 자녀를 둔 가정을 고려한다면 학년 간 통일이 다소 필요하지만, 지금은 다른 무엇보다 학년성이 중요했다. 특히 저학년의 경우 학교의 물리적 환경과 교사 역량이 준비되었다고 하더라도 가정 내에서의 준비 속도가 다를 수 있기 때문이다. 아쉽지만 지금은 일단 학년으로 헤쳐 모여 할 때다.

아이들 없는 봄은 오고

분명, 학교가 멈췄는데 아이들 없는 학교는 여전히 분주했다. 온라인 개학 기간이었지만 여전히 200명 가까운 아이들이 긴급돌봄으로 학교에 오고 있었고, 수업영상 제작, 학습꾸러미 제작과 배부, 학습기기 대여 등 그 흔한 재택근무 한 번 없이 3개월이 흘렀다. 학교는 새 학년도의 시작으로 3월을 맞기에 늘 봄이 늦다. 그나마 아이들과의 새로운 만남이 직업적으로 느끼는 봄인 셈이다. 올해는 더욱이 교무실에 콕 박혀 문서와 모니터 화면으로 그득한 시간을 보내다 보니 계절의 변화에 유독 둔감하다.

언제부터 있었을까. 바쁜 때엔 도통 눈길 주지 못했는데 교문 앞 화단에 분홍색 꽃이 흐드러져 있다. 이름을 구하니 낮달맞이

꽃이란다. 해바라기나 달맞이꽃이야 대상이 나타날 때 시간 맞추어 피운다만. 낮달맞이꽃이라니. 뭔가 사연이 있을 법한 이름이다.

흔히 해가 뜨면 달이 지고, 해가 지면 달이 뜬다지만 엄밀히 그런 날은 해와 지구와 달이 일직선으로 위치하는 보름달이 뜰 때뿐이다. 해와 가깝게 혹은 멀게 달은 하늘 위에 늘 머물고 있고, 그러다 보면 낮에 뜬 달도 있다. 보이지 않을 뿐 달은, 낮에도 내내 떠 있다. 일상을 잃어버린 시간, 아이들 없는 텅 빈 학교가 영 낯설다. 그래도 학교가 바삐 돌아가는 건 낮달처럼 보이지 않는 아이들을 떠올리고 있기 때문 아닐까.

처음 겪는 온라인 수업. 소음 없을 새벽을 기다려 영상을 찍고 편집을 하고 글자에 목소리를 입힌다. 약속된 시간이 되자 하나둘 생겨나는 연결의 흔적에 가슴이 뛴다. 두근두근한 마음으로 들여다보는 모니터 안에서 아이들이 과제를 올린다. 썼다 지웠다 하는 그 망설임의 시간이 느린 화면처럼 재생되며 내 시간의 영역으로 들어온다. 옮겨지는 커서, 채워지는 화면, 그 순간순간을 함께한다. 우리는 이렇게 이어져 있구나. 보이지 않지만 같은 공간을 채우고 있구나. 희미한 연결일 뿐이라 생각했는데 이 시공간 너머 존재하는 아이들이 있다. 학교에 아이들은 없지만 학교를 매개로 아이들은 여전히 있다.

서로 이어져 있기를 바라는 마음으로 만남이라는 단어를 참 여러 날 세었다. 6월 8일, 오늘은 2020학년도가 시작된 지 마침 100일 되는 날이다. 순차적 등교의 마지막 학년인 5, 6학년 아이들을 드디어 만난다. 교문을 들어서는 아이들처럼 달도 하얀 얼

교사들을 닮은 낮달맞이꽃

굴을 슬며시 내민다. 화단에는 보이지 않던 달을 그리던 낮달맞
이꽃이 한창이다.

1호가 될 순 없어

드디어 아이들이 학교에 온다. 방역과 학습을 모두 챙기라는 교육
계의 압박이 고스란히 교실의 목을 조여 오는 때였다. 숱한 논의 끝에
소담 선생님들이 택한 등교 방식은 한 반을 A/B조 나누어 번갈아 오
게 하는 교차 등교였다. 학급 안 학생 수를 조절한다면, 애초에 말도

안 되는 두 마리 토끼잡기가 그래도 조금은 가능하지 않을까 하는 희망에서 시작된 논의였다. 사실 이 방법에는 넘어야 할 큰 산이 있었다. 선생님 처지에서야 아이들이 번갈아 나오는 것이지만 아이들은 학교에 오든 오지 않든 매일 학습을 해야 한다. 결국 교사는 하루 두 가지 종류의 수업을 모두 준비해야 하는 상황이 된다. 처음 이 방법을 택한 몇몇 학교들은 상황이 2학기까지 길어지면서 중간에 대개 등교 방식을 바꿨다. 예상했듯이 쉽지 않은 일이었기 때문이다. 협의 문화와 학년학습공동체가 탄탄한 소담이었기에 가능했던 일이라 감히 자부한다.

담임선생님들의 마음과 열정이 헛되지 않도록 학교 전체가 총력을 기울였다. 학년별 등교 일정 논의와 조율, 현관 출입 관리와 열화상 카메라 측정, 이동 동선 통제와 거리 두기를 위한 각종 시각자료 만들기, 방역계획 수립과 도우미 채용, 등교 시 교통 봉사 및 긴급 하교 시 하교 방법 조사 등등. 가장 염려되는 곳은 아무래도 인원이 많이 모이는 식생활교육관. 다행히 2월 말 일찌감치 자체 제작해 관내 영양교사들에게 파급을 일으켰던 가림판이 빛을 발했다.

역학조사에 필요한 자료들을 갖추고, 혹시 모를 상황에 대비해 교직원 모의 훈련을 했다. 관련 공문을 꼼꼼히 숙지하고 나면 곧 2판, 3판 개정판이 쏟아졌다. 상당한 분량을 담고 있었는데 실제 흐름을 떠올려 보면 연결이 잘되지 않았다. 숱한 가정법을 바탕으로 해야 했고, 우리의 가정에 확신을 갖지 않으면 다음 일이 진행될 수 없는 구조였다. 방역 당국과 교육 당국 어느 누구도 물음에 답을 주지 못했다. 그도 그럴 것이 일반화된 절차와 매뉴얼을 바탕으로 특수성을 적용해야 하는데 우리 감각과 상황을 가장 잘 아는 이는 우리였기 때문이다.

학교 내 확진자 발생이나 감염 사례가 있다면 큰 참고가 될 텐데 모두 다 처음 겪는 일이었기에 마냥 어두운 터널을 더듬고 있었다. 지금에 와서야 '완벽한 대처란 없다, 상황이 발생하면 원격학습 기간부터 알리고 신속히 역학조사에 임하자'라고 마음먹을 수 있지만 당시에 그런 마음을 갖기란 쉽지 않았다. 누구에게나 어느 학교에나 일어날 수 있는 일이라고 받아들이기엔 학교의 책임 범위에 대한 판단이 부족했고, 또 비난과 화살에 대한 방어심리도 있었다. 우리 모두의 절박한 마음은 이랬다. 확진 학교 1호가 될 순 없어.

학교 홍보용 TV가 열화상 모니터로

함브로의 방역을 위한 망치질

교육과 돌봄 사이

구성원들의 마음이 준비되지 않은 채 교육적 난제들이 학교 안으로 성큼성큼 밀려들고 있었다. 학교를 둘러싼 많은 언설이 무너졌고 그중 지분이 가장 큰 것은 '학교는 돌봄 하는 곳이 아니라 교육하는 곳입니다'가 아닐까.

온라인 등교로 학교를 열지 않는 기간, 가정의 상황으로 학습과 돌봄이 필요한 학생들이 학교에 와야만 했다. 이 학생들을 위해 '긴급돌봄'이 운영되기 시작했고, 곧 학습은 교사 몫, 돌봄은 돌봄전담사의 몫이라고 깔끔하게 나눌 수 없는 문제가 드러났다. 1, 2학년 담임교사는 17명, 돌봄전담사는 5명. 돌봄 이용 대상자가 많은 1, 2학년의 경우 아이들을 중심에 두고 생각한다면 담임교사와 돌봄전담사 간 교육 협력이 당연히 이루어져야 하지만, 학교가 운영되는 상황을 조금이라도 안다면 그리 쉽게 요구할 수 없는 문제다. 근무 시간이 다르기 때문에 협의체를 운영하기도 쉽지 않았다. 이해관계를 바탕으로 한 노동조합에서 큰 말들이 오갔고, 현실의 상황은 나아지지 않은 채 그 무게와 고민은 학교에 그대로 남아 있었다.

우리에게도 두 가지 견해가 존재했다. 긴급돌봄 학생들을 해당 학급에서 데리고 있는 것과 별도의 인력과 공간을 마련해서 데리고 있자는 것이었다. 1, 2학년은 EBS 교육방송을 활용하고 있었지만, 하루 1시간 분량이었기에 나머지는 오롯이 교사의 수업 준비가 필요했다. 학년 특성상 교실에 데리고 있기에는 분반을 한 의미가 없을 정도로 긴급돌봄 학생 수가 많았다. 담임교사들은 학교에 오는 날이 적어 기본학습 훈련조차 되지 않은 아이들을 안타까워했다. 책임교육을 위해 보충학습을 자처하며 정성으로 돌보고 있었는데 긴급돌봄까지 감당하기에는 무리가 있어 보였다. 긴급돌봄 전담 인력을 채용하고 돌봄교실과 유휴 교실을 활용하기로 했다.

문제는 아이들이었다. 보따리를 싸서 등교일에는 교실과 돌봄교실, 비등교일에는 임시 돌봄교실에 갔다가 원돌봄교실로 이동해야 했다. 아직 짐을 야무지게 챙기지 못하는 아이들이 내내 학교를 돌아다니며 책을 찾으러 헤맸다. 쉬는 시간을 줄여 학사를 운영하다 보니 아이들의 하교 시간이 당겨졌는데 전담사들의 근무 시작 시간과 아이들 하교 시간이 연동되지 않았다. 출근은 했지만 아이들 돌보는 시간이 아니기에 맡아 줄 수 없다고 했다. 점심을 먹고 돌봄교실로 이동하기까지 시간 동안 누군가 또 아이들을 데리고 있어야 했다. 긴급돌봄은 임시 업무분장으로 생활교육 담당 선생님이 맡아 애써 오셨다. 학급이 섞인 채로 아이들이 학교에 오래 머물면서 생기는 생활문제가 늘어났고, 그에 인한 책임 공방에 혼란스러웠다. 모두 마음이 편치 않았다. 아이들 입장에서 교육적 고민을 많이 하면 할수록 그랬다. 등교 논의가 바뀔 때마다 긴급돌봄 논의는 참 쉽지 않았다.

2학기 어느 날은, 1학년 부장님과 논의를 하다 함께 울었다. 솔직히 학교 전체의 운영과 일의 처리를 생각했을 때, 학년성 있는 문제들은 학년이 조금 더 감당해 주었으면 하는 마음이 내심 있었다. 학년 선생님들을 끌어안고 달래며 온오프라인 수업을 간신히 유지하고 있을 상황을 잘 알고 있기에 미안함과 안쓰러움이 밀려왔다. 업무지원팀 역시 여러 요구에 맞춰 현실적인 일은 일대로 처리하고, 서로 다른 입장을 조율해야 하는 일로 벅찼다. 감당하기 어려운 복잡함과 무력감이 하수구로 쏟아지듯 밀려들었고 이내 역류하고 말았다.

포용적인 복지체제로서 학교의 모습을 다시 그려야 한다는 이야기에 동의한다. 학교의 목적은 아이들을 교육하는 곳이지만, 그 교육의 목적은 시대가 필요에 따라 정하는 것이기도 하다. 미래 사회 삶의 안전판으로서의 학교가 제 기능을 할 때 사회를 바꾸는 단초로서 교육은 보다 본질적인 의미를 갖게 될 것이다. 다만, 현실의 분주함과 어려움에 치인 당사자들의 마음이 얼어붙지 않도록 완급을 조절해야 할 테다. 교사들의 마음과 동의를 얻지 못한 정책은 취지와 의도가 무색하게 굴절되고 왜곡되기 마련이니.

테라스 콘서트

아이들이 학교에 온 날은 손가락을 꼽을 정도인데 어느새 방학을 맞이한다. 겨우 만났는데 또 헤어진다니. 이렇게 그냥 아이들을 보낼

소담 테라스 콘서트

수는 없다. 그래서 또 작당 모의가 시작된다.

"아이들을 응원하고 지친 우리를 달래는 마음으로 방학맞이 공연을 합시다."

순식간에 아이디어가 결정되었다. 방역을 준수할 수 있는 야외공연. 이름하여 테라스 콘서트.

소담을 흉내 내는 말로 표현한다면 뭐가 적절할까?

웅성웅성. 이건 뭔가 일이 도모되려고 할 때 그렇다.

휘뚜루마뚜루. 이건 일의 진행이 일사천리라는 점에서 그렇다.

짜자자잔. 이건 완성도 높은 결과물을 뚝딱 내어놓는다는 점에서 그렇다.

기획팀과 공연팀, 당일 진행팀 몇몇이 구성되고, 수요일 기획회의를 거치자마자 다음 날 행사를 진행하기로 한다. 하필 기록적인 폭우로 인근 지역에 홍수 피해가 날 정도로 비가 억수로 퍼붓는 날이었다. 아침 7시 부장방 단톡으로 행사가 취소되었다는 아쉬운 소식이 들린다. 나는 마침 발가락이 부러졌던 때라 운전도, 걸음도 쉽지 않아 돕지 못하고 느지막이 출근했다. 웬걸. 아이들과의 약속은 지켜야 한다는 여론에 힘입어 마침 잦아든 빗줄기 사이로 공연이 한창이다. 학교 공식 공연팀 5학년 선생님들의 노래와 소담마을인생학교에서 학부모회 임원분들이 갈고닦은 칼림바 연주까지. A/B조 등교일에 맞추어 그렇게 두 번 콘서트가 진행되었다.

덕분에 챌린지

무사히 방학을 맞이하며 서로에게 감사를 전한다. 오늘의 무사함은 애쓴 당신 덕분.

코로나19와 함께한 소담. 우리끼리 덕분에 챌린지!

# 얘들아 고마워	아프지 않고, 손 잘 닦고 온라인 수업 따라 준 소담이 모두에게 고맙습니다.
#7300대표번호 담당 고맙습니다	쏟아지는 민원 전화에도 친절함과 상세한 안내로 늘 소담을 지켜주시는 김남희샘과 교무실 선생님들. 고맙습니다. 알라븅.
# 소담 선생님들께	누구보다 방역의 '최전선'에서 나서서 열심히 해 주신 소담의 모든 선생님들께 감사드려요. 선생님들이 열심이기에 아이들도 열심인 2020의 방역은 정말 훌륭했습니다. 짝짝짝.

# 담임선생님들 덕분에	온라인 학습자료도 최선을 다해서 만드시고, 온-오프라인 병행 수업도 가장 힘든 형태를 선택하였음에도 불구하고 학습 콘텐츠의 퀄리티가 최고인 담임선생님 덕분에 소담초 교육의 질이 높아집니다.
# 교장 선생님 덕분에	비가 와도 날이 더워도 아침 맞이를 하시고 비 오는 날에도 우산을 손수 접어 주시는 교장 선생님 덕분에 활기찬 아침을 맞이합니다.
# 5학년 너마저	소담초TV를 뜨겁게 달구어 주시는 5학년 너마저 선생님들의 노래를 들으면서 너무 좋았어요. 노래 너무 잘하십니다.
# 방역도우미 선생님 덕분에	문고리, 손잡이 손 닿는 부분 모두 다 닦아 주시는 방역도우미 선생님. 바닥도 닦으시는 모습에서 감동을 받았습니다.
# 교감 선생님 사랑해요	아이들을 후문에서 다치지 않도록 차에서 내리는 곳부터 안내해 주시는 교감 선생님 너무 대단하셔요. 학부모님들과 아이들도 교감 선생님의 따스한 손길을 느끼실 거예요.
# 정주연 어머니	사서도우미로, 방역도우미로, 돌봄교실 선생님으로 너무 많은 곳에서 역할을 해 주셔서 빈 곳 없이 학교가 운영될 수 있었어요. 너무 감사합니다. 소담초에 꼭 필요한 존재예요.
# 권찬근 선생님 덕분에	더운 데서 군 복무 중일 권찬근 선생님 덕분에 하이 퀄리티의 영상을 제작할 수 있었을뿐더러 권 피디님의 제자들이 학교에서 또 활약하고 있습니다. 영상 제작에서 제자 양성까지 너무 감사해요. 군 복무 잘하세요. 내년은 반드시 올 거예요.
# 소담초 학부모회 덕분에	비상대응팀에서 의견을 전달해 주시면서 방역 대응의 빈 곳을 살펴 주시고 원격학습도우미로 긴급돌봄의 빈 곳을 채워 주셔서 학교가 원활하게 돌아갑니다. 학부모회장님을 비롯해 모든 분들께 감사합니다.
# 김진영 선생님 싸랑해요	급식이 차질 없이 운영되기 위해서 애쓰시고 업무팀보다 한 발 앞서 고민해 주셔서 감사해요. 그리고 대단한 발명품 올해 멋진 아이템이에요. 김진영쌤의 발명품 덕분에 급식 실시가 어렵지 않았어요. 그리고 맛있는 급식 덕분에 학교 다닐 맛이 납니다.
# 선생님들께	매일 남아서 수업 준비, 교실 방역, 학습 피드백에 각종 교실 속 돌발 상황에 유연하게 대처해 주시고 헌신적으로 교육에 임해 주신 선생님들 덕분에 한 학기를 안전하게 보낼 수 있었던 것 같아요. 항상 학교 일에 관심 갖고 아이들에게 최선을 다해 주신 선생님들께 감사합니다.
# 부모님들께	가정에서 묵묵히 아이들 돌봄에 헌신적으로 임해 주시고 항상 학급 일에 협조해 주신 부모님들께 감사합니다. 아이들이 아프지 않고 매일 학교에 건강하게 올 수 있도록 도와주신 가정의 든든함 덕분에 코로나 상황에서도 학교교육이 잘 운영될 수 있었던 것 같습니다.

# 소담교육공동체 여러분	방역이 자신의 일이 아니라고 생각할 수 있는데도 불구하고 모두들 나서서 발열 체크를 하시고 나서 주셔서 감사해요! 소담의 힘은 여기에서 나온다고 생각해요! 모두 소담의 주인공이에요. 멋집니다.
# 나 덕분에	학교가 예상치 못한 상황을 겪으며 새로운 길을 개척하고 있습니다. 학급이, 학교가 그래도 어찌어찌 잘 돌아가고 있는 건 모두 나 덕분입니다. 나를 격려해 주세요!!
# 3, 4, 5, 6학년 선생님	1, 2학년 아이들 등교할 때 응원해 주시고 한 명 한 명 교실로 데려다주시는 모습이 너무 감동적이었어요. 그 모습에서 학부모님의 신뢰를 팍팍 얻었다고 합니다.
# 김박사 덕분에	유튜브의 세계에 발을 담근 건 순전히 김박사 덕분입니다. 미래의 내가 유튜브 광고 수입을 받는다면 김박사에게 0.01% 떼어 주겠습니다. 수줍어서 카메라에 얼굴을 못 비추던 내가, 카메라를 앞에 두고 농담을 할 수 있게 되었습니다. 덕분에 온라인 수업을 촬영할 때 자신 있게 찍게 되었습니다! 길을 개척하는 사람, 김박사! 으어~~♥
# 조이맘 선생님들께	아이들끼리 서로 알려 주거나 할 수 없어 참 힘들었는데, 한 명 한 명 지도해 주시어 감사합니다. 시간이 빌 때는 교실도 깨끗이 소독해 주시고, 학습자료도 만들어 주셔서 큰 도움이 되었습니다.
# 행정실 덕분에	코로나19로 인해 새롭게 생겨난 각종 예산을 처리하는 어려운 일을 행정실에서 빠르게 처리해 주셨습니다. 오전 발열 체크도 묵묵히 함께 해 주신 행정실 선생님들 덕분에 학교생활이 한결 편했습니다!
# 김민정 덕분에	영상은 촬영이 3, 편집이 7이라고 제가 말했습니다. 영상 촬영이 쏟아지는 시기에 묵묵히 편집 의뢰를 모두 받아서 밤늦게까지 영상을 편집해 준 민정샘. 덕분에 '소담초 영상은 고퀄이다'라는 인식이 자리매김했습니다. 고마워요. 근데 아직 몇 개 더 남았어요….
# 보건 선생님 덕분에	말해서 뭐 하겠습니다만 누구보다 어려운 역할은 보건 선생님이었을 겁니다. 신규 발령으로 학교생활을 처음 시작할 때 하필 이런 일이 생겨서 더 어려우셨을 겁니다. 그럼에도 신규답지 않은 간결한 일처리로 학교가 휘청거리지 않게 중심을 잡아 주신 보건 선생님 덕분에 우리가 오늘도 힘을 얻습니다.
# 코로나 덕분에	네 덕분에 우리가 이 고생을 한다. 네 덕분에 우리가 새로운 곳에 눈을 떴다! 고맙다.
# 우리 모두에게	코로나19가 슬며시 우리 곁에 왔지만 모두 함께 방역수칙을 잘 지켜 왔습니다. 머지않아 코로나19가 지구에서 사라질 때를 기다리며 좀 더 힘을 내어 봅시다. 우리는 해낼 수 있습니다. 소담 가족 모두에게 격려와 응원을 보내 드립니다. 모두에게 감사합니다.

# 멋진 소담이들 덕분에	어른들도 마스크 쓰고 있기 힘든데 불평 없이 하루 종일 마스크를 잘 쓰고 있어 주는 소담이들 덕분에 소담초가 코로나19를 잘 극복하고 있는 것 같아. 멋진 소담이들아, 어서 코로나가 사라지고 우리 같이 뛰어놀자.
# 상미샘 덕분에	긴급돌봄 담당으로 수많은 비상전화를 받아야 했던 상미샘. 고생하셨습니다~ 샘들 기억하세요. 이상미샘은 생활업무 담당이지 돌봄업무 담당 아니세요.ㅎㅎ 이후 돌봄 관련 문의는 돌봄교실 선생님께 주세요^^;
# 업무팀 덕분에	3~4월 휴업 기간 재택근무도 없이 코로나 비상상황에 매일 출근해서 학교를 지켜 주신 교장, 교감 선생님, 업무팀 선생님들 모두 모두 감사합니다. 무리 없이 소담초가 코로나에 잘 대처한 원인 중 하나일 것입니다.

다시, 학교의 의미를 묻다

학교가 멈추자 애쓰던 일들이 수포로 돌아가는 듯했다. 그리고 학교 안 '당연'에 대한 질문이 쏟아졌다. 왜 학교에 가야 하는지, 왜 학교를 통해서만 배워야 하는지 판도라의 상자가 열린 것 같았다. 더욱이 그간 수업혁신을 통해 힘주어 온 배움의 방식이 되돌아가고 있었다. 온라인 수업 안에서는 아이들이 배움을 어떻게 이해하고 받아들이느냐에 대한 고민보다 스타 강사의 강의식 수업이나 화려한 영상 제작이 교사들의 마음을 흔들었다.

교육 주체로서 참여와 협력을 고민하던 학부모회는 한순간 학교 방문을 삼가야 할 외부인이 되었다. 아이들 간 접촉이 없으니 학교폭력 사안이 줄어들어 안심이라는 선생님들 평가와 아이들끼리의 시시비비를 가릴 일 없어 마음 편해졌다는 학부모들 이야기도 들렸다. 함께 모여 더 나은 삶을 궁리하던 노력들은 사라지고 세상에는 온통 우리 집 밖의 타자들만 남은 셈이다.

학교가 교육의 공간임을 분명히 하고 싶었던 교사들의 바람과는 달리 급식과 돌봄이 학교의 중요한 기능으로 드러났다. 구성원끼리 상황을 진단하고 협의를 통해 해법을 찾는 게 소담이 길러 온 힘이었는데 어느덧 학교 밖 조합의 단체협약과 교육청 지침과 안내에 따라 움직이고 있었다. 급식꾸러미나 쌀이 가정으로 지급되면서 그간 학교를 통하고 있던 다양한 복지들을 눈으로 확인하게 되기도 했다. 감염병에 대한 우려와 걱정으로 선택적 등교를 주장하는 이들과 돌봐 줄 이가 없어 학교에 와야만 하는 이들 사이, 더구나 온라인 학습은 부모의 경제력과 매체 운용 능력이라는 새로운 문화자본이 되어 디지털 양극화를 만들어 낸다. 그 사회의 간극을 메워 주는 것이 학교의 가장 큰 기능이라면 학교의 사회적 역할에 대한 적극적인 고민이 필요한 때다.

재난자본주의와 신자유주의 비판론, 디지털 사회와 에듀테크, 미래교육과 학교의 본질. 어려운 이야기들이 수면 위로 떠올랐다. 기본소득 논의와 미래교육 이야기는 아직은 가까이하기엔 너무 먼 당신일 줄 알았는데 재난지원금과 온라인 수업으로 어느덧 현실이 되었고, 그런 과정 안에서 학교가 없어도 아무 일 없더라는 이야기 앞에 와 있기도 했다.

학교의 구조와 설계를 새로이 할 기회라는 생각도 든다. 공간 혁신 사업을 좀 더 과감하게 해내야 할 것이다. 매체를 활용해 습득할 수 있는 지식의 영역과 사람과 상황을 통해서만 배울 수 있는 배움의 영역을 분리해 내고, 교실과 수업의 모습을 상상해야 할 테다. 이런 논의 안에 학년과 학급, 교과와 단위 차시의 경계를 넘는 시도가 담기고, 새로운 학교에 대한 이야기가 오가면 좋겠다. 배움의 큰 주제가 먼저 제안되고 그에 따라 배울 학생과 가르칠 교사와 공간과 시간이 마련될 수도 있을 것이다. 그렇게 여러 주제가 나타나고 사라지는 중에 학교 안 사람들의 역할과 교육의 본질이 정리될 수 있기를 바란다.

2008년. 처음 군병원에서 처음 일을 시작했을 때, 신종플루 첫 의심 환자가 내가 일하는 병원, 병동에 입원했다. 타미플루를 예방적으로 복용하면서 구역질을 해 가며 방호복을 입고 땀을 뻘뻘 흘리며 병원에서 근무했었던 추억(?)이 떠올랐다. 이렇게 나의 새로운 일은 항상 신종전염병과 함께 시작되는구나 하며 지지리도 운도 없다고 생각하면서도, 같이 군병원에서 일했던 친구와 통화하면서 서로를 위로했다.

"그래도 방호복 입고 근무하는 건 아니잖아. 좋겠다."

코로나19 최전선에서 안부를 전하는 동기들의 이야기를 들으며 눈물도 흘리고, 괜히 미안한 마음이 들었다. 그러던 2월 마지막 주말, 학교로부터 전화가 왔다.

"소담초 인근 식당 방문자 중 한 명이 확진자라고 합니다. 학교에서 긴급회의를 하니 학교로 오세요."

정착

정현미

정착

"보건교사 일 처음 하는 거 아니죠?"

내가 다른 신규 선생님들보다 10살 이상 나이가 많기에 기간제로 보건교사를 해 보다가 뒤늦게 임용고시를 보고 보건교사가 된 줄로 안다. 하지만 정말, 처음이다. 게다가 민간인으로서, 첫발을 내딛는 정말 생초보 사회인이다.

스무 살에 군대의 문에 들어선 이후 학교 4년, 군생활 10년, 총 14년이란 긴 시간을 군대 문화 속에서 일을 했기 때문에 처음 사회생활이라고 볼 수 있다.

첫 번째 직업이었던 간호장교를 그만두고 왜 보건교사를 하느냐는 질문도 많이 받았다. 이유는 하나, 정착을 하고 싶었다. 10년간 8번 이사를 했고, 덕분에 올해 4학년에 올라가는 첫째 딸은 매년 학교를 옮겨 다녀야 했다. 10년 동안 온 가족이 다 모여 살았던 기간은 6개월이었고, 나는 매일 아이들을 이리저리 맡겨 가며 출근하느라 쫓기듯 살았다. 두 아이가 모두 학교 갈 즈음엔 어디엔가 정착을 해야겠다고 결심했었고, 나는 의무복무만 무사히 마치고 전역을 했다.

그리고 보건교사를 하고 있는 몇몇 친구들에게 보건교사는 무슨 일을 하는지, 얼마나 만족하는지 물어봤다.

"공부한 게 아까워서 그만두지 못하고 일한다. 혹시 기회가 있으면 기간제 교사를 해 보고 적성에 맞는지 확인하고 해 봐."

"그래도 군대보다는 나아."

대개 이러한 반응이었다. 특별히 하고 싶은 것도 없고, 목표는 정착이었기에 친구들의 조언을 새겨듣지 않고 보건교사를 하기로 결정했다. 그동안 전국 각 지역에서 살아 본 터라 어디든 정착할 수 있다고 생각했다. 이사를 가장 적게 할 수 있는 지역을 찾던 중 세종은 어디에 살아도 출퇴근이 가능해 보여서 정착을 위해 아무런 연고도 없는 세종으로 시험을 쳤다.

아직 연수 기간인데

내 첫 발령지는 소담초등학교였다. 이름이 너무 예뻐서 좋았고, 인터넷 검색을 해 보니 여러 기사도 떴고, 개교한 지 5년이 채 안 된 학교여서 왠지 보건실도 새것처럼 좋을 것 같아서 기대가 되었다.

"보건실이 겨울방학에 이사를 해서 고생이 많을 거예요."

신규 교사 발령지가 발표된 날, 교장 선생님과의 첫 전화 통화를 통해 내 초임지가 꽃길이 아닐 것이라는 짐작은 했다.

새해가 시작되고 중국에서는 괴질이 돈다는 소문이 돌았다. 신규 교사 연수를 앞둔 2월 중순 그 질환이 코로나19라고 명명되며, 대구에서 많은 확진자가 발생했다는 뉴스가 연일 나왔다. 덕분에 나는 신규 교사 연수도 받지 못한 채, 2월에 학교에서 자체 연수를 받으라며 출근 아닌 출근을 하게 되었다. 게다가 전임 보건 선생님도 새 학교로 출근해야 했기에 나에게 일을 알려 줄 만한 사람은 아무도 없어 보였다.

다른 지역에 보건교사로 임용된 친구도 아직 발령일도 아닌데 학교에 출근해서 구하지 못한 소독제를 직접 제작하고 있다고 했다. 우리 학교는 업무지원팀 선생님들이 여기저기 전화를 돌린 끝에 손소독제 100개를 구해 오셨다고 한다. 손소독제를 제작하지 않아도 되는 것에 대한 안도와 업무지원팀 덕분에 혼자서 일한다는 느낌은 덜했고, 든 든함까지 느껴졌다.

그렇게 발령 전 일주일 동안 출근을 하며 뭘 해야 할지 몰라 이사 와서 자리가 덜 잡힌 보건실을 청소하고, 햇볕이 들지 않는 보건교실에 온기를 불어넣을 생각도 해 보고, 무거운 가구들을 혼자서 이리저리 옮기며 3월 개학을 기다렸다.

시작은 항상 역병과 함께

2008년. 처음 군병원에서 일을 시작했을 때, 신종플루 첫 의심 환자가 내가 일하는 병원, 병동에 입원했다. 타미플루를 예방적으로 복용하면서 구역질을 해 가며 방호복을 입고 땀을 뻘뻘 흘리며 병원에서 근무했었던 추억(?)이 떠올랐다. 이렇게 나의 새로운 일은 항상 신종전염병과 함께 시작되는구나 하며 지지리도 운도 없다고 생각하면서도, 같이 군병원에서 일했던 친구와 통화하면서 서로를 위로했다.

"그래도 방호복 입고 근무하는 건 아니잖아. 좋겠다."

코로나19 최전선에서 안부를 전하는 동기들의 이야기를 들으며 눈

학급별 방역물품 세팅 대장정

물도 흘리고, 괜히 미안한 마음이 들었다. 그러던 2월 마지막 주말, 학교로부터 전화가 왔다.

"소담초 인근 식당 방문자 중 한 명이 확진자라고 합니다. 학교에서 긴급회의를 하니 학교로 오세요."

세종의 첫 번째 환자 동선에 우리 학교 인근 식당이 있었던 것이다. 2월에는 급식실 운영을 하지 않아서 선생님들이 자주 가는 식당이고, 나도 일주일 사이 두 번이나 갔던 식당이었다. 일단 무슨 일이 생길지 몰라 근처 마트에서 물과 라면을 사서 차에 싣고 학교에 갔다.

학교에는 학부모님과 몇몇 교직원들이 함께 대책회의를 하고 있었다. 만약 학교 구성원 1명이 확진되어도 파장이 크기에 다들 긴장한 모습이 역력했다. 당시 나는 경황이 없어서 그 회의가 어떻게 진행되었는지 기억이 잘 나지는 않는다. 주말인데도 이러한 회의가 바로 열리고 마치 미리 대기를 했다는 듯 긴급대책팀이 금방 모인다는 사실이 놀라웠던 기억만 남아 있다.

다행히 우려하는 상황은 발생하지 않았고, 개학은 연기되었다.

봄

아이들 없이 3월이 시작되었다. 우리 학교는 큰 학교이기에 작은 학교 전교생 수만큼의 긴급돌봄을 하는 아이들이 등교했다. 그래서 3월부터 보건실을 방문하는 아이들이 있었다. 대부분 1, 2학년이어서 학교도, 보건실도 처음인 아이들이 많았다. 사실 나도 내 보건실 위치가 헷갈릴 때여서 능숙하게 대처하지는 못했던 것 같다. 이렇게 작은 아이들을 대상으로 처치를 해 본 적도 없었고, 아이들이 나를 선생님이라고 부르는 것도 어색했다.

내가 처음 마주한 아이는 예쁜 2학년 아이였다. 집에서 눈 수술 후 안대를 해야 했던 아이가 깜빡하고 등교해서 보건실에서 눈을 보호할 만한 처치를 부탁하는 담임선생님의 요청이 있었다. 안과 병동에서도 일을 해 봐서 눈에 잘 사용하는 사이즈의 거즈를 들고 갔는데, 그 거즈는 아이의 얼굴을 다 덮을 정도로 컸다. 내가 앞으로 보건실에서 만날 아이들이 다르다는 사실을 실감했다. 내 눈높이도 아이들에 맞춰서 조정해야 하고, 적응이 많이 필요하겠구나 하고 느꼈다.

아직 학교생활을 시작하기도 전에 돌봄교실이라는 낯선 공간을 기웃거리다가 결국 보건실로 오늘 단골손님들도 있었다. 아침 식사를 하지 않아서 배가 아픈지 고픈지 모르겠다는 아이도 있었고, 집에 가고 싶다고 오는 아이도 있었다. 학교에서 절대 응가를 하지 않겠다고 배가 아파도 참다가 부모님이 오면 응가를 하겠다는 아이도 있었다.

이런 아이들이 어느 날부터인가 보건실에 오지 않기 시작하면 이상하게, 마음이 놓인다. 이제 제자리를 찾고, 교실에서 선생님과 친구들 사랑을 받으며 이 아이들도 정착했나 보다.

순간순간 감동

보건실에서 아이들을 보다 보면 순간순간 감동을 받을 때가 많다. 마냥 어린아이라고만 생각했는데 어떤 때는 어른인 나보다 훨씬 생각이 깊다고 느낄 때도 있고, 그럴 때는 그 기억을 잊지 않고 싶어서 손으로 쓰는 보건일지에 몇 개 적어 두었다.

어떤 아이가 울먹거리면서 왔다.

"머리 아플 때 먹는 약을 좀 주세요."

1학년이어서 머리가 아프다고 두통약을 먹는 일은 굉장히 드문 일이고, 이야기를 더 해 봐야겠다는 생각이 들어서 좀 더 아픈 곳이 있는지 물어봤다.

"엄마가 아침부터 머리가 아프대요. 너무 걱정이 돼서 약을 가지고 가고 싶어요." 하며 눈물을 왕 터트렸다.

그 모습이 얼마나 안타깝고 또 예쁜지, 코로나19로 접촉을 해서는 안 되는 줄 알지만 아이를 한번 꼭 안아 주고 보냈다.

등교 전날 저녁에 라면을 먹다가 손가락을 데어서 온 아이, 아무런 처치를 하지 않아서 다치면 꼭 엄마에게 알려야 바로 치료할 수 있다고 하자 아이가 자신의 사정을 얘기해 준다.

"엄마가 일을 하셔서 매일 늦게 오세요. 전 엄마가 일찍 집에 오시는 게 싫어요."

엄마가 안 계실 때 하고 싶은 것들 마음껏 하다가도 엄마가 퇴근하시면 게임도 못 하고 티비도 못 봐서 그렇겠다고 생각했다. 그래도 엄마가 일찍 오시는 게 더 좋지 않으냐고 묻자 이렇게 대답한다.

"그런 게 아니에요. 엄마는 머리가 아프실 때면 일찍 오시거든요. 엄마가 건강했으면 좋겠어요. 엄마가 안 아프면 늦게까지 일 하시니 늦게 오셨으면 좋겠어요."

옆에서 듣고 있던 아이가 위로를 해 준다.

"우리 엄마도 머리가 아파. 원래 엄마들은 다 머리가 아픈 거야. 걱정하지 마."

1학년과의 대화가 보건실에 온기를 불어넣고 갔다.

사실 처음 보건실에 왔을 때 아침부터 퇴근까지 햇볕이 들지 않는 이곳에서 뭘 해 보겠다고 해 모양의 스티커를 붙여 보고 나무 모양 스티커도 붙였지만, 아이들 그 자체만으로도 빛나고 따뜻해진다.

건강하고 사랑스러운 아이들을 직장이라는 곳에서 만날 수 있다는 것이 다행이고 감사하다.

보건실에 오면 뭐라도 해 준다. 나는 꾀병이란 없다고 생각한다. 무엇이든 이유가 있다고 생각하고 대화라도 해서 보낸다.

6학년 멋쟁이 여학생이 친구와 함께 보건실에 왔다.

"그냥 배가 아파요."

특별히 심각한 상황은 아닌 것 같아 옆에 앉혀 놓고 설명해 준다.

"입, 식도, 위는 여기 있고, 네가 먹은 음식이 여기를 통과해서 위로 가고, 블라블라…."

6학년 아이도 알아들을 만큼 그림을 열심히 그려 가며 이해하기 쉽게 알려 준다.

아이는 잘 듣다가,

"선생님, 저 이제 안 아픈 것 같아요!"

이내 이런 말을 하며 해맑게 보건실 문을 나선다.

보건실에서 나가는 길에 같이 왔던 친구가,

"거 봐, 내가 보건실 오지 말랬잖아."

그 이후로 그 반 아이들이 보건실에 방문하지 않는다. 다음부터 고학년에게는 설명은 줄이고 뭘 하고 싶은지 물어보자.

특별히 심각하지 않은 아이를 위해서 원하는 것을 해 주려고 여러 가지를 준비해 둔다.

"누룽지 맛이 나는 따뜻한 차, 따뜻한 물주머니, 약, 보건실에서 10분 쉬기 중에서 뭘 하면 배가 안 아플 것 같아?"

수업

나에게 배정된 수업 시간은 5학년 17차시였다. 1학기 때는 코로나19로 인해 생긴 많은 일을 시작하느라 수업할 시간을 낼 수가 없었다. 그래서 5학년 부장님과 상의해 6차시는 온라인으로 2차시는 오프라인 수업으로 하기로 했다.

코로나19로 인해 접촉이 많이 예상되는 심폐소생술 수업은 하지 않아도 되지만, 하나의 주제로 한다면 심폐소생술이 가장 중요하다는 판단에 조금 무리해서 심폐소생술 수업을 하기로 했다.

첫 수업이어서 걱정도 되고, 설레기도 하고, 전날은 잠도 오지 않았다. 모형들을 닦고 정비하고, 집에서 딸들 상대로 모의 수업도 해 보며 피드백을 받았다.

"엄마, 너무 잘난 척하는 것 같아. 좀 더 쉽게 설명 좀 해 봐."

딸은 3학년이니 5학년 언니 오빠들은 이해할 수 있을 것이라 생각했고, 그대로 수업에 들고 갔다.

당일, 수업이 지루한 건지 이해가 안 되는 것인지 지방방송이 난무하고 수업은 내가 통제할 수 없이 시끄러워졌다. 급기야 실습시간이 되자 고성을 지르고 말았다.

'수업은 더 어려운 것이었구나.'

자신감을 잃었고, 이제 와서 뭘 어떻게 해야 할지 난감했다. 중간중간 수업안을 다시 작성해 보고 수정을 했다. 그렇게 여러 반 수업을 하고 나서야 아이들이 적극적으로 참여하는 수업을 하게 되었다. 뿌듯함을 느꼈다.

역시 부딪혀 봐야 하나 보다. 올해 할 일도 많은데 보건 수업은 왜 이렇게 많은지 불만이 많았다. 그런데 교실에서 아이들을 만나 보니, 내가 알고 있는 것을 아이들이 이해하기 쉽게, 실생활에 사용하기 쉽게 알려 줌으로써 어렵지만 큰 보람을 느낄 수 있었다. 내년에는 더 많이 준비해서 아이들과 더 많이 소통하고 싶어졌다.

첫 수업을 마쳤을 때는 모형을 옮겨 주겠다는 아이들이 적었는데, 마지막 수업을 끝내고 모형을 보건실까지 들어 줄 사람을 찾았더니 반 아이들 전체가 나와서 도와줄 기세였다. 다른 업무는 이상하게 하면 할수록 지치고 나를 소진하는 느낌인데, 수업은 하면 할수록 좀 더 내가 성장할 수 있는 에너지를 얻는 것 같다.

이방인

"학교랑 군대 중 어디가 좋아요?"

사실 군대가 더 좋았다고 대답하면 물어보는 사람이 실망할까 봐 학교가 훨씬 좋다고 대답은 했지만, 학교에 적응하기가 힘들었다.

누군가 시키면 하는 일이 더 익숙했던지라, 시키지 않은 일을 어떻게 해야 할지 몰랐고, 눈에 보이지도 않는 많은 업무가 나를 괴롭히는 것만 같았다.

어떤 때는 '그만두고 다른 일을 해 볼까?' 찾아보기도 했다. 힘들 때면 보건실에 햇볕이 안 들어서 그렇다고, 올해는 보건실 방문하는 아이들 수가 적어서 여유가 생겨 그런 것이라고, 내년에 전면 등교로 더 바빠지면 올해가 그리워질지도 모른다고 스스로 위로했다.

손에 잡히게 이뤄 놓은 것은 없는 것 같았고, 시간은 훌쩍 지나 버려 겨울방학을 앞두고 있을 즈음 내가 뭘 했나 싶기도 했다.

그러던 어느 날, 둘째 딸 지원이가 퇴근한 나에게 말했다.

"엄마, 오늘 교장 선생님이 급식실에서 내 옆에 앉았어요. 교장 선생님이 엄마 잘 지내고 계시냐고 물어보셔서 내가 대답했는데, 좀 실망한 것 같았어요."

막내 지원이 학교 교장 선생님은 1학기 때 소담초 교장 선생님이다. 내가 아이들 맡길 곳이 없어 함께 출근하던 날, 몇 시간 아이를 봐주신 적이 있어서 우리 아이들을 알고 계신다.

"뭐라고 대답했어?"

"1학기 때는 누가 일을 엄청 많이 시켜서 힘들었던 것 같은데, 이제 누가 일을 많이 안 시키나 봐요. 엄마가 집에서 힘들다고 말을 안 한다고 대답했어요."

"그런데 교장 선생님 표정이 '아, 내가 엄마한테 일을 많이 시켰구나'라는 것 같았어요. 별로 안 좋아 보였어요."

예전 교장 선생님이 일을 많이 시켰던 것도 아닌데, 눈치 없이 그런 말을 했다고 딸에게 앞으로는 그런 말 하지 말라고 신신당부를 했다. 코로나19로 인해 새로운 일들이 한두 개씩 늘고 있는 터라 일이 줄어든 것은 아니다. 우리 딸이 본 내 모습이 점점 더 편안해 보이나 보다. 나도 모르게 소담초등학교에 점차 적응하고 여기에 잘 정착해 나가고 있나 보다.

작년 3월 5일에 채널을 개설한 이후로 한 해 동안 260여 개의 영상이 소담초TV에 올라왔다. 2016년 개교 후 흩어져 있는 학교 행사 영상들을 모으는 과정을 거친 뒤 소담초TV는 단순한 동영상 업로드 채널이 아니라 학교에서 일어난 여러 이야기가 담긴 기록관이 되었다. 영상은 글이나 사진보다 더 생생한 기록이 될 수 있기에 채널에 올라온 영상을 하나씩 보고 있으면 그 시절 모습이 말과 표정, 분위기를 통해 적나라하게 드러난다.

소담초TV

교실이 된 e학습터

소담초TV는 우리 학교 공식 유튜브 채널 이름이다. 공식 채널이라는 이름이 무색하게 개설할 때만 해도 공식 절차를 밟아 만든 채널은 아니었다.

우리 학교는 행사가 있을 때마다 영상으로 기록을 남겼다. 영상 편집을 기가 막히게 하는 능력자들이 있어서 가능한 일이다. 영화의 메인 예고편 같은 완성도 높은 영상을 보면서 선생님들끼리 학교 유튜브 채널을 만들어 영상을 보관해야 하는 것 아니냐는 이야기를 종종 했다. 가볍게 나눈 장난스러운 이야기가 그동안 흐지부지되었다가 2020년 코로나19로 인해 e학습터를 개설하고, 다양한 영상 콘텐츠를 제작해야 하는 상황이 오면서 학교 정보 담당 선생님은 발 빠르게 유튜브 채널을 개설했다.

"유튜브에 영상 올려서 광고 수익 나면 누가 가져요?"

"구독과 좋아요는 필수인 거 아시죠?"

채널 하나 개설했을 뿐인데, 우리는 마치 인기 유튜버가 된 듯 들떴다.

첫 게시물은 'e학습터 시작하기'였다. 원래대로라면 학생들은 3월 2일에 등교를 해야 했지만, 등교가 계속 연기되면서 e학습터가 교실이 되었다. e학습터 홈페이지는 기존에 개설되어 있던 사이트지만, 평소 접속할 일이 많이 없었기 때문에 교사와 학생들에게는 생소한 곳이었다. 그래서 새 교실에 적응하는 방법을 먼저 배워야 했다.

"아이들이 학교에 안 오니 얼굴이 너무 궁금해요."

"학생들도 담임선생님 얼굴이 궁금할 것 같은데요?"

새로운 담임선생님 얼굴을 못 보는 아이들을 위해 학년마다 선생님 인사 영상을 올리기도 했다. 학생과 학부모들은 영상으로나마 학년 선생님들의 얼굴을 볼 수 있었고, 반가운 만큼 '좋아요' 개수는 올라갔다.

1학년 선생님들은 학교에 한 번도 못 온 신입생들을 위해 학교에 출입하는 방법, 학교 구조 소개, 실내화 갈아 신는 법 등 학교 적응과 관련된 영상을 주로 올렸다. 신입생들의 눈높이에 맞추어 선생님들은 기꺼이 우리 학교 마스코트 '소담이'와 '소다미'로 변신했다. 탈을 쓰고 대사를 주고받는 선생님들의 불꽃 연기력은 아이들이 좋아하기에 충분했다. 이뿐만 아니라 '토닥토닥 그림책'이라는 콘텐츠로 아직 글을 읽지 못하는 신입생들에게 그림책을 대신 읽어 주기도 했다.

체육 선생님은 활동 범위가 확 줄어들어 답답해할 아이들에게 집에서나마 운동할 수 있게 '홈트교실' 콘텐츠를 만들었다. 영상 몇 개가 온라인 수업 콘텐츠 공유 사이트에 올라가며 홍보가 되자 조회 수가 1만 회를 넘는 기현상이 벌어졌다.

신기하게도 채널이 개설되고, 영상을 올릴 수 있는 장이 마련되니 선생님들은 자기 학년과 관련된 영상은 물론, 본인이 자신 있는 분야를 콘텐츠로 만들어 영상을 올리기 시작했다. 책을 많이 알고 있는 선생님은 책 소개를, 글쓰기를 잘하는 작가 선생님은 글 쓰는 방법을, 놀이연구회에 몸담은 선생님은 놀이 영상을 만들어 학생들에게 다양한 콘텐츠를 제공했다.

늘어나는 영상 개수만큼 영상 편집 자원도 늘어났다. 우리 학교에서 영상 편집은 주로 교사 한 명이 담당하고 있었다. 하지만 제작하는 영상 수가 늘어나니 자연스레 편집 수요도 많아졌고, 학년마다 영상 편집을 담당하는 선생님들이 생겨났다. 전반적인 영상 제작과 편집 능력이 향상되었고, 여기에 영상 편집에 좀 더 관심 있는 교사들은 방송실에 모여 편집 기술을 공유했고, 섬네일 제작, 음향제어, 가수, 배우등 다양한 역할을 하는 교사들까지 모여 '소담 방송국'이 만들어졌다. 소담 방송국은 5월 5일 어린이날 기념 영상 제작, 등교 개학을 앞두고 학교생활을 소개한 〈슬기로운 학교생활〉 영상 등을 제작했다.

유튜브 접근이 익숙한 고학년은 소담초TV 채널을 적극적으로 활용했다.

5학년은 '5학년 너마저'라는 이름으로 다양한 공연 영상을 선보이며 소담초 공연팀으로 자리매김했고, 다양한 상황을 실감 나게 연기하며 제작한 성교육 영상은 다른 학교와 기관에서 자료로 활용하겠다는 요청이 꾸준히 있을 만큼 인기가 좋았다.

6학년은 텃밭 가꾸기, 칼림바 등 교과와 연계한 영상을 시리즈물로 제작해 채널에 올렸다. 텃밭에 가면 항상 카메라를 들고 서 있거나 영상 거리가 생겼다 싶으면 어느새 카메라를 들고 달려오는 선생님의 모습이 보였다. 또 영상을 찍은 날에는 밤늦게까지 교실에 불이 켜져 있었다. 영상 편집이 덜 됐다며 키보드 단축키를 연달아 누르는 모습을 볼 때마다 여기가 학교인지, 방송국인지 헷갈릴 정도였다.

5학년 콘텐츠

6학년 콘텐츠

우리 학교 이야기가 담긴 기록관

작년 3월 5일에 채널을 개설한 이후로 한 해 동안 260여 개의 영상이 소담초TV에 올라왔다. 2016년 개교 후 흩어져 있는 학교 행사 영상들을 모으는 과정을 거친 뒤 소담초TV는 단순한 동영상 업로드 채널이 아니라 학교에서 일어난 여러 이야기가 담긴 기록관이 되었다. 영상은 글이나 사진보다 더 생생한 기록이 될 수 있기에 채널에 올라온 영상을 하나씩 보고 있으면 그 시절 모습이 말과 표정, 분위기를 통해 적나라하게 드러난다.

유튜브 플랫폼은 시청자 특성을 파악하는 데 많은 도움을 준다. 조회 수와 좋아요 수치를 통해 학생과 학부모의 관심 정도를 대략 알수 있고, 영상별 평균 시청 시간은 영상을 더 재미있게 만들 수 있도록 제작자들을 자극한다. 종종 영상 분석 탭에 들어가서 인기 동영상 순위를 보는 것도 소소한 재미를 준다.

채널 이름은 학교 홍보에도 적잖은 도움이 된다. 온라인 수업 콘텐

슬기로운 학교생활

소담초TV 동영상 목록

츠를 꾸준히 제작하다 보면 다른 지역에 사는 학부모나 선생님들에게서 소담초TV를 안다는 이야기를 듣곤 한다. 친구와 오랜만에 연락이 닿으면 "유튜브에서 너 봤다"라는 말을 듣기도 했다. 유튜브의 영향력이란.

장난스러운 말이 현실이 되어 만들어진 소담초TV는 학습과 활동이 멈춘 학교에 심폐소생술을 해 주었다. 위기가 와도 어떻게든 해결책을 찾아내는 우리 학교의 모습을 채널에 올리고 싶은 마음이다.

2부

그래도 우리는 학교에 갑니다

'나도 작가 프로젝트'는 아이들에게 책의 독자가 아닌, 작가가 되어 보는 경험을 선물했다. 어쩌면 대부분의 아이들에겐 처음이자 마지막이 될 가능성이 높다. 하지만 한 번으로 끝나더라도 충분히 의미 있을 거라 생각한다. 직접 정한 주제로 상상하고, 글을 쓰고, 그림을 그리고 이 모든 과정 속에서 아이들이 배우고 느끼고 성장한 바가 있으리라 확신한다. 독서가 마음의 양식이라면, 독서할 수 있는 책을 만드는 건 그 이상이 아닌가.

어서 와, 작가는 처음이지?

김민정

[도입] 어서 와, 작가는 처음이지?

2020년, 코로나라는 변수를 만난 우리들에겐 처음인 것투성이였다. 미세먼지가 없는 맑은 날에도 마스크를 써야 했다. 개학은 미뤄지고 미뤄지다 결국 '온라인 개학'이란 걸 했고, 6월 여름이 다가와서야 아이들을 학교에서 만날 수 있었으며, 여전히 온라인 수업과 오프라인 수업을 병행하는 '블렌디드 수업'이란 걸 하고 있다. 초반 온라인 수업을 위해 각종 영상을 만들고 편집하며 다양한 편집 프로그램을 접하게 되었고, 온라인 수업을 실시간 수업으로 하게 되며 '줌ZOOM'이라는 매체도 처음 써 보게 되었다. 아마 모두가, 각자의 자리에서 코로나라는 상황에 맞서며 지금까지와는 좀 다른 삶을 살았을 것이다.

어른들도 이 상황이 낯설고 힘든데, 아이들은 오죽했을까. 심지어 6학년, 초등학교 생활의 정점이라 할 수 있으며 기다리고 기다리던 졸업여행을 갈 수 있는 최고 학년이다. 하지만 우리 아이들은 대부분의 시간을 집에서 보내야 했고, 겨우 학교에 오는 날에도 쉬는 시간 없이 수업만 듣다 가야 했다. 우리는 이 불쌍한 아이들에게 뭐라도 해 주고 싶었다. 2월 중순, 코로나 상황이 이렇게 악화될 줄 몰랐던 4, 5, 6학년 워크숍 때 계획한 대부분의 활동들이 불가능해진 상황에서 과연 우리는 아이들에 무엇을 해 줄 수 있을까.

6학년 교사들이 모여 앉았다. 코로나 상황에서 아이들과 해 볼 만한 게 없을까요. 비대면, 비접촉. 언제 오프라인 수업이 가능할지 확신조차 없었던 상황에 이렇다 할 아이디어가 쉽게 떠오르지 않았다.

"아이들과 그림책을 만들어 보는 건 어떨까요? 그런데 미리 말하지만 굉장히 힘들 거예요."

임지현 선생님이 멋진 제안을 해 주셨다. 우리는 모두 찬성이었다. 그림책 베스트셀러 작가이시자, 이미 반 아이들을 데리고 책을 출판해 낸 경험이 있었던 임지현 선생님, '든든한 조력자가 옆에 있는데! 힘들면 얼마나 힘이 들겠어'라고 생각했던 것 같다. 그렇게 '6학년 나도 작가 프로젝트'가 시작되었다.

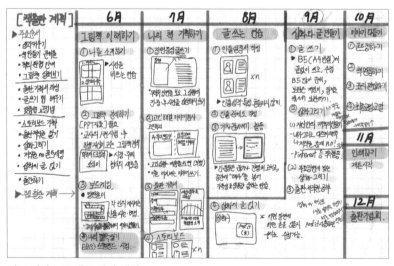

나도 작가 프로젝트 연간 계획

[전개] 지피지기 백전불태

지피지기백전불태知彼知己百戰不殆. 상대를 알고 나를 알면 백 번 싸워도 위태롭지 않다는 뜻이다. 그동안 책을 읽기만 했지 제대로 써 본 적은, 그럴 생각조차 해 본 적 없는 우리가 위태롭지 않기 위해서는 먼저 그림책, 그리고 나 자신을 알아야 했다. 그래서 작가가 되는 여정의 첫 단계는, 나를 이해하고 그림책을 분석해 보는 것이다.

6월, 드디어 아이들이 학교에 왔다. 처음 만나면 가장 먼저 하는 건 아무래도 자기소개. 아이들에게 나를 설명할 수 있는 여섯 가지 특징을 떠올리고 이를 바탕으로 자신을 소개해 보도록 했다.

"나는 보라색을 좋아해."

"나는 피아노 치는 것을 좋아해."

여기까지는 한 번쯤 비슷한 경험이 있을 것이다. 중요한 건 다음 단계였다. 이번엔 조금 시선을 비틀어 보기로 했다. 내 몸속 기관들(눈, 코, 입, 심장, 치아, 팔 근육, 척추 등) 중 하나를 골라 그의 입장에서 나의 특징을 떠올려 친구에게 소개해 보도록 했다. 같은 사람에 대한 설명도 바라보는 시선에 따라 다를 수 있음을 간접적으로 체험하면서, 동시에 자신을 좀 더 다양한 시선으로 바라보고 이해할 수 있도록 하기 위함이다.

"나는 원래 구불구불한데, 아침마다 뜨거운 다리미에 쫙쫙 펴져."

"나는 키가 좀 큰다 싶으면 내 주인이 나를 똑똑 잘라 버려."

어떤 아이는 머리카락으로, 어떤 아이는 손톱이 되어 자신을 소개했다. 그냥 평범하게 자기소개를 했던 것보다 훨씬 표현이 재밌어지는 듯했다.

또 하루는, 자신의 경험을 꺼내 보았다. 영화 〈인사이드 아웃〉에 나

다른 시선으로 바라보기

오는 기쁨이, 슬픔이, 소심이, 버럭이, 까칠이를 떠올리며, 아이들의 지난 삶에서 그 감정이 휘몰아쳤던 기억들을 우선 생각나는 대로 꺼내 보자고 했다.

"선생님, 저는 까칠했던 기억이 안 나는데요?"

"모든 감정을 떠올릴 필요는 없어. 생각나는 감정에 집중해 보자!"

그 기억들 중 하나를 골라 8컷 만화로도 그려 보고, 짧은 이야기로 써 보았다. 일기라고 생각하되, 현재 시점으로 생동감 있게 이야기처럼. 스물두 편의 흥미진진하고 놀라운 이야기를 기대했던 나는, 스물두 편의 일기를 읽게 되었다. 괜찮아, 이제 시작이야!

내 경험 꺼내기

나를 알았으니, 이번엔 그림책을 알아볼 차례다. 코로나로 학교 도서관 도서 이용이 불가했기에, 각자 집에 있는 그림책 중 하나씩 가져오도록 했다. 먼저 미리 준비해 둔 그림책을 함께 읽어 보고 하나하나 분석하는 연습을 한 다음, 각자 가져온 그림책을 분석해 보았다. 그림책의 주제, 소재, 등장인물, 사건의 전개(스토리라인), 그리고 그림체까지! 그림책의 내용적 요소를 분석하며 책의 장점이나 특이점을 정리해 보았다. 다음으로는 책의 형식. 책을 한 장 한 장 넘기며 다시 읽어보면서 그림과 글의 배치, 크기 등을 자세히 살펴보는 연습을 했다. 집에서 가져왔기에 이미 몇 번은 읽어 봤을 익숙한 책이지만, 이렇게 자세히 분석하며 읽어 본 건 처음이었는지 생각보다 어려워하면서도 집중하며 고민하는 모습을 보니 신기하고 대견했다.

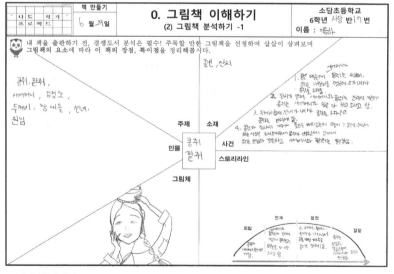

그림책 분석하기

그림책 분석하기

[위기] 상상력 발휘하기

이번 여름방학에 들었던 1정 자격연수의 마지막 날, 이승재 영화평론가의 교양 강의에서 나홍진 감독에 대한 이야기를 들었다. 나홍진 감독은 대체로 머릿속에 스치듯 떠오른 한 장면에 영감을 받아 그 장면을 중심으로, 앞뒤 스토리를 짜 시나리오를 구상하고 연출한다고 한다.

우리 아이들도 비슷한 경험을 했다. 자신만의 그림책을 쓰기 전, 짧은 이야기를 짓는 연습을 여러 번 했다. 그중 하나가 여러 가지 사진을 제시하고 이 장면들 중 하나를 골라 상상력을 발휘하여 앞뒤 이야기를 구상하는 것이었다. 같은 사진을 고른 아이라도 그 사진을 보고 각기 다른 줄거리나 인물의 대사를 떠올리는 것을 발견했다. 또 하루는, 말판 놀이를 통해 정해진 여러 소재들을 활용하여 이야기 만들기를 했다.

"선생님, 도저히 이야기가 안 돼요!"

그도 그럴 것이, 말판에는 서로 전혀 상관없는 단어들이 쓰여 있었다. 모둠끼리 말판 놀이를 통해 자신의 말이 스치는 곳에 있는 단어들을 미리 메모해 두고, 말판 놀이가 끝나면 메모했던 단어들을 모두 조합하여 하나의 이야기로 만드는 것인데, 이건 내가 봐도 쉽지 않았다. 아이들이 만든 이야기를 다 읽어 보았는데, 그 다양한 단어들을 조합해 만든 그럴듯한 이야기를 읽었을 때는 놀라웠고, 정말 앞뒤 인과관계가 하나도 없는 이야기도 나름의 읽는 재미가 있었다. 이야기의 결과가 어느 쪽이든, 조금은 굳어 있던 상상력을 마음껏 발휘해 보는 경험을 했으면 했다.

또 하나는, 고정관념 깨뜨리기! 아이들에게 이야기를 써 보라고 하면 열에 아홉은 사람이 주인공인 이야기를 쓴다. 우리가 사람이고, 사람의 입장에서 생각하고 살고 있기 때문에 어쩌면 당연한 현상이다. 하지만 우리는 작가가 될 몸이니, 다른 주인공도 써 보아야 되지 않겠나.

예를 들어, 겁이 많고 고소공포증이 있어 높은 곳을 무서워하는 사람이 어떤 사건을 계기로 나중에는 높은 곳도 용기 있게 오르는 이야기를 생각해 보자. 이 이야기의 주인공을 비행기로 바꾸면, 늘 하늘 높이 날아오르는 게 일인 비행기에게 고소공포증이 있다는 조금은 색다른 설정을 해 볼 수 있다. 아이들에게 용기가 부족한 주인공이 용기를 얻게 되는 이야기를 만들어 보자고 했더니, 종이에 몸이 문질러지는 것을 무서워하는 지우개나, 늘 사람의 무게를 견뎌야 하는 의자 등 다양한 주인공을 설정했다. 조금은 굳어 있던 사고가 풀렸기를.

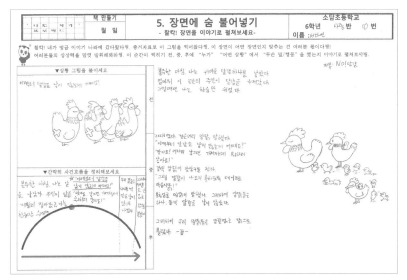

장면에 숨 불어넣기

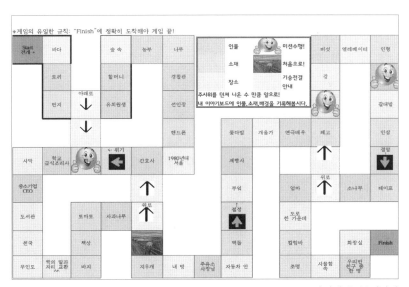

단어에 숨 불어넣기

[절정] 나는 교사인가 편집자인가(feat. 야근)

여름방학이 지나고, 1학기를 마무리할 때쯤부터 본격적으로 각자의 그림책을 만들기 시작했다. 가장 먼저, 출판 기획서를 작성했다. 출판 기획서에는 책의 주제, 대상 독자, 등장인물, 간략한 줄거리 그리고 이 책의 내용이 세상에 나와야 하는 이유도 적어 보도록 했다. 처음엔 아무 생각 없이 술술 써 내려가다가도 마지막 질문에서 막혀 새로 이야기를 구상하는 아이들도 있었다. 작성한 내용을 친구들과 공유하며 의견을 주고받고, 나름의 회의를 거치며 자신의 이야기를 구체화했다. 그리고 그동안의 연습을 바탕으로 스토리라인과 스토리보드를 작성했다.

2학기 초만 해도 주 2회 등교였기에 학교에 오는 날마다 아이들은 창작의 고통을 겪어야 했다. 컴퓨터실에 가서 원고를 작성하고, 작성한 원고를 바탕으로 온라인으로 만나거나 아침 일찍 학교에 와서 퇴고하는 과정을 여러 번 했다.

"자, 친구의 글을 읽고 좋은 점은 칭찬해 주고 더 좋은 글이 될 수 있도록 제안도 해 보자!"

"너무 완벽해요!"

"고칠 게 없어요."

이 천사 같은 아이들은 진심인지 다들 글에 고칠 점 하나 없이 완벽하다고 칭찬만 했다. 결국 조언은 내 몫. 그렇게 합평을 하다 보면 가끔은 '정말 이건 아닌 것 같은데. 다 뜯어고쳐야 하지 않나?' 싶은 글도 만난다. 내가 어디까지 말해 줘도 괜찮은지, 어떻게 말을 해야 아이가 이야기를 발전시키는 데 도움이 될지 고민을 한 아름 안고 연구실에 갔다.

"때로는 우리 눈에 이상해 보이는 글도, 다른 사람들의 눈에는 뛰어난 글이고 베스트셀러가 되는 경우가 있어요."

그때 깨달았다. 내가 아이들의 책을 내 입맛에 맞추려고 하고 있었구나. 내가 조언을 했어야 했는데 잔소리를 하고 있었구나. 또 하나 배운다. 그 이후로 합평할 때면 내 조언에는 항상 이 말이 붙었다.

"선생님과 친구들이 하는 이야기는 일종의 제안이야. 참고는 하되 다 수용하지 않아도 괜찮아!"

죽이 되든 밥이 되든, 원고가 어느 정도 다 만들어질 때쯤부터 다행히도 전면 등교가 시작되었고, 아이들은 마지막 단계인 삽화 그리기를 늦지 않게 마무리할 수 있었다. 이제 아이들이 할 일은 끝났다. 교

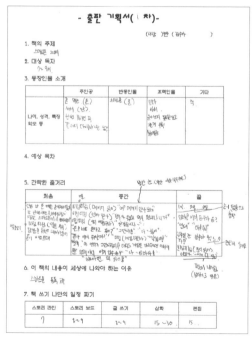

출판 기획서

퇴고하기

사들의 일은 이제 시작이다. 아이들이 직접 그린 삽화를 포토샵으로
편집하고, 편집한 그림과 원고 내용을 편집 프로그램으로 책처럼 구
상해 출판사에 넘겨야 한다. 아이들 한 명당 그림이 대략 20장, 아이
들이 반에 22명, 그럼 내가 일일이 스캔하고 포토샵 해야 하는 그림만
대략 400여 장이다. 책 제작 기간을 고려하면 마감 기한이 넉넉하지
않았기 때문에, 11월 한동안 6학년 교실의 불은 늦은 시간까지 꺼지
지 않았다.

"저 오늘은 커피를 마셔야겠어요…"

평소 커피를 절대 마시지 않는 윤휘경 선생님은 카페인의 힘을 빌
려야 일할 수 있을 것 같다며 임용 공부 이후 처음 커피를 마셨다. 조
아라 선생님은 거북목증후군이 온 것 같다며 통증을 호소했다. 이때
우리의 모습은 마치 마감에 쫓기는 편집자들 같았다. 애초에 임지현
선생님이 많이 힘들 거라고 겁을 주신 이유가 있구나. 그렇게 한동안

아이들 그림 그리는 모습

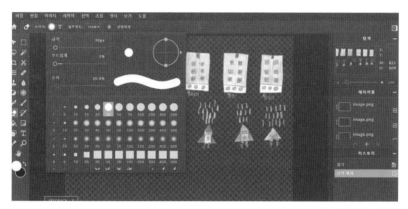

그림 편집하는 화면

"오늘 저녁 뭐 시킬까요?"를 하루의 낙으로 근근이 버티며 야근해 겨우 마감을 맞췄고, 아이들이 아직 삽화를 못 끝낸 경우에는 늦게나마 12월에 포토북으로라도 그림책을 만들어 주었다.

[결말] 끝날 때까지 끝난 게 아니다

우여곡절 끝에, 드디어 아이들이 직접 만든 그림책이 세상에 나왔고, 아이들은 작가가 되었다. 그중에서 몇몇은 ISBN을 신청하여, 온라인상으로 구입이 가능한 책도 있었다.

"삭제된 메시지입니다."

"선생님, 그 삭제된 메시지, 참으로 궁금하게 만드네요."

책을 보고 너무 신이 나, 바로 사진을 찍어서 반 아이들 단체 채팅방에 올렸다가, 직접 보았을 때 감동이 덜할까 봐 바로 삭제했다. 학교에 와서 직접 보고 놀랄 수 있게!

"와, 책이 생각보다 잘 나왔다!"

자신이 만든 책을 보며 감탄하는 아이부터,

"선생님! 누가 이 책을 이 돈 주고 사요?"

사랑반 그림책들

책 뒤에 쓰인 가격을 보고 깜짝 놀라는 아이까지. 각기 다른 반응이었지만 책을 반기는 아이들의 모습을 보며, 내심 뿌듯했다.

그렇게, 끝인 줄 알았지만! 아직 우리에겐 출판기념회가 남아 있었다. 아이들이 일 년간 열심히 노력해서 만든 그림책을 우리 학교 동생들에게 소개하고 싶었다. 아이들이 오고 갈 때 감상할 수 있도록 1층 로비, 2층과 3층의 중앙 연결통로를 무대로 테이블을 깔고 미리 주문한 책 받침대와 메모 클립, 소품들을 검토하는데,

"아직 테이블보가 안 왔어요!"

넉넉하게 미리 주문했다고 생각한 테이블보가 연말, 크리스마스 연휴의 여파로 아직 배송되지 않았던 것이다. 테이블보가 도착하면 다리미로 다려서 깔고, 그 위에 책과 소품들을 전시할 계획이었다. 목요일이었고, 당장 주말이 지난 월요일부터 출판기념회가 시작인데 테이블보가 없으면 세팅이 어려웠다.

"일단, 세팅 먼저 해 두고 테이블보가 오면 다시 올리죠!"

미뤄 둘 수 없었기에, 우선 여러 소품들과 책을 먼저 세팅했다. 그렇게 크리스마스이브, 동학년 선생님들은 오후를 바쁘게 보냈고 혹시 테이블보가 오면 가능한 사람이 토요일에라도 나와서 다시 세팅하자는 희망 아닌 희망을 가지고 퇴근했다.

그리고 토요일, 택배기사님과 연락 끝에 오늘 배송해 주실 수 있다는 확답을 듣고 우리는 학교에 모였다. 접힌 자국이 선명한 테이블보를 다림질하는 팀과, 다림질된 테이블보를 나르고 다시 세팅하는 팀으로 나누어 열심히 달린 끝에, 다행히 우리는 월요일 출판기념회 전에, 테이블 세팅을 마무리할 수 있었다.

지금은 출판기념회도 마무리하고, 졸업을 앞두고 있다. 아이들도 작가가 처음이었지만 나도 처음 겪는 과정이었기에 중간중간 우여곡절

출판기념회 전경

도 많고 힘든 점도 있었다. 그래도 동학년 선생님들과 함께였기에 올해 6학년 비전, '같이의 가치'를 절실하게 체감하며 잘 마무리할 수 있었다. 무엇보다 코로나로 아쉽게 지나칠 뻔한 6학년 아이들의 마지막 초등학교 생활에 '작가가 되어 보는 경험'을 선물할 수 있어 정말 다행이다. 벌써 기억이 미화되었는지, 지금은 힘들었던 기억보다는 좋은 기억만 진하게 남아 있다.

어쩌면, 처음이자 마지막

어른들은 아이들에게 책을 많이 읽을 것을 권유하곤 한다. '독서는 마음의 양식'이니 '가을은 독서의 계절'이니, 온갖 말들이 생겨날 정도로 독서의 중요성에 대해 많은 이들이 공감할 것이다. 책 읽기를 싫어하는 어른조차도.

그런데 아이들은 어떨까. 하루는 국어 교과서 지문의 책을 많이 읽어야 한다고 주장하는 논설문을 아이들과 같이 읽다가, 문득 궁금해져 물어봤다.

"책 읽는 거 좋아하는 사람?"

스물두 명의 아이들 중 한두 명이 손들었던 것으로 기억한다. 반면에 '싫어한다'에는 우르르. 아이들 생각이 어떻든, 우리 주변엔 독서를 위한 환경이 너무나 잘 조성되어 있다. 집 안 책장 가득 책을 사 꽂아 두기도 하고, 그렇지 않더라도 학교에만 가도 책이 가득한 도서관이 있다. 조금만 멀리 나가면 책을 빌려 볼 수 있는 도서관이나 서점이 가득하고, 그렇지 않더라도 우리에겐 인터넷 서점이 있다. 하지만 책을 써서 출판해 볼 환경은? 쉽게 떠오르지 않는다. 없어서라기보다 그럴 생각을 쉽게 하지 않기 때문이다.

"코로나로 체험학습도 못 갔지만, 제가 좋아하는 '나도 작가 프로젝트'를 열어 주셔서 감사해요.^^ 사랑해요."

크리스마스이브, 반 아이에게 받은 쪽지였다. 지난 일 년의 고군분투가, 야근하고 칼바람을 맞으며 걸어가던 퇴근길의 피로가 이 쪽지 하나로 다 보상받는 기분이었다. '나도 작가' 활동을 마무리하고 출판기념회를 준비하며 아이들에게 "나에게 책 만들기란?"이라는 질문을 던졌다.

"쉽게 할 수 없는 특별한 경험."

"직접 책을 쓸 수 있었던 행운."

"힘들면서도 재밌고 마지막엔 큰 보람을 느끼는 퍼즐."

"생각을 넓히는 경험."

"다음에는 더 멋진 책을 만들 수 있을 거란 자신감."

"나에게 찾아온 선물."

"코로나로 인한 갑갑함을 시원하게 해 준 사이다."

물론, 큰 흥미가 없었던 아이들로부터는 '귀찮음', '하기 싫은 숙제', '어려움'이라는 대답도 돌아왔다. 이 또한 인정한다. 모든 사람을 만족시키는 건 애초에 큰 꿈이란 걸 잘 안다.

'나도 작가 프로젝트'는 아이들에게 책의 독자가 아닌, 작가가 되어 보는 경험을 선물했다. 어쩌면 대부분의 아이들에겐 처음이자 마지막이 될 가능성이 높지만, 한 번으로 끝나더라도 충분히 의미 있을 거라 생각한다. 직접 정한 주제로 상상하고, 글을 쓰고, 그림을 그리고 이 모든 과정 속에서 아이들이 배우고 느끼고 성장한 바가 있으리라 확신한다. 독서가 마음의 양식이라면, 독서할 수 있는 책을 만드는 건 그 이상이 아닌가.

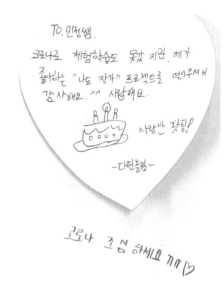

쪽지

나에게 나도 작가란?

나에게 '나도 작가'란 '오미(五味)'로 정리할 수 있겠다. 처음에 '나도 작가 프로젝트'를 해야 한다는 이야기를 들었을 때, 도저히 믿기지 않아 잠이 확 깨는 신맛. 아이들을 지도하는 과정에서 턱없이 부족한 나의 전문성을 여실히 마주하며 느낀 쓴맛과 매운맛. 포토샵과 인디자인을 하는 과정에서, 체력적으로 힘든 시기를 거치며 새삼 '돈 벌기 힘들구나'를 느낀 짠맛. 그러나 글쓰기 활동을 통해 조금씩 변화하는 아이들을 보았을 때, 아이들과 머리를 맞대고 아이디어를 짜내며 조금씩 가까워지는 것을 느꼈을 때, 자신이 직접 만든 책이 출판된 것을 보고 신기해하며 환하게 웃는 아이들을 보았을 때의 그 달콤한 맛까지. 그중 책이 출판되고 느낀 마지막의 은은한 단맛이 기억에 남는다.

어쩌다, 나도 작가

윤휘경

어쩌다, 혁신학교

"뭐라고? 혁신학교?"

"휘경샘 이제 큰일 났네. 매일 야근할 일만 남았다."

"선생님~ 아마 여기 학교가 그리워질 거예요. 지금을 즐겨요."

발령 전 6개월 동안 기간제를 하던 학교에서 동학년 선생님들께 발령 소식을 전하자 들었던 말이었다. 혁신학교에 대해 매우 부정적인 반응들. 나에게 큰일이 난 것처럼 다들 안타까워해 주시고, 어깨를 토닥여 주셨다. 도대체 혁신학교가 뭐기에 다들 이런 반응인 건지. 괜히 마음이 불안해졌다. 하지만 몇몇 선생님들께서는 다른 관점에서 말씀을 해 주셨다.

"혁신학교는 특별한 만큼 배울 점도 많다고 들었어요. 처음부터 그렇게 배울 기회를 얻기가 쉽지 않은데, 선물 같은 기회라고 생각하고 열심히 배워 봐요."

내심 가장 듣고 싶었던 말이었다. 조금 두려웠지만 특별한 학교에 가는 만큼 더 특별한 경험들도 많이 할 수 있겠지, 이런 생각으로 세종으로 출근할 날을 하루하루 기다렸다.

어쩌다, 유캉년

발령 전 나의 가장 큰 관심사는 몇 학년을 맡고 어떤 업무를 하게 되는가였다. 처음 소담초등학교에 인사드리러 방문했던 날, 교감 선생님께서 5학년 담임, 업무지원팀, 일반 전담 교사 중 하나를 맡게 될 것이라고 말씀해 주셨다. 그리고 전화로 전달받은 소식.

"선생님은 1, 2학년 안전과 3학년 과학을 맡아 주시면 됩니다."

생각보다 여러 과목을 맡아야 해서 걱정도 되고, 교실에서 아이들을 만날 마음의 준비를 한 상황이었기에 아쉬웠지만, 주변 친구들은 전담이 훨씬 좋다며 잘됐다고 축하의 연락을 보냈다. 나 역시도 올 한 해는 전담 교사를 하며 학교에 적응할 수 있겠다며 긍정적으로 생각했지만, 한편으로는 학교에서 소속감을 느끼지 못하고 겉돌 것 같다는 느낌도 들었다. 그렇게 아쉬움 반, 안도감 반으로 세종살이를 준비하던 중, 발령을 3일 앞두고 갑작스러운 연락을 받았다.

"선생님, 이렇게 갑자기 연락해서 미안해요. 혹시 6학년 담임을 맡아 주실 수 있나요? 6학년 담임선생님 한 분이 병가를 쓰시는 바람에…."

"아닙니다, 교감 선생님. 6학년 해 보겠습니다!"

전화를 받고 가슴이 두근거렸다. 전담을 맡으면 올 한 해 수업에만 집중할 수 있을 것이라고, 잘되었다고 생각했는데, 내심 담임을 못 맡아서 아쉬운 마음이 더 컸나 보다. 준비할 시간이 거의 없어 당황스럽기도 했지만, 오히려 설레는 마음이었다.

어쩌다, 나도 작가

가람반, 나도 작가 프로젝트 시작

발령 다음 날이었다. 동학년 선생님들과 전문적학습공동체 회의를 해야 한다고 들었다.

"자, 우리 학년은 이번에 출판 프로젝트를 진행하고 있어요. 아이들 한 명당 한 권의 그림 동화책을 써서 출판하는 건데, 가람반 아이들은 1학기 때 안 하고 이제 시작하는 단계여서 앞으로 선생님이 같이 해나가면 돼요."

귀를 의심했다. 한창 책을 읽을 나이인 초등학생이 출판을 한다니, 정말 그게 가능할까? 그것도 모든 아이들이 한 권씩 책을 만들어야 한다고? 나는 그림책을 읽어 본 지도 너무 오래되었는데, 아이들에게 그림책 만드는 방법을 가르칠 수가 있으려나? 다른 반들은 벌써 조금씩 원고를 작성하고 있던 상황. 그 와중에 아무것도 모르는 신규인 나와 아무 준비도 되어 있지 않은 가람반 아이들의 책 만들기가 시작되었다.

맨땅에 헤딩하기

어떻게 해야 할지 감도 못 잡은 채 다음 날부터 무턱대고 아이들과의 인터뷰를 시작했다. 아이들이 생각해 둔 가제를 바탕으로, 어떤 생각으로 이 주제를 선택하게 되었는지, 어떤 계획을 가지고 있는지를 들어 보았다. 동화책을 쓰게 된 배경을 듣는 것은 생각보다 흥미로웠다. 아이들은 대부분 자신이 가장 관심 있는 것을 소재로 하거나 주인공에 자신을 투영하여 동화책의 주제를 정했다. 그래서 책에 대해 대화하면서 그 친구가 무엇을 좋아하고 싫어하는지를 자연스럽게 알 수 있었다. 공부하는 것이 재미없어 학교를 탈출하는 이야기를 쓰고 싶어 하는 아이, 평소 휴대폰 게임을 너무 좋아해서 게임 중독에 걸린 아이의 이야기를 쓰고 싶어 하는 아이 등 자신의 이야기를 담고 싶어 했다. 2학기부터 학급을 맡게 되어 빨리 아이들을 파악해야 한다는 생각이 컸던 나에게는 일대일로 계속 대화하며 아이들의 이야기를 들어줄 수 있는 이 시간들이 너무 소중했다.

그런데 즐거운 마음으로만 인터뷰를 하기에는 주어진 시간이 턱없이 부족했다. 아이들은 답이 뚜렷하게 정해진 질문에 답하는 것에는 익숙했지만, 창의적으로 생각해서 답변해야 하는 질문은 어려워했다. 또한 아이들이 집-학교-학원만 오가다 보니, 이야기의 소재가 한정적일 수밖에 없었다. 그래서 인터뷰를 계속 진행해도 아이들은 스토리를 만들어 내는 데 한계를 느꼈다. 대부분의 아이들은 동화책이 아니라 일기를 쓰고 있었다. 자신의 생각만큼 책이 술술 쓰이지 않으니 처음에는 이런 이야기를 쓸 것이라며 의욕적이었던 아이들도 하기 싫어하는 기색을 보였다.

다시, 처음으로

아이들이 한 쪽씩이나마 적어 온 글을 보니 어디부터 어떤 식으로 손을 대야 할지 머리가 지끈거렸다. 임지현 선생님이라면 답을 주실 것이라고 생각하며 간절한 마음으로 찾은 바다반 교실. 선생님은 글을 읽어 보시더니, 매우 단호한 처방을 내려 주셨다.

"이 정도면 정말 일기 수준에 지나지 않아요. 가람반 아이들은 조금이라도 글을 쓰는 연습을 하고 나서 동화책의 주제를 잡고 #1부터 다시 쓰는 것이 필요할 것 같아요."

짧은 기간이지만 나름 노력해서 모든 아이들과 일대일로 주제를 정하고 #1까지는 만들어 두었는데, 글쓰기 연습부터 시작해야 한다니. 다시 막막해졌다.

대신 임지현 선생님은 치료법도 함께 제시해 주셨다. 선생님은 그동안 진행해 왔던 책 만들기 과정이 들어 있는 책 『신나는 책 쓰기 수업』과 비주얼 씽킹 카드를 내미셨다.

"아이들은 지금 한정적인 표현으로 감정을 나타내고 있기 때문에 먼저 여러 가지 방법으로 감정을 나타내는 연습을 해야 해요. '기쁘다', '슬프다'라며 직접적으로 감정을 나타내기보다는 행동이나 표정을 묘사하면서 어떤 감정일지 나타내 보는 놀이를 카드를 활용해서 해 보세요. 두 번째로 책 스토리를 짜기 전에 아이들이 다양한 관점에서 사건이나 물체를 바라보는 연습을 하면 좋겠어요. 예를 들어 6·25 전쟁과 남북통일에 관한 주제를 책으로 만든다고 하면, 보통 아이들은 전쟁을 겪고 이산가족이 된 사람을 주인공으로 많이 설정하는데, 어떤 동화책에서는 전쟁 과정을 모두 지켜본 기차가 주인공으로 나오기도 해요. 아이들이 다양한 대상을 동화책의 주인공으로 삼을 수 있다는 것을 알고, 다른 관점에서 볼 수 있도록 도와주어야 해요."

여러 가지 방법으로 감정 나타내기, 관점 바꾸기

원고를 쓰기 전 우리 반 아이들과 해야 할 글쓰기 연습들이었다. 그날 이후로 그동안 진행하던 '나도 작가' 원고들은 올 스톱. 시간을 최대한 활용하여 아이들과 글쓰기 연습을 해 보았다. 맨땅에 헤딩하듯 원고를 쓰던 아이들은 비교적 간단한 활동들을 통해 글쓰기를 좀 더 쉽게 느끼기 시작했다. "루시는 부끄러웠다"라고 쓰던 아이가 "루시는 아무 말도 하지 못했고, 시선은 땅으로 향했다"라고 표현을 달리하는 등 아이들의 표현력이 점점 풍부해졌다.

몇 주 동안의 집중적인 글쓰기 연습을 통해 조금이나마 자신감이 붙은 아이들. 아이들에게 자신이 정한 제목과 주제의 원본을 다시 보여 준 후, 그동안의 글쓰기 연습을 바탕으로 주제를 새로 정해도 된다고 알려 주었다. 2/3가량의 아이들이 새로운 주제, 또는 새로운 주인공을 설정해서 동화책을 만들겠다고 했다. 소재 역시 원래 정했던 주제에 판타지적인 요소를 섞거나, 사물의 입장에서 동화책을 쓰겠다고 하는 아이도 꽤 있었다.

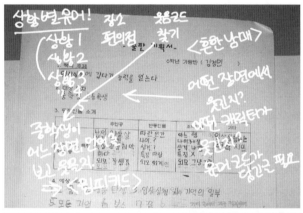

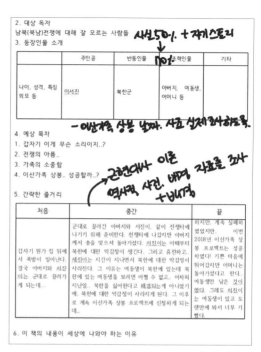

　새롭게 시작하는 마음으로 출판 기획서를 다시 작성하고 아이들과 처음부터 원고를 쓰기 시작했다. 주 1회 등교 기간이 겹쳐 시간이 부족했지만, 먼 길 돌아 다시 시작한 만큼 부족한 시간을 메우기 위해 온라인으로 매일 인터뷰를 하고 아이패드로 피드백을 주고받으며 차근차근 원고 작성을 해 나갔다. 전지전능한 임지현 선생님의 긴급처방 덕분에 첫 단추를 겨우 제대로 맞춰 끼웠다.

원고를 찾아라!

　주제를 정한 후, 아이들과 차근차근 원고를 작성하던 중이었다. 매일 등교를 하게 되었지만 주어진 수업 시간만을 이용하여 원고를 쓰기에는 벅찼고, 아이들이 집에서 수정해 오는 것도 오래 걸려서 매일 두세 명씩 남겨 개별 원고 지도를 할 수밖에 없었다. 그래도 점점 끝이 보이고, 이제 막 삽화를 그리기 시작할 즈음이었다. 준섭이가 삽화를 그리며 자신이 썼던 글이 생각나지 않으니 원고를 뽑아 달라고 했다.

원고가 들어 있는 USB를 꽂고 파일을 열었다. 그런데 원고 파일이 갑자기 암호화가 된 채 이상한 기호들로 가득 차 있었다. 순간 머릿속이 하얘졌다. 원고를 백업해 두었을까 싶어 컴퓨터의 백업 내역을 보니 최근 3일 동안 백업을 해 두지 않았다. 그 3일 동안 하루 2시간씩 원고를 썼는데. 총 6시간짜리 원고가 날아간 것이다. 인터넷에 검색을 해 보니 USB 복구해 주는 곳이 있다. 어느 업체에 맡겨서 복구해야 할지까지 고민했다.

"선생님, 혹시 원고에 무슨 문제 있는 건 아니죠? 왜 안 뽑아 주세요?"

아주 귀신같다. 내가 당황한 건 어떻게 알았는지. 선생님이 다른 USB에 두고 온 것 같은데, 일단 기억나는 장면부터 먼저 그려 보자고 말하며 위기를 겨우 넘겼다. 점심시간에도 어떻게 이 문제를 해결할지 고민하느라 밥이 넘어가지 않았다. 그렇게 점심도 먹는 둥 마는 둥 하고 교실로 왔을 때 갑자기 생각났다.

'컴퓨터실!'

컴퓨터실에서 원고를 작성하고 바탕화면에 저장해 두는 아이들이 많았으니, 혹시 컴퓨터실에 가면 아이들이 쓰던 원고가 있지 않을까 하는 생각이었다.

아이들이 하교한 뒤, 곧장 4층 컴퓨터실로 올라갔다. 학생용 컴퓨터를 열어 보니 세상에, 최근 원고가 저장되어 있었다. 비록 1시간 반 동안 컴퓨터실 내의 모든 컴퓨터를 옮겨 다니며 파일을 다시 저장해야 했지만, 돈을 주고 USB를 고칠 생각까지 했던 나에게는 일도 아니었다. 그렇게 대부분의 파일을 찾았지만, 두 명은 결국 수정한 원고를 찾지 못했다. 그 두 친구에게 뭐라고 말을 꺼내야 할지가 걱정되어 학교 가기 전부터 고민이 많았다.

아이가 등교하자마자 조용히 불러 말을 꺼냈다.

"경민아, 선생님이 원고를 보관하던 USB에 문제가 생겼는데 네 파일이 없어졌어. 아마 최근에 쓴 것은 날아가서 몇 가지 부분을 다시 써야 할 것 같은데. 정말 미안해."

"선생님, 괜찮아요. 어차피 그 전에 쓴 거 글도 많이 이상했는데, 다시 쓰면 전보다 더 잘 쓸 수 있겠죠."

아이의 대답이 놀라웠다.

"그래, 그렇게 생각해 주니까 고맙다. 선생님이랑 같이 다시 열심히 써 보자!"

선생님이 걱정하는 것을 알고 기특하게 오히려 나를 위로해 준 경민이. 또 다른 친구 성원이도 덤덤하게 괜찮다고 대답하며 아침에 한 시간 일찍 나와 같이 원고를 다시 썼다. 마냥 아이라고만 생각했는데, 어른스러운 면도 있는 아이들. 너무 고맙고 예쁘다.

고치지 말고 살려 보자

학교를 마치고 학원에 갔다. 나는 학원 3개를 다닌다. 학교가 끝나고 집에 왔지만 학원 숙제를 해야만 했다. 그런데 너무 힘들고 배고프고 놀고 싶었다. 나는 집에 와서 고민을 했다. 숙제를 할까, 말까? 숙제를 안 하면 부모님과 선생님께 혼이 날 텐데. 결국 숙제를 해야 되는데 못 하고 학원에 갔다. 다행히 선생님께 혼나지 않았지만 대신 숙제가 늘었다. 그래서 나는 결심을 했다. 한번에 싹 다 하고 쉬어야지. 그래서 결국 큰마음을 먹고 밀린 숙제를 싹 다 하고 냈다. 다행히 엄마 아빠는 모르셔서 혼나지 않았다. 끝.

11월 초였다. 대부분의 아이들은 전체적인 스토리라인을 잡은 후 한창 글 쓰고 수정하고를 반복하던 시기였다. 그러나 몇몇 아이들은 글을 쓰는 것도 어려워하고, 써 온 글을 봐도 내가 어떻게 피드백을 시작해야 할지 감조차 오지 않는 경우가 있었다. 혜인이가 그랬다. 처음에 내가 받아 온 글은 위와 같았다. 이 글을 가지고 어떻게 동화책을 만들어 가야 하는지 몇 날 며칠을 고민해도 답이 보이지 않았다. 결국, 바다반 교실로 향했다.

"선생님, 저희 반에서 가장 막막한 글인데요. 도저히 지도 방법을 모르겠어요. 선생님의 도움이 간절해요."

글을 읽어 보신 임지현 선생님의 대답은 더 충격이었다.

"이 주제로 글을 쓰다니. 우리 반에서도 이 주제가 나왔으면 했는데, 안 나오더라고요. 잘 다듬으면 너무 좋을 것 같은데?"

내가 보기에는 너무 일기 같고 완성도가 부족해 보이는 마음에, 이 글을 '어디서부터 어떻게 뒤엎어야 하나'라는 생각을 했었는데, 그게 아니었다. '나도 작가 프로젝트'의 의의는 아이들이 직접 작가가 되어 보는 것. 교사는 아이들의 글을 '고치며' 어른들의 손이 많이 닿은 정형화된 글을 만들어 주는 것이 아니라, 서툴러도 솔직한 아이의 글을 어떻게 최대한 '살릴 수 있을지'를 고민해야 했다.

"아이도 글을 쓰면서 바람직한 결론을 내야 한다는 마음이 있었을 거예요. 꼭 글에서 결론이나 답을 제시해 줄 필요는 없어요. 이 글에서 학원을 여러 개 다니고, 학교가 끝나도 학원 숙제를 해야 해서 힘들었던 감정. 그 감정을 집중적으로 부각시킨다면, 학원을 많이 다녀서 힘들어하는 아이들로부터 공감을 얻을 수 있는 동화책이 되지 않을까요?"

어디로 가야 할지 길을 찾은 듯했다. 아이가 쓴 책이 다소 진부하게 느껴졌던 이유는 결말 부분에서 모든 갈등을 해결했기 때문이었다. 다음 날 혜인이를 불러 물었다.

"혜인이는 이 글에 쓴 것처럼 학원 숙제를 싹 다 해결하고 놀았던 적이 있니?"

"음, 사실 없는 것 같아요."

"학원 다니는 게 왜 힘들었어?"

"숙제가 너무 많아서요. 그리고 학교 갔다 와서 피곤하고 배고프고 쉬고 싶은데 학원까지 가야 하니까 싫었어요."

"숙제가 많이 쌓여 있을 때 기분은 어땠는데?"

"다 그만두고 싶고, 아무것도 안 하고 싶고. 그런데 부모님께 혼이 날까 봐 걱정도 되고 그랬어요."

"그러면 혜인이는 학원을 다니기 싫어?"

"네. 그냥 학원 안 다니고 놀고만 싶어요."

"방금 혜인이가 이야기한 그 생각을 그대로 다시 책에 적어 보면 어떨까? 이 동화책을 쓰는 이유가 많은 초등학생이 공감할 수 있을 것 같아서라고 했는데, 방금 이야기한 그 솔직한 느낌을 적으면 학원을 다니는 친구들도 공감할 것 같아."

그 후 아이는 『학원 숙제는 너무 힘들어』라는 제목에서부터 학원을 다니기 싫은 자신의 마음을 강렬하게 표현해 놓았다. 그렇게 혜인이의

학원 숙제는 너무 힘들어

글은 학원, 공부에 지친 요즘 아이들의 심정을 엿볼 수 있는 동화책이
되었다.

ISBN 도전기

『학교탈출』. 우리 반 작가 김대현이 쓴 책의 제목이다. 공부를 너무
싫어하는 아이가 학교를 탈출하는 내용. 누구나 학교를 다니다 보면
한 번쯤 상상해 보았을 이야기를 주제로 삼아 글을 썼다. 나는 아이
들이 학교를 탈출하는 것을 막아야 하는 '교사'의 입장이지만, 나 역
시도 학교탈출에 도전해 보고 싶을 정도로 글이 술술 재미있게 읽혔
다. 그러나 평소 대현이는 공부든 글쓰기든 충분히 잘하고 있음에도

자신 없어 하는 모습을 보였다. 그중 그림 그리기는 더욱 자신이 없었던 부분. 대현이는 두 시간 동안 #1의 장면을 그릴까 말까 할 정도로 동화책 삽화를 그리는 데 오랜 시간을 쏟았다.

"대현아, ISBN이라는 것이 있는데, 이걸 등록하면 대현이의 책이 세상에 있다는 걸 알려 주는 번호가 생기는 거야. 원하는 사람이 있으면 나중에 대현이 책을 살 수도 있고. 대현이 책이 재미있어서 ISBN을 신청하면 좋겠는데, 이걸 신청하려면 3일 동안 남은 여섯 장의 그림을 완성해서 와야 해. 한번 도전해 볼래?"

"여섯 장이요? 힘들 것 같긴 한데…. 그래도 한번 해 볼래요."

그림 그리기를 힘들어했던 터라 기한 내에 마칠 수 있을지 살짝 걱

학교탈출

정스러웠다. 그러나 쉬는 시간에 앉아 있은 적이 거의 없던 대현이는 교실에서 꼼짝도 않고 짬이 날 때마다 그림만 그렸다. 그렇다고 대충 그리는 것도 아니었다. 장면 스케치를 할 때, 채색 후 완성했을 때마다 나에게 보여 주며 어떤지 조언을 구했다. 주말에도 쉬지 않고 문자로 색연필을 쓸지 사인펜을 쓸지 등을 물었다. 결국 마감 날, 완성한 그림 여섯 장을 들고 와서 어깨가 으쓱해진 대현이가 하는 말.

"선생님, 이제는 다른 사람이 제 책 살 수 있는 거예요?"

이번 경험을 통해 대현이가 자신이 충분히 잘하고 있고, 또 많은 것을 해낼 수 있다는 것을 조금이나마 알 수 있었기를 바라는 마음이다.

나에게 '나도 작가 프로젝트'란?

발령 받은 후 4개월의 생활을 모두 함께하며 온전히 가람반의 '나도 작가 프로젝트'를 진행한 나에게 '나도 작가'란 '오미五味'로 정리할 수 있겠다.

처음에 '나도 작가 프로젝트'를 해야 한다는 이야기를 들었을 때, 도저히 믿기지 않아 잠이 확 깨는 신맛. 아이들을 지도하는 과정에서 턱없이 부족한 나의 전문성을 여실히 마주하며 느낀 쓴맛과 매운맛. 포토샵과 인디자인을 하는 과정에서, 체력적으로 힘든 시기를 거치며 새삼 '돈 벌기 힘들구나'를 느낀 짠맛. 그러나 글쓰기 활동을 통해 조금씩 변화하는 아이들을 보았을 때, 아이들과 머리를 맞대고 아이디어를 짜내며 조금씩 가까워지는 것을 느꼈을 때, 자신이 직접 만든 책이 출판된 것을 보고 신기해하며 환하게 웃는 아이들을 보았을 때의 그 달콤한 맛까지. 그중 책이 출판되고 느낀 마지막의 은은한 단맛이 기억에 남는다.

어쩌다, 에세이팀

학교에 처음 방문했던 날, 다섯 권의 책을 받았다. 소담초가 어떤 곳인지 궁금한 마음에 그 책들을 열심히 읽으며 학교생활을 기대했던 기억이 난다. 그 후 11월 말, 세 번째 소담초등학교 에세이팀을 모집한다는 공고를 보았다. 평소에도 워낙 글쓰기에 자신이 없던 나는 크게 관심을 두지 않았다. 그러다 졸업식 준비로 바쁜 날들을 보내던 12월 마지막 주였다. 교실로 한 통의 전화가 걸려왔다.

"선생님, 에세이 같이 써 볼래요?"

"네? 정말 좋은 기회이긴 한데 학기 말이기도 하고 졸업식 준비로 바빠서, 혹시 제가 해야 할 일을 제대로 못할까 봐 걱정스럽네요."

"괜찮아요, 한두 쪽만 써도 돼요."

"어쩌지…. 그러면 일단은 한번 써 보겠습니다."

그렇게 소담초 에세이팀에 마지막으로 합류하게 되었다. 솔직히 글쓰기에 워낙 자신도 없고, 합평 때 필력이 뛰어나신 다른 선생님들의 글을 읽으며 내가 있을 자리는 아닌 것 같다고 계속 생각했다. 그래도 함께 동학년 민정 선생님의 위로와 격려 덕분에, 어쩌다 보니 '나도, 작가'가 되었다.

점점 이상해지는 분위기에 당황하며, 나는 회장감이 아니고 이런 걸 운영해 본 적도 없다며 극구 사양했다. '바지사장', 아니 '바지회장'만 하면 된다는 대답이 돌아왔다. '그래, 자리만 지키는 바지회장이니까 괜찮을 거야.' 스스로 위안하며 회장직을 받아들였고 교직 경력 2년 차 교사는 회장으로서 첫 발걸음을 내디뎠다.

안녕하세요,
교직 경력 2년 차 회장입니다

조윤진

안녕하세요. 교직 경력 2년 차 회장입니다

예년 같았으면 아이들과 시끌벅적하게 지내고 있을 3월. 2020년의 3월은 그러지 못했다. 한 해가 지나도 코로나19가 사라지지 않는다는 걸 당시엔 몰랐기에, 학교장 재량 휴업일로 개학을 늦추고 있었다. 정식 방학도 아닌 것이, 정식 개학도 아닌 것이 기분을 찝찝하게 하는 나날들이었다. 집에 있어도 마음이 편하지 못해 3월의 어느 하루는 학교에 출근했다. 텅 빈 학교에 나 혼자일 줄 알았건만, 저 복도 끝 연구실의 불이 켜져 있고 사람들의 말소리가 들렸다. 반가운 사람을 만날 것만 같은 기분에 홀린 듯 연구실 문을 열었다.

"오~ 조윤진 선생님! 학교엔 무슨 일이세요?"

반가운 사람들이 맞아 주었다. 다들 손에 아이패드를 하나씩 들고 무언가를 하고 있었다. 나 역시 아이패드를 산 지 얼마 되지 않아 갓 학교에 들고 온 참이었다.

"아이패드 샀네요? 잘했어요. 아이패드의 세계에 온 걸 환영해요!"

아이패드의 세계란 어떤 걸까? 당시 소담초등학교에서는 일부 학년을 중심으로 아이패드를 사용하고 있었다. 업무일지나 학급일지, 영상 편집, 그림 그리기 등 아이패드로 다양한 일을 수행하는 것이 내 눈엔 동경의 대상이었다. 그래서 겨울방학의 어느 날, 나도 페이퍼리스의 삶에 동참하고자 거금을 들여 덜컥 아이패드를 샀다. 그런데 사고 보니, 들인 거금에 비해 무엇을 해야 할지 모르겠더라. 어쩌면 그래서 3월의 어느 날 학교로 향했던 것인지도 모른다.

아이패드의 세계로 온 것을 환영한다는 선생님들께 문득 공유하고 싶은 자료가 있어 말을 꺼냈다. 집에서 새로 산 아이패드와 뒹굴다 운 좋게 내려받은 학급일지 파일이다. 하이퍼링크가 적용되어 있어 탭을 클릭하면 손쉽게 해당 항목으로 이동할 수 있는 질 좋은 자료다. 다행히 선생님들의 반응이 뜨거웠다.

"우와~ 파일 좋은데요? 이런 거 공유할 수 있는 데가 있으면 좋겠다."

"그러게요. 우리 그거 만들까요? 전문적학습공동체?"

"전문적학습공동체는 주제가 수업과 관련 있어야 하는 것 아닌가요?"

"왜~ 수업과 관련지으면 되죠. 그리고 업무가 포함되어도 괜찮아요. 아이디어 좋다."

그렇게 해서 전문적학습공동체의 윤곽이 점점 잡혀 가기 시작했다. 전문적학습공동체의 이름을 무엇으로 할지 고민하다 한 선생님의 의견을 따라 만장일치로 정했다.

'에어드라퍼Air Drop-er'

애플의 기기들은 'Air Drop'이라는 공유 시스템을 갖고 있는데, 이를 이용하면 손쉽게 기기 간 공유를 할 수 있다. 이 'Air Drop'에 'er'

을 붙여 '공유하는 사람들'이라는 뜻의 신조어를 만들었다. 전문적학습공동체를 운영하며 서로 알고 있는 내용을 나누고, 나아가 다른 선생님들께도 공유하자는 뜻깊은 이름이다. 자, 주제와 이름은 정해졌고, 그럼 회장은 누가 하지?

"조윤진 선생님이 하시면 되겠네요~ 딱 맞네! 아이패드도 새로 샀고."

"우와~"(짝짝짝)

점점 이상해지는 분위기에 당황하며, 나는 회장감이 아니고 이런 걸 운영해 본 적도 없다며 극구 사양했다. '바지사장', 아니 '바지회장'만 하면 된다는 대답이 돌아왔다. '그래, 자리만 지키는 바지회장이니까 괜찮을 거야.' 스스로 위안하며 회장직을 받아들였고 교직 경력 2년차 교사는 회장으로서 첫 발걸음을 내디뎠다.

일이 점점 커지네요

에어드라퍼가 구성된 이후 소통이(학교의 소통 사이트)를 통해 참가 인원을 모집했다. 주변의 패드를 가지신 선생님들을 알음알음 초대했더니 다행히 인원은 금방 충원되었다. 그러던 중, 함께하기로 한 부장님께서 좋은 아이디어를 주셨다. 기왕 학교 예산을 받아 전문적학습공동체를 운영한다면, 교육청에서 지원하는 '맞춤형 직무연수'와 병행하면 어떻겠냐는 제안이었다. 가벼운 마음으로 바지회장만 하려 했는데, 일이 점점 커지는 것 같아서 식은땀이 절로 났다.

카카오톡 단체 채팅방에 여러 선생님들의 의견을 구했다. '맞춤형 직무연수'와 병행할 것인지 아닌지. 이에 대한 의견은 반반이었던 것으로 기억한다. 아니, 사실 이럴 땐 담당자의 의견이 제일 중요하다. 일을 집행하는 사람이니까. 아! 담당자는 나였다. 분명 같이 집행하면 좋을 것 같은데, 처음 해 보는 일인지라 두려움이 앞섰다. 그때, 부장님께서 용기를 주셨다. '내가 도와줄게.' 그 한마디에 용기를 얻어 맞춤형 직무연수를 덜컥 신청했다.

사실 신청하는 것부터 난관에 부딪혔다. 신청서와 계획서를 작성하여 외부로 공문을 발송해야 하는데, 평소 담임교사는 업무가 없는 학교 특성상 외부 기안을 해 본 적이 없었다. 어떻게 해야 할지 몰라 두려웠다. 당시 두려운 마음으로 기안을 올리며 썼던 글을 아래에 첨부한다.

2020년 4월 23일

오후 다섯 시. 퇴근 시간이 조금 넘었다. 막 길을 나서려는데 교실로 전화가 한 통 걸려왔다. 교장 선생님이셨다. 외부로 발송하는 기안을 올렸는데 내가 그런 기안을 올린 것이 신기하셨는지, 걱정되셨는지 한 번 더 확인하시려는 전화였다. 그러면서 "우리 조윤진 선생님은 참 대단해~ 이런 연수도 열고!"라고 말씀하셨다. 혼자서 뚝딱 해낸 일이 아니라 여기저기 도와주신 분들이 참 많았는데 내가 대단하다는 이야기를 듣기엔 너무 창피했다. 그냥 솔직하게 "저도 제가 뭘 하고 있는지 모르겠어요"라고 답했다. 그랬더니 교장 선생님께서 "아니야, 아주 잘하고 있어. 그렇게 하면 돼!"라고 하셨다. 내가 잘하고 있다니?

(중략)

그러던 어느 날, 맞춤형 직무연수와 병행할 생각이 없느냐는 의견이 들렸다. '전문적학습공동체 회장도 벅찬데, 직무연수까지 운영하라고?' 도저히 그럴 자신은 없어서 거절했다. 그리고 또다시 같은 제안이 들렸다. '아, 이젠 진짜 추진해야겠다'는 생각이 들어 무턱대고 계획서를 작성하기 시작했다.

시작이 반이라고 했던가. 막상 시작하니 어떻게든 일이 굴러갔다. 그런데 굴러가는 중에 계속 큰 장애물에 가로막혀 굴러갈 수 없기도 했다. 그럴 때마다 지영하 선생님, 고은영 선생님, 정유숙 선생님, 조문연 선생님 등 여러 능력자분들의 도움을 얻어 계속 굴러갔다. 굴러가다 보니 어느새 다음 주 월요일이 첫 시작이다! 어떻게 시작해야 할지 아직도 막막하지만, 교장 선생님께서 잘하고 있다 하셨으니, 나는 그냥 지금처럼 굴러가려 한다!

정말 어떻게든 굴러가게 되더라. 여러 선배 선생님들의 도움과 격려로 무사히 맞춤형 직무연수를 신청했다. 운 좋게 선정도 되었다. 맞춤형 직무연수 운영을 위한 출장도 다녀오며 어떻게 진행할지 천천히 배워 갔다. 오늘도 한 걸음 성장했다.

우리 함께 갑시다

전문적학습공동체를 운영할 때, 가장 중요한 것은 '내용'이다. 무엇을 다루고 무엇을 함께 공부할 것인가. 에어드라퍼는 디지털 매체(아이패드 등)를 활용한 교사의 전문성 신장을 목표로 한다. 따라서 '효율적인 업무', '다양한 교수학습 방법', '교수학습자료 제작' 등 다양한 내용을 다룰 수 있다.

게다가 지금은 코로나19 팬데믹 시대가 아닌가. 오랫동안 오프라인 수업만 해 온 공교육 교사들에게 갑작스레 온라인 수업이라는 임무가 주어졌다. 처음 마주한 난감한 상황에서도 질 좋은 온라인 학습 콘텐츠를 제작하려는 선생님들의 열정이 가득했다. 소담초등학교라서 더욱. 어떤 애플리케이션이나 프로그램을 사용할지, 어떤 방법으로 촬영할지 함께 나누고 싶은 내용은 가득하다.

문제는, '어떻게' 그 내용을 다룰 것인가.

'내가 회장이니까 공부해서 내부 강의를 진행해야 하나? 하지만 나는 그런 능력이 없다. 그렇다고 외부 강사만 섭외하기엔 예산이 부족하다. 아는 사람도 없다.'

혼자 아무리 고민해도 뚜렷한 방향을 정하기 어려워 단톡방에 의견을 구했다. 한 부장님께서 아는 선생님께 강의를 부탁해 주신다고 했다. 강의 내용은 'Key Note'와 'Good Note'. 애플리케이션의 사용법으로 매우 유용한 주제였다. 그럼 외부 강사에게 2회 연수를 듣고, 남은 횟수는 어떻게 채워야 하지?

'우리 함께 채웁시다!'

에어드라퍼라는 이름처럼, 나눌 수 있는 선생님들이 함께 공유하기로 이야기가 마무리되었다. 혼자 고민하지 말고 진작 물어볼걸. 함께 가는 길이라 더욱 든든하다.

우리가 함께 가는 길은 아래와 같았다.

에어드라퍼의 첫 문 열기

먼저 내가 전문적학습공동체의 첫 문을 열었다. 그동안 쌓아 온 꿀팁들을 간단히 파워포인트로 정리하여 선생님들께 소개했다. 다들 큰 박수로 맞아 주셔서 영광이었다. 회장님이라고 불러주시는데 어찌나 부담스러운지.

파워포인트를 넘어설 Key Note

　외부 강의 중 첫 번째 시간은 'Key Note', 애플리케이션에 관한 연수였다. 'Key Note'는 애플 운영체제에 있는 파워포인트와 비슷한 성격의 프로그램이다. 대부분은 기본 내장 애플리케이션임을 알면서도 거의 쓰지 않는다. 그런데 연수를 들어 보니 파워포인트와 비슷하면서도 참 달랐다. 직관적인 UI를 사용하며, 더 그럴듯해 보이는 효과들이 많았다. 이를 이용해 학부모 설명회 발표 자료를 매년 만드신다는 강사님이 대단했다. 들은 내용은 바로 적용하지 않으면 까먹기 마련이다. 그다음 주, 바로 'Key Note'를 이용해 온라인 학습자료를 만들었다. 봉선화를 기르는 내용의 수업자료였다. 얼굴 녹화까지 하여 자료를 완성하니 참 뿌듯했다. 이것이 배움의 기쁨이구나!

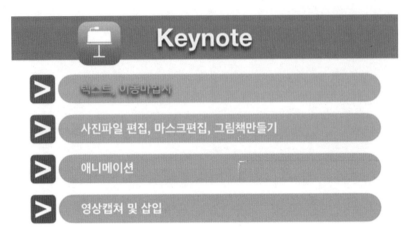

Keynote

> 텍스트, 이동바꿉시

> 사진파일 편집, 마스크편집, 그림책만들기

> 애니메이션

> 영상캡처 및 삽입

굿노트사용법

Date

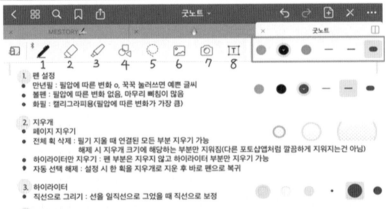

1. 펜 설정
   - 만년필 : 필압에 따른 변화 o, 꾹꾹 눌러쓰면 예쁜 글씨
   - 볼펜 : 필압에 따른 변화 없음, 마무리 삐침이 많음
   - 화필 : 캘리그라피용(필압에 따른 변화가 가장 큼)

2. 지우개
   - 페이지 지우기
   - 전체 획 삭제 : 필기 지울 때 연결된 모든 부분 지우기 가능
                    해제 시 지우개 크기에 해당하는 부분만 지워짐(다른 포토샵앱처럼 깔끔하게 지워지는건 아님)
   - 하이라이터만 지우기 : 펜 부분은 지우지 않고 하이라이터 부분만 지우기 가능
   - 자동 선택 해제 : 설정 시 한 획을 지우개로 지운 후 바로 펜으로 복귀

3. 하이라이터
   - 직선으로 그리기 : 선을 일직선으로 그었을 때 직선으로 보정

4. 모양도구
   - 하이라이터로 모양도구 이용x
   - 색상채우기 : 도형 안에 하이라이터로 채워짐
   - 다른 획에 붙여쓰기

패드 사용자의 필수 앱 Good Note

외부 강의 중 두 번째 연수는 'Key Note' 사용법 심화 편과 'Good Note' 사용법이 주제였다. 'Good Note'는 학급일지를 작성하거나 학습자료(학습지 등)를 만들 때 매우 유용하며 실제로 패드 사용자들이 대부분 사용하는 애플리케이션이다. 강의를 통해 미처 몰랐던 기능까지 알 수 있었고, 활용할 수 있는 자료들을 배포해 주셔서 감사한 마음으로 다운로드했다. 지금까지도 잘 활용하고 있다.

교실 패드 연결은 내가 책임진다!(최홍준 선생님)

그 이후 강의는 우리 소담초등학교의 자랑스러운 선생님들께서 직접 진행하셨다. 최홍준 선생님께서는 직접 교실에 초대하여 유/무선으로 아이패드와 빔 프로젝터를 연결하는 법을 알려 주셨다. 무선으로 일명 '동글이'를 활용하여 연결했을 때는 편리성이 뛰어나지만 가끔 불안정할 때가 있다. 반면 HDMI 케이블을 이용하여 유선으로 연결

하는 경우, 처음 설치할 때는 손이 가지만 이후 안정적으로 사용할 수 있다. 실제 아이들과 수업할 때 활용하는 모습을 보여 주셔서 많은 도움이 되었다.

당신의 패드를 업그레이드해 드립니다(서승원 선생님)

서승원 선생님의 연수를 잘 들었다면 패드가 한층 업그레이드되어 있을 것이다. 추천해 주신 여러 애플리케이션과 위젯들 덕에 활용도가 더욱 높아졌기 때문이다. 특히 소개해 주신 'Calendars 5'는 터치 한 번으로 일정을 자유롭게 옮길 수 있으며, 다른 캘린더 애플리케이션과 연동성이 뛰어나다. 'Timeblocks' 애플리케이션을 설치한 뒤, 위젯에 등록하면 홈 화면에서도 일정을 한눈에 파악할 수 있다. 이렇게 업무 및 일정 관리의 효율을 높이며 패드가 업그레이드되었다!

애플펜슬로 그림 한번 그려 보실래요?(이지현 선생님)

요즘은 도화지 대신 프로그램의 레이어 위에 그림을 그리는 사람들이 많다. 하지만 프로그램 속 다양한 기능들을 마주하면 무릎을 꿇게 되기 마련이다. 이지현 선생님은 무릎 꿇은 우리들을 위해 'Procreate' 앱의 기본적인 사용 방법부터 실제 그림 그리는 실습까지 차근차근 알려 주셨다. 기본적으로 캔버스를 열고 확대, 축소하는 방법과 다양한 브러시의 종류, 레이어를 쌓는 방법 등 꼭 필요한 내용 위주로 연수를 해 주신 덕에 귀여운 캐릭터를 그리는 실습까지 알차게 진행되었다. 이지현 선생님이 직접 그리신 수국이 너무 예뻐서 아래에 함께 첨부한다.

영상 편집, 참 쉽죠?(함유찬 선생님)

코로나19로 온라인 학습이 대중화되면서 영상 편집은 교사와 떼려야 뗄 수 없는 관계가 되었다. 함유찬 선생님께서는 'Luma Fusion' 애플리케이션을 활용하여 영상을 편집하는 방법을 강의해 주셨다. 'Luma Fusion'은 37,000원으로 꽤 고가의 유료 애플리케이션이며 다양한 편집 기능을 자랑한다. 그러나 너무 많은 기능 때문에 초보자에게는 진입 장벽이 높다. 그런 우리를 위해 미디어를 불러오는 방법부터 영상 및 자막 넣는 법, 다양한 효과, 영상을 내보내는 것까지 한 편의 영상을 제작할 수 있는 기본적인 과정을 알려 주셨다. 실제 수업 영상도 'Luma Fusion'을 통해 편집하신다고 하니 대단하다!

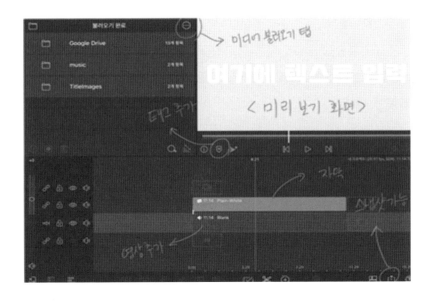

바지회장인 줄 알았는데 그냥 회장이더라고요

에어드라퍼 선생님들과 함께라 내실 있게 운영되었던 한 해! 한 해의 마무리는 무엇이다? 보고서다! 바야흐로 보고서의 시기가 오고야 말았다. 초기에 바지회장은 나로 선정되었지만, 따로 총무는 정하지 않은 터라 어쩌다 보니 내가 총무의 일까지 해 왔다. 이제 와서 정산서를 작성해 줄 총무를 뽑기엔 염치가 없는 것처럼 느껴졌다. 결국 정산서와 보고서 모두 온전히 나의 선택으로 내 몫이 되었다.

정산서가 간단해 보이지만, 전혀 그렇지 않았다. 아래와 같은 이유로 난항을 겪었다.

두 가지 예산

전문적학습공동체에 대한 학교 자체 예산과 맞춤형 직무연수에 대한 교육청 예산을 따로 집행해서 사용해야 했으며 정산서도 각각 제출해야 한다.

각기 다른 개인별 지출 내역

구성원이 모두 동일한 품목을 구입하는 경우엔 일괄로 정산서를 작성하면 된다. 하지만 에어드라퍼의 경우 유료 애플리케이션을 구매하다 보니 개인별로 지출 내역이 상이할 수밖에 없다. 따라서 17명의 각기 다른 지출 내역을 모두 정리해야 한다.

다음으로 보고서는 결과만 정리하면 되니까 쉬울 줄 알았다. 그런데 아니었다. 이것은 정말 개인적인 사유로 일이 어렵게 되었다. 평소 휴대폰으로 연수 사진을 열심히 찍어 두었는데, 휴대폰을 분실한 것이다. 사진이 모두 날아가서 보고서에 쓸 사진이 없었다. 결국 에어드라퍼 선생님들께 사진과 강의 자료를 수차례 수소문해 보고서를 마무리할 수 있었다.

시작은 미약하였으나 그 끝은 창대하리라!

시작은 바지회장이었으나 그 끝은 진짜 회장이니라!

2021년 바지회장 구합니다

한 해를 마무리하며 전문적학습공동체 발표회 자리가 마련되었다. 유튜브 라이브로 특별 생방송이 펼쳐진다. 에어드라퍼 대표로 내가 발표하게 되었다.

"저를 이 자리에 오게 해 준 건 바로 이 '아이패드' 덕분인 것 같습니다."

대본도 없이 간단히 발표를 마쳤다. 학년 연구실로 돌아오니 우리 부장님이 하시는 말씀.

"내년에도 운영해요? 나도 들어가고 싶은데~"

아, 제가 운영하는 건 아니고요, 저 대신 운영해 주실 분을 찾습니다. 아무것도 안 하셔도 돼요. 다 같이 하는 거니까요~ 그냥 이름만 빌려주세요. 바지회장이에요!

귀신의 집을 안 했다면 어떻게 됐을까? 내가 밀어붙여서 귀신의 집 부스 말고 마스크 줄 꾸미기 부스로 운영했다면 어떻게 됐을까? 이것이야말로 내가 진정으로 걱정하는 아이들의 자발성이 부족한 축제 부스, 즉 선생님이 운영하는 축제 부스가 되지 않았을까? 이렇게 잘하는데 왜 나는 아이들을 믿지 못했을까? 내가 좋다고 생각하는 이유만으로 평상시 아이들의 자발성을 막는 결정을 하는 것은 아닐까? 축제 준비부터 마무리 과정을 지켜보면서 여러 생각이 꼬리에 꼬리를 물며 들었다. 특히 아이들을 믿지 못한 나 자신에게 한 방 맞은 기분이었다.

우리 지금 만나

서승원

또 회의해요?

"어떻게 하면 체육대회를 안전하게 열 수 있을까요? 다음 회의까지 생각해 오세요."

"축제에 관해서 이야기해 봅시다. 온라인으로 할까요? 오프라인으로 할까요?"

"스스로 더불어 수업할 때 스스로 공부하는 학생들을 어떻게 지도해야 할지 모르겠어요. 나눔이와 배움이는 짝이 되어 서로 배우는 모습을 관찰할 수 있는데, 스스로 친구들은 그런 모습들이 잘 안 보이네요. 선생님 반은 어떻게 운영하세요?"

2020년 한 해 회의가 과연 몇 차례나 있었을까? 구체적으로 세 보지는 않았지만, 회의하자는 말이 나오면 몸이 저절로 "으~" 하고 몸서리를 칠 지경이었으니 아마 질리도록 회의를 했을 것이다. 소담초등학교에는 나와 같은 일반 교사가 참여해야 하는 크고 작은 회의가 많다. 학교운영위원회 심의를 거쳐야 실제로 운영할 수 있는 큰 회의부터 '활동지를 어떻게 만들까?'와 같은 작은 회의까지, 우리는 연구실에 모이는 시간이 많다. 소담초등학교는 안건이 있으면 소규모 회의를 연다.

'띵동~ 잠깐 연구실로 모이실까요?'

그러고는 교사 개개인의 목소리를 듣는다. 이 목소리를 부장교사가 모아서 전달하고 그 내용이 학교 전체로 퍼진다. 여러 학년의 다양한 목소리가 필요할 때는 TF팀을 모집한다.

'학교에 남는 공간이 있습니다. 어떻게 할까요?'

그래서 공간혁신 TF팀이 만들어졌다.

'축제를 새롭게 운영해 보려고 합니다. 같이 하실 분 있으신가요?'

그래서 축제 TF팀이 만들어졌다.

이 방식의 좋은 점은 내 생각이 반영된 결과라서 학교 일에 주인의식을 갖게 한다는 점이다. 만약 내가 원했던 방향과 다른 방법으로 가더라도 소규모 회의에서 충분한 이야기를 거쳐서 나온 결정이기 때문에 불만이 적다. 회의가 워낙 많다 보니 정말 가끔은(?) 이런 회의 방식이 귀찮고 힘든 적도 있었다(다행히 나만 그랬던 것은 아닌 듯하다). 2020년 12월 한 해를 마무리 짓는 교육과정 평가회 기간, 한 학년 부장 선생님의 말씀이 떠오른다.

"회의가 너무 많고 길어서 힘들었어요. 모두 고생하셨습니다."

회의를 귀찮게 생각하다니, 나에게 실망하려고 할 때 마음에 작은 위로가 되었던 말씀이었다. 이렇게 소담초등학교는 많은 대화가 오가며 더 나은 방법을 찾기 위해 애쓴다. 결론이 안 나면 어떡하느냐? 누군가 슈퍼맨처럼 나서서 결정해 주는 일은 드물다. 시간을 갖고 조금이따 또 만난다.

등교 방식에 대한 논의

올 한 해 기억나는 회의 중 하나를 이야기하고자 한다. 온라인 등교가 한참이던 5월. 온라인 수업만으로는 부족하다는 목소리가 학교 안팎으로 나오기 시작하면서, '일주일에 며칠이라도 아이들이 학교에 오는 방법을 생각해 보자'라는 말이 나오기 시작했다.

학교 내에서는 크게 세 가지 의견으로 갈렸다.

1번 방식: A 조 학생은 월, 목요일 B 조 학생은 화, 금요일 등교함

월	화	수	목	금
A조 등교	A조 온라인	A, B조 온라인	A조 등교	A조 온라인
B조 온라인	B조 등교		B조 온라인	B조 등교

2번 방식: 전체 학생이 화요일, 목요일 등교함

월	화	수	목	금
온라인	등교	온라인	등교	온라인

3번 방식: 전체 학생이 수요일만 등교함

월	화	수	목	금
온라인	온라인	등교	온라인	온라인

등교 방식에 대해 설명하자면, 1번 방식은 한 반에 24명 기준, 학생들을 A조 12명과 B조 12명으로 나눈다. 한 아이 측면에서 보면, 등교를 일주일에 두 번 하게 된다. 예를 들어, A조 아이 기준으로 월요일과 목요일, 즉 일주일에 두 번 등교하게 된다. 2번 방식도 1번 방식과 마찬가지로 한 아이 기준 일주일에 두 번 등교하는 방법인데, 학생들을 A조나 B조로 나누지 않고 등교하게 한다. 3번 방식은 일주일에 한

번 등교하는 방법이다.

"아이들이 학교에 많이 왔으면 좋겠어요. 온라인 수업으로는 해 줄 수 있는 부분이 한계가 있어요."

"동의하는 부분이에요. 하지만 학생들이 많이 오면 방역에 고려해야 할 점이 너무 많아요. 그래서 지금 이 시기에는 학생들의 등교 횟수를 최소화해야 한다고 생각해요."

"등교 횟수 최소화가 가장 좋은 방안일까요?"

"사회적 거리 두기가 핵심이라고 하네요. 우리 학교 내 인원수를 최소화하는 방법도 중요하겠지만, 학생 개개인으로 본다면 우리가 힘들더라도 학급을 두 개로 쪼개서 학급 내 인원을 최소화하는 방법이 좋을 것 같아요."

"그 방법으로 한다면 한 학생 기준으로 두 번 정도 등교할 수 있겠네요. 좋은 방법이네요."

"학생을 두 그룹으로 나누는 방법이라…. 좋은 의견이지만, 그 방법은 선생님들이 상당히 피곤할 텐데요. 감당할 수 있을까요?"

"학급 내 인원 최소화가 가장 효과적일 것 같아요. 우리 선생님들이 피곤하겠지만 아이들이 등교 개학을 한다면 그룹으로 나눠서 하는 방법이 좋을 것 같네요."

"두 그룹으로 나누는 것이 좋을까요? 세 그룹으로 나누는 것이 좋을까요?"

"두 그룹이면 한 조에 12명, 세 그룹이면 한 조에 8명인데, 당연히 세 그룹으로 나누는 것이 좋겠지만, 학생들과 만남을 많이 하려면 두 그룹으로 나누는 것이 좋을 것 같아요."

"저학년에 형제, 자매가 있는지도 고려해야겠어요. 종종 A조와 B조를 바꿔 주는 것도 생각해야 할 것 같고, 시간표 문제도 있네요."

1번 방법 예시 주안 ※수학 교과만 고려한 것임					
월	화	수	목	금	생각할 것들
등교) A조 수학 1차시	온라인) A조 수학 2차시	A조 B조 교과담임 온라인	등교) A조 수학 3차시	온라인) A조 수학 4차시	문제없음
온라인) B조 수학 2차시	등교) B조 수학 1차시		온라인) B조 수학 4차시	등교) B조 수학 3차시	먼저 배우는 차시가 생김

"계열성이 중요한 수학 교과에 대해서 생각해 봐야겠네요. 월요일에 A조 학생이 학교에 나와서 1차시 공부를 하고, 그동안 B조 학생은 집에서 온라인 2차시를 공부하게 되고, 화요일에 A조 학생이 온라인으로 2차시를 공부하고, B조 학생은 학교에서 1차시 공부를 한다고 가정하면 계열성에 문제가 있겠네요."

"우리 1학기에는 음악 강사 선생님도 들어오세요. 그것도 고려해야 해요."

"그러니까 그냥 우리 2번 방법대로 해요. 아이들을 나누지는 말고 등교 개학을 일주일에 두 번 하는 방법이요. 그러면 시간표에 관한 생각도 안 해도 되고 일주일에 두 번만 방역을 신경 쓰면 되고요. 1번 방법은 수요일 빼고 모든 날 아이들이 오기 때문에 매일매일 방역을 해야 해서 선생님들이 힘들잖아요."

"선생님, 우리 다시 한 번 해 봅시다. 방법이 있을 거예요."

이 대화는 부장 회의 중에 나온 내용이 아니라 나를 포함한 일반 담임선생님들 간의 회의에서 나눴던 내용이다. 이러한 회의를 통해 우리 학년은 1번 방식으로 학생들이 등교하면 좋겠다는 의견을 학교에 제시했고, 부장 회의에서는 다시 한 번 회의를 통해 최종적으로 1번 방식으로 등교하는 것이 학교 차원에서 결정됐다.

이렇게 해서 나온 주안이 아래와 같다. 특이한 것은 한 주에 주안이

주 간 학 습 계 획 (A조/월,목)

6월 15일(월) ~ 6월 19일(금)

건강자가진단 체온체크	기상 직후 핸드폰 바로가기로 부모님이 입답 : 1차 체온측정				
	등교(8:40-8:55)시 2차 체온측정				
	6월 15일(월)	6월 16일(화)	6월 17일(수)	6월 18일(목)	6월 19일(금)
1블록 (9:00 ~10:00)	국어 5.주장하는 글 -글수의 주장 파악하기	국어 <글쓰기 위하여> ~ 주장하는 글쓰기(1)	과학 <소일과학(4)>	창체(자율) 첫번째 시간	음악, 도덕 [음악] 소담이의 국악교실 [도덕] 정의로 무엇인가(2)
2블록 (10:10 ~11:10)	사회 1-3.우리 국토의 인문환경 -국토의 변화모습 -단원정리	실과 6.일과 직업 탐색 -다양한 직업 알아보기	영어 <소담이의 Online English>	과학, 음악 [과학] 3.태양계와 별 복습 개념 [음악] 국악 수업	미술 도와요, 확도그램
3블록 (11:20 ~12:20)	수학 4.약분과 통분 -개분크기, 크기가 같은 분수 알아보기(1)	국어,창체 [국어] 요리오북 -너는 너의 달콤한 마디(4) [창체] 방구석 비디오 '스물 오브 덕'	체육 <거꾸로달리기>	국어, 영어 [국어] 글쓰기 위하여 주장하는 글 -주장하는 글 쓰기(1) [영어] Where are you from? 복습개념	수학, 사회 [수학] 약분과 통분 -크기가 같은 분수 알아보기(2) [사회] 존중하는 삶 -단원도입
준비물					
손씻기		라온반 : 12:15			
3차 체온측정					
점심 (12:20~)		점심 식사 직전			
		점심식사 후 교실에서 가방만 챙겨 바로 하교			

주 간 학 습 계 획 (B조/화,금)

6월 15일(월) ~ 6월 19일(금)

건강자가진단 체온체크	기상 직후 핸드폰 바로가기로 부모님이 입답 : 1차 체온측정				
	등교(8:40-8:55)시 2차 체온측정				
	6월 15일(월)	6월 16일(화)	6월 17일(수)	6월 18일(목)	6월 19일(금)
1블록 (9:00 ~10:00)	국어 <글쓰기 위하여> ~ 주장하는 글쓰기(1)	사회 1-3.우리 국토의 인문환경 -국토의 변화모습 -단원정리	과학 <소일과학(4)>	음악, 도덕 [음악]소담이의 국악교실 [도덕] 정의로 무엇인가(2)	과학, 영어 [과학] 태양계와별 복습 개념 [영어] Where are you from? 복습개념
2블록 (10:10 ~11:10)	실과 6.일과 직업 탐색 -다양한 직업 알아보기	국어, 음악 [국어] 5.주장하는 글 -글수의 주장 파악하기 [음악] 국악수업	영어 <소담이의 Online English>	미술 도와요, 확도그램	국어 [국어] 글쓰기 위하여 ~ 주장하는 글 쓰기(1)
3블록 (11:20 ~12:20)	국어,창체 [국어]요리오북-너는 너의 달콤한 마디(4) [창체]방구석 비디오 '스물 오브 덕'	수학 4.약분과 통분 -개분크기, 크기가 같은 분수 알아보기(1)	체육 <거꾸로달리기>	수학, 사회 [수학]약분과 통분 -크기가 같은 분수 알아보기(2) [사회]존중하는 삶 -단원 도입	창체 <첫번째 시간> 첫번째 시간
준비물					
손씻기		라온반 : 12시 15분			
3차 체온측정					
점심 (12:20~)		점심 식사 직전			
		1점심식사 후 교실에서 가방만 챙겨 바로 하교			

우여곡절 끝에 나온 주안. 6월 8일 주가 등교 개학 첫 주이기 때문에 둘째 주인 6월 15일 주 주안을 첨부했다.

A조와 B조 이렇게 두 개가 나가야 한다는 것이다.

이 주안이 나오기까지 정말 많은 회의를 했던 기억이 난다. 교육과정 재구성을 통해 단순히 교과서 흐름을 따라가는 수업에서 교과서 흐름의 재편성, 필요 없다고 생각하는 부분 삭제 및 병합, 필요에 따라서는 다른 교재 사용 및 기존에 없는 새로운 교재 구성 등 이전 회의에서 제기됐던 계열성과 관련된 문제점을 풀어 나갔다. 자칫 이러한 재구성이 '재구성을 위한 재구성'이 되지 않기 위해 단원마다 꼭 짚어 줘야 할 사항은 잊지 않고 교과서를 이용해 짚고 넘어갔으며 이 역시도 매주 주안 회의를 통해 다듬어 갔다.

우여곡절 끝에 시간표가 완성되고, 6월 8일 기다리고 기다리던 학생들의 등교가 시작되었다. 아이들이 오기 시작하자 어떤 선생님의 우려처럼 선생님들 몸에 벅차다는 표시가 나기 시작했다. 퀭한 얼굴을 한 선생님들이 자주 보였고 피곤하다고 이야기하는 선생님들이 많아

선택	순번	초과근무일자	초과근무종별	초과근무 신청시간	실제초과 근무시간	초과근무 확인시간합	하여야 할일	신청 상태	승인 상태	결재상태	삭제여부
☐	1	2020.06.24	시간외 근무	16:40 ~ 21:40	16:40 ~ 20:44	03:04	온라인 컨텐츠 기획,제작,편집	사전	사전	완결	N
☐	2	2020.06.19	시간외 근무	16:40 ~ 21:40	16:40 ~ 21:43	04:00	다음주 컨텐츠 촬영 및 편집 완성 하려 합니다	사전	사전	완결	N
☐	3	2020.06.17	시간외 근무	16:40 ~ 21:40	16:40 ~ 20:53	03:13	온라인 수업 컨텐츠 제작	사전	사전	완결	N
☐	4	2020.06.11	시간외 근무	16:40 ~ 21:40	16:40 ~ 20:43	03:03	온라인 컨텐츠 편집을 해야할 것 같습니다	사전	사전	완결	N
☐	5	2020.06.10	시간외 근무	16:40 ~ 21:40	16:40 ~ 22:22	04:00	다음주 온라인 콘텐츠 제작 및 편집	사전	사전	완결	N
☐	6	2020.06.06	시간외 근무	14:00 ~ 18:00	13:34 ~ 18:11	04:00	등교개학 준비	사전	사전	완결	N

2020년 6월 초과근무 실적. 누가 시키지 않았지만, 아이들 맞이에 열심히 힘썼다.

졌다. 오전에는 등교한 학생들을 교육해야 하고, 오후에는 온라인 학습 콘텐츠 제작 및 온라인 피드백을 해야 하니 몸이 남아나질 않는 것이다. '오늘도 초과근무 하실 건가요?'라는 말이 부장이 아닌 일반 담임선생님들 입에서 심심치 않게 들렸다.

그런데 모든 것이 지나가면 추억이라고 말하듯, 되돌아보는 지금은 힘들었던 기억들이 미화되어 좋았던 기억들만 떠오르는 것 같다. 선생님들과 초과근무를 하면서 수업 구상 및 수업 촬영을 즐겁게 했던 일, 아이들을 많이 만날 수 있어서 좋았다는 사실들이 가장 먼저 떠오르기 때문이다. 하지만 이성적으로 다시 생각해 봐도 분명 그 당시 힘들었다. 평균 초과근무 시간이 22시간 정도였으며, 집에 오면 다른 것은 신경 쓸 겨를 없이 쓰러져 잤던 기억이 난다. 그렇지만 다시 선택하라고 해도 이 방식을 선택할 것 같다. 선생님들과 같이 회의하고 최선이라고 결정한 내용이기 때문이다.

또 회의하면 안 돼요?

선생님들과 이렇게 작은 것 하나하나 회의하는 문화가 있다 보니, 아이들과 학급 운영을 하면서도 내가 독단적으로 결정하는 경우는 거의 없다.[3] 학급 다모임을 정기적으로 열어 우리의 학급 살이를 되돌아본다. 주로 좋았던 점, 바라는 점, 아쉬운 점이라는 글자를 줄여 '좋아바' 회의를 진행한다. 좋았던 점 위주로 아이스 브레이킹을 한 다음, 아쉬운 점과 바라는 점 이야기를 살려 더 나은 학급을 만들기 위해 아이들이 머리를 맞댄다. 아이들 회의 장면을 잘 살펴보면 선생님들 회의 장면과 비슷한 모습이 있다. 한 시간인 회의 시간 안에 쉽게 풀리는 문제가 있지만, 일정 기간이 필요하고 교사가 개입해야 풀리는 문제도 있다. 선생님들 회의가 활동지 구상 같은 쉬운 회의에서부터 학교운영위원회를 통과해야 하는 어려운 회의가 있는 것처럼 말이다.

아이들이 자신의 목소리를 낼 수 있는 허용적인 분위기가 만들어질수록 점차 살아난다는 것을 경험할 수 있다. 자기 생각을 적는 보드판에 '없음'이라고 적는 학생들 숫자가 점점 줄어드는 모습을 보면 가시적으로 알 수 있다. 교사가 빠르게 정답에 가까운 것을 제안해도 그대로 따르기보단 느릿느릿 본인들이 결정하고 싶어 한다. 그리고 그렇게 나온 결정에 대해서 책임지고 자발성을 갖고 참여한다.

대신 내가 중요하게 생각하는 부분에 대해서 아이들과 의견이 맞설 때 가장 난감하다. 그 간격을 알고 서로가 만족할 수 있는 부분을 찾아 나가는 것이 중요하다.

꼭 그것을 해야만 하겠니?

소담초는 2020년 코로나 상황에도 불구하고 축제를 운영했다. 다만

---

3. 소담초에서는 학생 회의를 다모임이라고 부른다.

학교 회의에서는 안전을 고려해 '학년 내 부스 활동으로 축소 운영'을 하는 것으로 결정했다. 이에 따라 학급 내 부스 활동을 무엇으로 할지 학생들과 회의를 열었다. 아이들이 정말 다양한 아이디어를 냈다. 그 가짓수가 무려 17개였다. 상황과 예산 등을 고려해 가능한 것만 솎아 내어 최종 2개로 가짓수를 추렸다. 그중 하나가 귀신의 집 부스였고, 다른 하나는 마스크 줄 꾸미기 부스였다. 나는 아이들이 조금 더 수월하게 할 수 있는 안을 택했으면 하는 마음에 마스크 줄 꾸미기 부스가 선택되기를 간절히 바랐고 또 몸부림을 쳤다.

"얘들아, 귀신의 집 부스 활동은 준비물도 많이 필요하고 교실도 어지러워질 거야. 우리 방역을 잘 지키면서 할 수 있을까?"

"우리가 귀신의 집 부스 활동 규칙을 잘 세우고, 한 번에 입장하는 인원을 제한하면 좋을 것 같아요."

"축제라는 것은 많은 사람이 즐겨야 한다고 생각하는데, 그렇게 된다면 많은 사람이 참여하지 못하지 않을까? 마스크 줄 꾸미기로 한다면 많은 사람이 참여할 수 있을 것 같은데."

"귀신의 집 부스는 남는 교실을 활용하고 기다리는 친구들을 위해 우리 반에는 공포 영화를 틀어 놔요."

"준비 시간이 일주일밖에 없는데, 어설픈 모습을 보여 줄 바엔 단순하더라도 확실하게 잘할 수 있는 부스를 운영하는 게 좋지 않을까?"

아이들에게 귀신의 집 부스가 선택된다면 생각해야 할 것들을 주저리주저리 이야기해 주었다. 혹시 아이들이 이런 사항을 생각하지 않았을까 봐 이야기해 준 마음보다, 한편으론 내 손이 많이 필요할까 봐 걱정되는 마음이 더 컸다. 우리는 함께 이런저런 이야기를 나눴고, 이야기 끝에는 투표를 통해 결정했다. 기존에는 단순히 귀신의 집 부스가 재밌겠다고 생각해서 귀신의 집 부스를 희망하는 아이들 수가 압

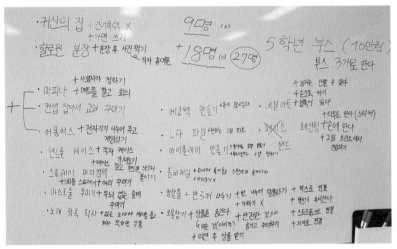

축제 부스를 어떤 것으로 할지에 대한 브레인스토밍에서 나온 17가지. 다양한 생각들과 아이디어를 낸 아이가 생각한 운영 방안.

도적으로 많았는데, 이야기를 듣고 생각이 바뀌었나 보다. 제발 마스크 줄 꾸미기 부스 희망자가 더 많기를! 하나, 둘, 셋… 귀신의 집 부스 희망자는 13명, 마스크 줄 꾸미기 희망자는 12명. 혹시나 하는 마음에 재투표를 해 보았지만, 결과는 같았고 그렇게 귀신의 집 부스 활동이 선택되었다.

결정된 것 어쩌겠는가. 아이들에게 최종적으로 귀신의 집 부스로 정해졌으니 최고로 잘해 보자며 힘을 불어넣었다. 애초에 어떤 부스든 상관없다고 생각한 아이들은 이 결과에 대해서 별다른 반응이 없었지만, 특히 마스크 줄 부스를 열렬히 희망했던 아이들에게는 심심한 위로와 함께 귀신의 집 부스에서도 멋진 역할로 학급을 빛내 달라고 부탁했다.

아이들과 귀신의 집 부스 활동에 필요한 역할들을 생각해 보자고 했다. 팀을 크게 4개로 나누었다. 전반적인 사항을 다 알고 있으면서

귀신의 집에 필요한 팀을 아이들과 같이 4개로 나누었다. 인물팀과 무대팀을 세분하여
6개의 팀으로 운영하였다.

귀신의 집 준비 과정을 선생님과 긴밀히 협의하는 '총괄팀'. 귀신의 집
에 필요한 규칙을 만들고 5학년 다른 친구들에게 귀신의 집을 잘 알
릴 방안을 생각하며 포스터를 제작하는 '홍보팀', 귀신의 집을 어떤
구성으로 꾸밀지, 어떤 음향과 소품을 쓸지를 생각하는 '무대팀', 귀신
들을 어떻게 꾸밀지 생각하는 '인물팀'. 먼저 각 팀의 역할을 보고 팀
장을 하고 싶은 사람들을 모집했다. 그렇게 6개의 팀장이 선정되었고
팀과 팀장을 보고 팀원들이 선정되었다.

  교사가 시켜서 하는 활동이 아닌, 자신들이 하고 싶어서 하게 된
이 활동은 아이들의 자발성에 불을 붙였다. 내가 귀신의 집 부스를 처
음부터 하자고 했어도 이렇게까지 엄청난 적극성과 좋은 아이디어가
나왔을까? 귀신의 집 부스를 하기 싫었던 큰 이유 중 하나가 이리저
리 손을 많이 봐줘야 할 것 같다는 생각 때문이었는데, 그러한 생각
은 오해였다. 오히려 내가 개입하기도 전에, 아이들이 또 다른 좋은 방
안을 생각해 냈고 대신 나는 한 발 물러서서 전반적인 사항을 조율해
주고 혹시나 놓친 것이 없는지 지켜보면 되었다.

  귀신의 집 부스를 기획하면서 계속 걸리는 점이 한 가지 있었다. 학
교에서 지원되는 예산으로는 아이들이 바라는 귀신의 집 퀄리티를 낼
수가 없었다. 예산 안에서 내가 사 줄 수 있는 부분은 암막 천과 가짜

이 사진은 홍보팀의 모습이다. 얼핏 보면 네 명 모두 홍보팀인 것 같지만, 1번 아이는 총괄팀이다. 1번 아이가 다른 팀에서 진행되고 있는 과정을 설명해 주고 2~4번 친구들이 그것을 참고해서 규칙을 만들고 있는 장면이다.

피 그리고 무서운 마스크 한 개 정도였다. 그것만으로는 귀신의 집이 제대로 운영될 리가 없었다. 저예산, 고퀄리티를 위해서는 어떻게 해야 할지 머리를 맞대야 할 시간이 찾아왔다.

홍보팀에서는 귀신의 집 대기실에서 무서운 영화를 틀어 주어 분위기를 조성하고 들어가기 전에 눈을 꼭 감고 들어가면 어떻겠냐고 이야기를 했다. 또한 스포일러 금지 규칙을 통해 아직 참여하지 않은 다른 친구들에게 귀신의 집에 대한 궁금증과 공포감을 조성하자고 하였다. 분장팀은 인터넷 검색을 통해 어떻게 하면 무서운 분장을 할 수 있는지 찾아서 실제로 해 보고 다른 팀에게 검토를 받았다. 분장팀 팀장은 집에서 핼러윈 소품을 가져왔다. 소품팀은 과학실에서 전신 해골을 가져오자고 했다. 장소팀은 휑한 교실을 엄연한 귀신의 집으로 만들기 위해 사물함을 옮기고 그 위에 종이상자를 쌓기 시작했다. 종이

상자 위로는 학교 예산으로 준비한 암막 천을 덮어서 마치 벽과 같은 느낌을 냈다. 남은 종이상자로는 빛이 들어오지 않게 모든 창문을 막았다. 방 탈출 아이디어를 가져와서 티켓 4개를 모두 얻어야만 방 비밀번호를 풀고 탈출할 수 있는 귀신의 집을 만들었다. 노래팀은 무서

귀신의 집에 처음 들어가면 보이는 장면

귀신의 집에 들어가기 직전

가위바위보 귀신

참참참 귀신

운 노래를 찾고 장소팀과 상의해서 콘셉트에 어울리는 노래를 선정했다. 머리를 맞대니 제법 괜찮은 귀신의 집이 만들어졌다.

아이들의 자발성은 대단했다. 팀장들끼리 따로 모여 진행 여부를 점검하는 회의를 하고, 몇 명의 팀장은 주말에 모여 자신들의 용돈을 모아 필요한 재료를 사기도 하며, 등교 시간 한 시간 전에 교사의 양해를 구하고 귀신의 집 꾸미기에 열중하는 모습도 보였다.

그렇게 10월 29일 축제가 시작되었다. 반응은 가히 폭발적이었다. 우리 반을 대기실로 썼는데 넓은 교실에 인원이 꽉 차는 풍경이 펼쳐져서 한 번에 들어가는 인원을 기존 계획보다 조금 늘려야 했다. 대기실 명부에도 적지 못해서 헛걸음하는 아이들도 나왔다. 귀신의 집을 운영하는 아이들은 사람들이 크게 비명을 지르고 무서워서 울 때 보람을 느끼지 않을까?

"선생님! 이번 팀은 친구들이 비명을 많이 질렀어요. 신나요!"

"선생님! 이번 팀에 어떤 아이가 울고 나갔어요. 괜찮겠죠? 그래도 뿌듯하네요!"

아이들은 끝까지 대단했다. 누구 하나 빠지는 사람 없이, 열심히 교실을 치우는 데 집중했다. 많이 벌여 놓은 만큼 치우는 데도 한참이 걸릴 것을 예상했다. 하지만 각자의 방식대로 치우려고 노력하다 보니 30분 만에 원상 복구가 됐다.

"만드는 데는 정말 힘들고 오래 걸렸는데, 원상 복구는 이렇게 금방 되다니 허무해⋯."

"그래도 재밌었어. 고생했다, 우리!"

"선생님! 노래 틀어 주세요!"

귀신의 집을 안 했다면 어떻게 됐을까? 내가 밀어붙여서 귀신의 집 부스 말고 마스크 줄 꾸미기 부스로 운영했다면 어떻게 됐을까? 이것이야말로 내가 진정으로 걱정하는 아이들의 자발성이 부족한 축제 부스, 즉 선생님이 운영하는 축제 부스가 되지 않았을까? 이렇게 잘하는데 왜 나는 아이들을 믿지 못했을까? 내가 좋다고 생각하는 이유만으로 평상시 아이들의 자발성을 막는 결정을 하는 것은 아닐까? 축제

귀신의 집 부스 활동을 마치고 뒷정리를 하는 모습

귀신의 집 활동을 마치고 찍은 단체 사진

준비부터 마무리 과정을 지켜보면서 여러 생각이 꼬리에 꼬리를 물며 들었다.

특히 아이들을 믿지 못한 나 자신에게 한 방 맞은 기분이었다. 이번 귀신의 집 부스 활동으로 얻은 것들이 많다. 서먹서먹했던 아이들이 귀신의 집 부스 활동 이후 부쩍 친해졌다. 서로 이야기를 주고받아야 하는 상황이 많았기에 빨리 친구들의 이름을 외울 수 있었고 자기들끼리 크고 작은 이야기가 생겼다. 교사인 나에게도 아이들 곁으로 가까이 다가갈 수 있는 계기뿐만 아니라 아이들의 가능성과 자발성을 예전보다는 조금 더 믿어 보자고 다짐하게 된 중요한 시발점이 되었다.

'나무에 가시가 있었는데, 그 나무가 나를 아프게 하려고 그랬던 건 아니니까.'

'나무는 아무 말이 없었지만, 속으로는 좋아하고 있었을지도 모른다.'

'수변 공원을 생각하면 그 나무가 가장 먼저 떠오를 것 같다. 그 나무는 사라지지 않았으면 좋겠다. 아마도 내가 그 나무와 정이 들었기 때문에.'

이런 글을 함께 나누니 아이들이 웃고, 감동하고, 서로 박수도 쳐 준다. 꾸며 낸 글이 아니라 살아 있는 글이라 가능한 일이었다.

하늘숨 공부

박지연

5학년 부장 선생님의 중간 인사 발령 이후 나는 2학기부터 후임 부장을 맡기로 했다. 인수인계를 받는 동안 '이렇게 몰라서 어쩌지. 큰일이다, 큰일'이라며 걱정도 많이 했지만 내가 할 수 있는 일들이 있을 거라 믿으며 마음을 다잡았다.

가장 먼저 고민한 건 '2학기 교육과정'이었다. 아이들, 선생님들과 함께 할 수 있는, 조금은 굵직한 학년교육과정을 하나 제안하고 싶었다. 애초에 중심 교육활동으로 계획했던 '스스로 더불어(수학 협력 수업)'와 '그림자 체험학습(아이들이 직접 계획하고 실현하는 체험학습)'이 코로나 상황과 겹쳐 어찌 될지 모르는 상황이라 더 그랬다.

처음 떠올렸던 건 '미술사 흐름대로 진행하는 미술 수업'이었다. 겨울방학(코로나19가 퍼지기 직전)에 여행하며 미술사와 여러 미술 작품에 흥미가 생겨 아이들에게도 미술사를 알려 주고 인상주의, 초현실주의, 현대 미술 등 다양한 양식의 작품을 그려 보게 하면 어떨까 하는 아이디어가 떠오른 것이다. 그런데 미술 시간에만 할 수 있으니 너무 제한적이다. 패스. 그러고 나서 한동안 괜찮은 아이디어가 떠오르지 않았다. 억지로 생각하려 하니 스트레스로 다가오기도 했고.

원점으로 돌아가, '나 초등학교 때는 뭐 했었지?'

그러자 딱 하나가 기억났는데, '하늘숨 공부'였다. 왜 이제야 떠올랐는지 모를 정도로 초등학교 시절 배운 것 중 유일하게 생각나는 공부.

- 나무랑 안고 이야기하기
- 눈 가리고 생활해 보기
- 빨래 개어 보기
- 인스턴트식품 안 먹기

그때는 그게 공부인 줄도 몰랐다.

"너희 국어랑 수학만 공부인 줄 아나? 이런 것도 다 공부다. 국어 수학보다 더 중요한 인생 공부!"

선생님이 그렇게 말씀하시니 '그런가 보다.' 하고 열심히 나무 안고 글 썼다. 그런데 그것들이 소리 없이 쌓여 나를 키워 주었다.

학년 선생님들에게 하늘숨 공부를 하고 문집을 만들자고 제안하고 싶었다. 뭔가를 제안하는 게 처음이었다. 게다가 매주 아이들 글 쓰게 하고, 꼼꼼히 읽고, 문집 만드는 게 쉬운 일은 아니니 제안에 여러 이유를 붙여야 한다고 생각했다.

1. 코로나 시국에 운영할 수 있는 교육과정임.
2. 현대 문물에 젖은 아이들에게 곁에 있는 것들의 소중함을 일깨워 줄 수 있음.
3. 학년 초 워크숍에서 '글쓰기 교육'도 중요 교육과정으로 다루기로 계획했는데, 제대로 실현하지 못했음.
4. 잊힐 수 있는 2020년의 추억을 문집으로 남겨 줄 수 있음.

구구절절 이유를 대고, 하늘숨 공부를 가르쳐 주신 스승님께 받은 글쓰기 주제를 보여 드리며 첫 제안을 했다.

"좋아요."

"재밌겠다."

"저도 문집 만들어 주는 거 좋아요."

걱정과 준비가 무색해지는 쿨한 승낙이었다. 여름방학 동안 주제를 좀 다듬고, '하늘숨 공부' 명칭도 현대적으로 바꾸어 2학기부터 시작하기로 했다.

짧은 여름방학이 끝난 뒤, 선생님들과 함께 아이들이 어려워할 만한 주제는 빼고 요즘 감성에 맞는 주제도 좀 넣어 계획을 다듬었다. 이제 이름만 고치면 되는데, '하늘숨 공부'라고 하면 요즘 아이들이 공감하기 힘들 것 같았다. 직감적으로는 이 이름이 딱인데, 아쉽다고 생각하던 차에 김혜진 선생님이 좋은 뜻을 붙여 주었다.

"하늘숨(하늘 보고 숨 쉬는) 공부 어때요?"

딱이다. 이름도 그대로 살리기로 했다.

온라인 학습 시간에 아이들에게 하늘숨 공부를 처음 소개했다. 그런데 글 쓰는 법도 알려 주고, 선생님들의 예시 글을 보여 줬는데도 한동안 글이 잘 안 나왔다. 얼굴 마주하고 이야기하며 쓰는 게 아니라 집에서 숙제처럼 쓰니 아이들의 진심이 잘 안 담기는 것 같았다. 그렇게 온라인으로 아이들 글을 받고 피드백하기를 몇 주 반복한 후, 전면 등교를 맞아 다 같이 하늘숨 공부를 해 보기로 했다.

-나무 안기.

아마도 아이들이 가장 의아하게 여겼을 주제일 것이다.

"다 같이 안아 보면 안 창피해. 나무를 가만히 안고 있으면 무슨 소리가 들린다니까?"

하늘숨공부 (하늘 보고 숨쉬기)				
		5학년 ( )반 ( )		
♡ 밥상 차리기	9.7~9.13	♥ 지우개로 지우고 싶은 기억	11.9~11.15
♥ 하늘 보기(오늘의 하늘은 어떤가요?)	9.14~9.20	♥ 가족 중 한 명 관찰하기	11.16~11.22
♡ 하루 동안 컴퓨터+스마트폰 하지 않기	9.21~9.27	♡ 30분씩 세 시간 동안 눈 가리고 지내보기	11.23~11.29
♥ 발 씻겨드리기(가족 중 누구라도 좋아요)	9.28~10.4	♥ 1주일 동안 인스턴트 식품 먹지 않기	11.30~12.6
♡ 코로나가 끝나면 하고 싶은 일들	10.5~10.11	♥ 요술램프가 있다면 빌고 싶은 소원	12.7~12.13
♥ 나무하고 말하고 안아보기	10.12~10.18	♥ 세 시간 동안 한 쪽 팔 쓰지 않기	12.14~12.20
♡ 내 생애 최고의 거짓말은?	10.19~10.25	♥ 빨래 개어보기	12.21~12.27
♥ 하루 동안 말하지 않기	10.26~11.1	♥ 하루 동안 TV 보지 않기	12.28~1.3
♡ 소중한 나(내가 소중한 이유)	11.2~11.8	♥ 부모님의 잔소리 BEST5	1.4~1.7

하늘숨 공부 주제

난감해하는 아이들을 살살 달래고, 수변 공원으로 데리고 갔다. 안아 보는 시늉만 하는 애들도 있고, 계속 안고 있으니 편하다며 10분째 가만히 안고 있는 아이도 있다. 그러고 쓴 글들.

'나무에 가시가 있었는데, 그 나무가 나를 아프게 하려고 그랬던 건 아니니까.'

'나무는 아무 말이 없었지만, 속으로는 좋아하고 있었을지도 모른다.'

'수변 공원을 생각하면 그 나무가 가장 먼저 떠오를 것 같다. 그 나무는 사라지지 않았으면 좋겠다. 아마도 내가 그 나무와 정이 들었기 때문에.'

이런 글을 함께 나누니 아이들이 웃고, 감동하고, 서로 박수도 쳐 준다. 꾸며 낸 글이 아니라 살아 있는 글이라 가능한 일이었다.

후에도 매주 당연하게 이어진 하늘숨 공부. '하루 동안 말하지 않기', '일주일 동안 인스턴트식품 먹지 않기' 같은 주제를 내주면 "이거 왜 하는 거예요?" 물으며 하기 싫어하던 아이들도 막상 공부가 끝나면 "해 보니까 왜 하란 건지 알았어요"라며 글을 써 온다. '눈 가리고 생활해 보기'를 썼던 주에는 여러 명이 한 친구를 도와 계단을 오르는 모습도 봤다.

코로나 상황에서도 아이들은 잘 컸다. 여름에 처음 만나고, 6개월밖에 지나지 않았는데도 더 단단해진 눈빛이 보인다. 그냥 둬도 스스로 크는 아이들이지만, 하늘숨 공부로 삶을 가꾸고 나눈 일이 조금은 보탬이 되지 않았을까.

아이들의 주제별 하늘숨 글

밥상 차리기

오늘 아침에는 내가 밥상을 차렸다. 하늘숨 공부를 계속 잊고 있어서 오늘 아침에 급히 했다. 오늘 아침에는 원래 식빵을 먹기로 했었는데 하늘숨 공부를 해야 돼서 만두를 먹었다. 전자레인지에서 만두를 꺼냈는데 접시가 조금 뜨거웠다. 들고 가는데 접시가 점점 뜨거워졌다. 다행히 식탁이 가까이 있어서 떨어뜨리지 않았다.

"아빠! 젓가락 몇 개 놔요?"

"일단 4개 준비해 봐. 은유는 포크 해야 되지 않나?"

은유는 내 동생이다. 지금은 자고 있다. 조용했다. 엄마는 마트에 갔고, 내 동생 은서와 아빠는 모르고, 은유는 잔다. 은유는 8시 20분까지 자는데도 엄마 말로는 지각은 안 한다고 한다. 나는 글을 빨리 써야 해서 만두를 갖다 놓고 바로 글을 쓰러 갔다.

-최현서

하늘 보기

오늘 엄마, 아빠, 동생이랑 밤 산책을 나왔다. 조금 멀리까지 나왔는데 하늘이 정말 예뻤다. 검정색 배경에 3~4개 정도 있는 별, 그리고 얇고 노란 초승달. 정말 동화 속에 나오는 장면 같았다. 오늘따라 달이 좀 낮게 떠 있어서 저 멀리 보이는 건물들과 아주 잘 어울렸다. 하늘을 자세히 보면 중간중간 좀 색이 옅은 부분이 군데군데 있었는데 아마도 구름 때문인 것 같았다. 평소엔 학교 가고, 학원 가느라고 바쁘다고, 놀 땐 신나게 논다고 좀 여유롭게, 지금처럼 편안한 마음을 가지고 하늘을 자세히 본 적이 없는 것 같았다. 금요일마다 공부 다 하면 엄마가 동생과 함께 보여 주던 TV 프로그램에서 했던 말과 같이, 오늘의 하늘은 두 번 다시 볼 수 없기 때문에, 사진을 찍어 두고 싶었지만, 핸드폰을 안 가지고 나왔기 때문에 그냥 잠깐 서서 눈에다가 담았다. -최지우

엄마랑 산책을 나갔다. 날씨는 선선했다. 날씨가 너무 좋고, 하늘도 너무 예뻤다. 나도 모르게 하늘을 쳐다보았다. 하늘을 보고 있으니 하늘숨 공부가 생각났다. 그래서 하늘을 더 자세히 보았

다. 톡 건드리면 사르르 가루가 되어 버릴 것만 같았다. 가끔 집에서만 하늘을 보았는데, 밖으로 나와서 하늘을 관찰해 보니 느낌이 새롭다.

엄마는 그림 같다며 사진을 찍었다. 나는 평상시에 노을이 더 예쁘다고 생각했는데, 푸른 가을 하늘을 보니 '붉은 노을보다는 푸른 하늘이 더 예쁘다'라는 생각이 들었다. 하지만 또 노을을 보면 마음이 바뀔 것 같았다. 여름에는 더워서 주로 어둑어둑한 밤에 엄마, 아빠와 산책을 나왔었는데, 가을이 되니 낮에도 산책을 한다. 가을이 지나가기 전에 가을하늘을 충분히 보아야겠다. 하늘에 구름이 정말 많은데, 왜 다 모양이 다른지 모르겠다. 하늘하늘 움직이는 것도 신기하다.

신기한 것투성이! 신기한 하늘색 커피, 그리고 포근한 구름 휘핑크림. 커피를 좋아하는 엄마에게 선물하고 싶다. -임도연

나는 친척 집에서 앉아 있다가 지붕 위에 올라가서 하늘을 봤다. 친척 집에 놀러 왔는데 다들 고기를 먹기 위해 옥상 데크 같은 곳으로 나갔다. 그쪽에는 지붕이 있어서 지붕 위로 갈 수 있다. 그래서 올라갔다. (허락 맡음) 한쪽은 논이 있었고 한쪽은 아파트가 있었다. 내가 도시와 시골의 가운데에 있는 기분이었다! 그 와중에 해가 지고 있어서 더욱 예뻤다. 이제 저녁이 되니 조금 추웠다. 정말 너무 예뻤다~ 하지만 지붕 위라서 무서웠다;;;

예쁜 것을 보니 누워서 보고 싶어서 신문지를 2개 깔고 누워서 봤다. 역시 예뻤다. 밤에는 별도 조금 보였다. 비행기도 보이니 왠지 기분이 몽글몽글해졌다. 반은 도시 반은 시골 하니까 영화 포스터가 떠올랐다. 영화 제목은 〈너의 이름은〉이다. 일본 애니메이

션이고 〈너의 이름은〉 포스터가 반은 도시 반은 시골이기에 생각
이 났다. 공기도 시원하고 해가 지니까 지붕 위에서 자고 싶었다.
하지만 위험해서 그냥 내려왔다. 그러고 고기를 먹고 폰을 하다가
밤에 다시 올라갔다. 밤에 올라가니 두 광경을 볼 수 있어서 좋
았다. 하늘 보는 건 눈에도 좋다던데 앞으로 종종 하늘을 봐야겠
다! -김정민

　나는 하늘숨 공부로 하늘을 보았다. 나는 글을 쓰는 것을 미
루고 미루다가 월요일이 되었다는 것을 알고 얼른 하늘을 보았다.
나는 먼저 방송을 마치고 집에 빨리 와서 하늘을 보려고 책상 의
자에 앉아서 딱 보는데 햇빛 때문인지 차마 고개를 들 수 없었
다. 햇빛이 너무 세기 때문이다. 그때 딱 든 생각이 있다. '구름 보
기가 이렇게 힘들구나.'
　그래서 한 30분 정도 있다가 다시 하늘을 보았다. 오래 보기는
힘들지만 볼 수는 있을 정도라 눈살을 찌푸리고 보았다. 근데 하
필이면 그 예쁜 구름들은 어디 가고 구름이 하나도 없었다. 원래
는 구름들이 많고 진짜 하늘이 이쁜데 괜히 글 쓰는 날에 구름
이 없어서 괜히 신경질이 났다.
　그런데 다시 하늘을 보니 하늘은 푸르고 하늘색이라 꽤 예쁘
기도 했다. 우리 집이 바로 앞 배경이 산이라 산도 같이 보게 되
었는데 공사 때문에 산의 나무를 진짜 엄청 많이 뽑았다. 그래서
풍경이 이상해졌다. 옛날에는 진짜 예뻤는데…. 진짜 그만 나무
좀 뽑으라고 말해 주고 싶었다. 구름을 보면 많은 생각이 들고 마
음이 평화로워지는 거 같아 좋다. -박유진

하루 동안 컴퓨터, 스마트폰 하지 않기

이번 주 하늘숨 글쓰기 주제는 하루 동안 컴퓨터+스마트폰 하지 않기이다.

-친구들: 선생님 이게 가능해요?

-선생님: 당연하지.

-나: 그럼 TV도 보면 안 돼요??

-선생님: 안 되지.

-선생님: 애들아, 무엇이든 시도를 해 봐야 돼!

(현실이 되었다.)

-친구들: 네~

-나: 도전해 봐야 되겠어.

(집으로 가는 중)

-나: 엄마, 다녀왔습니다.

-엄마: 하람아, 학교 숙제 없어?

-나: 하늘숨 글쓰기! 주제는 하루 동안 스마트폰 하지 않기. 지금 2시 50분이니깐 내일 2시 50분까지 하면 되겠네!

(학원 가고 동생 데리러 가는 중)

-나: 다녀왔습니다.

(동생은 씻고 TV 보는 중)

-나: 하준아, 형도 같이 보자

-동생: 형아 TV 보면 안 되잖아!!

-나: 아 맞다!

(다음 날 수업 끝나고 집에 가는 중. 2시 40분, 41분, 42분. 또 1분

뒤 또 또 1분 뒤 또 또 또 1분 뒤…)

-나: 50분이다. 예~~~

역시 스마트폰이랑 TV를 너무 많이 보면 안 되겠다. -오하람

발 씻겨 드리기

오늘은 엄마의 발을 닦아 드렸다. 항상 일을 하셔서 그런지 발에 군은살이 많으셨다. 그런 발을 보니 엄마에게 죄송해진다. 엄마 발을 주물러 드리니 고맙다고 하셨다. 엄마가 웃으셔서 좋았다. 그리고 옛날엔 예쁜 발이셨을 텐데 이렇게 된 걸 보니 맘이 아팠다. 다음번에도 해 드려야겠다. 엄마에게 죄송한 날이다.

-박현율

나는 오늘 아침에 일어나 오늘의 하늘숨 공부 주제를 봤다. '발 씻겨 드리기'라는 주제라서 엄마에게 달려가 "엄마 제가 오늘 발 씻겨 드릴게요"라고 했더니 엄마께서 "정말!!" 하고 좋아하셨다. 엄마의 발을 뽀드득뽀드득 소리가 날 정도로 씻겨 드리니까 엄마의 군은살이 만져졌다. 순간 마음이 찡했다. 엄마가 시원해하시는 모습을 보니 정말 뿌듯했다. 오늘은 하늘숨 공부의 도움으로 해 보지 못했던 경험을 하니 나도 두 배로 뿌듯하고 정말 행복했다.

이번에 엄마의 발을 씻겨 드리며, 너무 좋아하시는 모습에 친할아버지, 친할머니, 외할아버지, 외할머니도 한 분씩 씻겨 드리면 어떨까 하는 생각을 하게 되었다. 작은 행동 하나로 식구들과 마음을 나눌 수 있고 함께 대화도 나누며 즐거운 시간을 보내고

소중한 추억으로도 간직할 수 있을 것 같아 생각만 해도 웃음이 절로 나온다. -연승현

하늘숨 글쓰기를 미루다가 오늘은 꼭 해야겠다고 생각이 들어서 글을 쓴다. 엄마한테 발 씻겨 드린다고 말씀드리고 앉아 있어 달라고 했다. 그러고는 물을 틀고 발을 씻겨 드렸다. 살짝 어색했다. 왜냐하면 엄마 발을 씻겨 드린 적이 없었기 때문이다. 그런 것들 때문에 괜히 엄마께 미안하다. 아무튼 비누칠도 해 드리고 물로도 씻겨 드리고 수건으로 닦아 드렸다. 그러자 엄마가 울기 시작하셨다. 진정하시고 들어 보니 감동을 받으셨다고 했다. 엄마를 안아 드렸다. 하늘숨 글쓰기 덕에 추억도 남기고 많을 것들을 배워 가는 것 같다. -신성현

코로나가 끝나면 하고 싶은 일들

지금 누구나 바라는 것, 딱 하나만 고르자면 거의 95%는 코로나가 없어졌으면 좋겠다고 할 것이다. 근데 만약 코로나가 사라지고 다시 나의 일상생활이 돌아온다면?

첫째, 마스크 벗고 외출하기.

코로나 때문에 마스크를 써야 해서 답답하게 되었다. 그러니 코로나가 빨리 없어져서 마스크를 벗고 회사를 간다든지, 학교에 가고 싶다. 이건 모두가 바라는 것일 거다. 어떤 사람은 급식을 먹을 때 마스크를 벗는 것이 부끄러워서 한입 먹고 바로 마스크를 쓰는 사람이 있다. 근데 원래 마스크를 벗고서 먹고, 생활하는 거니까 부끄러워하지 말자.

둘째, 여행 가기.

원래 여행을 잘 안 가는 편이지만, 가족들과 겨울에 스키장을 가기로 했는데 코로나 때문에 못 가게 되었다. 그리고 친구와 롤러장을 가는 것도 취소될 뻔했다. 해외여행도 못 가고, 또 한국 사람이지만 지금 미국에 있거나 다른 나라에 있으면 다시 한국에 오기 힘들 것이다. 그래서 가족도 만나기 힘들 것이다.

셋째. 파자마 파티하기.

음…. 엄마가 허락을 안 해 주겠지만 친한 친구들이랑 집에서 맛있는 것도 먹고 좋은 추억을 쌓고 싶다. 예전에 해 본 적이 있어서 꿀잼일 것 같다. 김○○, 김○○, 백○○ 코로나 없어지면 시도해 보자 쿡쿡. -신효인

나무하고 말하고 안아 보기

이번 하늘숨 공부는 나무 안아 보기다. 선생님이 나무와 교감을 할 수 있다며 안아 보라고 하셨다. 그래서 나는 이리저리 돌아다니며 나무들을 안아 보았다. 그중에서, 어느 한 길로 들어서는 입구 쪽에 있는 나무를 안아 보았다. 근데 그 나무는 허리를 숙여 나를 안아 주는 것 같았다. 그래서 나는 선생님에게 "나무가 저를 안아 주는 것 같아요"라고 말했다. 선생님은 웃으셨다. 그 나무를 안을 때 마치 내가 아낌없이 주는 나무에 나오는 나무를 안은 것 같았다. 말 대신 안아 주는 것 말이다. 나의 개인적인 의견이지만 그 나무는 수변 공원을 생각하면 가장 먼저 떠오를 것 같다. 언제까지 기억할진 모르겠지만, 그 나무를 끝까지 기억하고 그 나무는 사라지지 않았으면 좋겠다. 왜냐하면 나는 그 나무에

게 정이 들었기 때문이다. -송현우

금강 수변 공원에 가서 나무를 안아 보았다. 첫 번째 나무는 무슨 나무인지는 모르겠는데 간지럼은 타지 않았다. 성별은 중성이라고 했다.

먼저 자기소개를 하는 것이 예의인 것 같아서 내 이름, 키, 나이 등을 이야기했다. 우정의 표시로 강아지풀을 뜯어서 목걸이를 해 주려 했으나 목이 너무 두꺼워서 팔찌를 해 주려고 했는데, 팔이 너무 높이 있어서 입에 끼워 줬다.

첫 번째 나무와 이야기를 마친 후 내 이름 '소'가 들어가는 소나무와 이야기를 하러 갔다. 마찬가지로 인사를 하고 자기소개를 했다. 반말로 얘기를 하다가 키가 너~무 커서 존댓말로 바꿨다. 같은 소가 들어가서 그런지 잘 통하는 것 같았다. 인사를 끝내고 있던 대로 다시 가려다가 무언가에 걸려 넘어졌다. 내가 나무와 얘기하는 게 이상하게 보였는지 어떤 남자애가 날 이상한 눈으로 쳐다봤다. 기분이 별로 좋지 않았다. 나무에게 이름을 지어 줄 걸 그랬다. -홍소은

오늘은 학교에서 5학년 전체가 다 같이 수변 공원에 갔다. 하늘숨 과제를 해야 하기 때문이다. 도착해서 나무를 안아 보았다. 우리 반 여자 친구들이 전부 나무가 더럽다며 선뜻 나서지 못했다. 그때 내가 용감하게 나서서 가장 먼저 나무를 안아 보았다. 딱딱하고 느낌이 이상했다. 솔직히 벌레가 나올까 마음 한편으로는 조마조마했다. 친구들이 소리를 지르고 있는 사이에 나는 나무와 말을 해 보았다. "안녕 나무야. 넌 한자리에만 있으니 많이

답답하겠구나. 나는 한자리에 한 시간도 못 앉아 있는데 정말 부럽다! 우리 친구 하지 않을래?"하며 그렇게 나와 나무는 둘도 없는 단짝 친구가 되었다. 벌레가 안 나와서 다행이라고 생각했다. 나와 친구들은 자리를 옮겨 키가 큰 소나무들이 있는 곳으로 갔다. 그곳에서 역시 소리를 지르는 친구들이 몇몇 있었다. 아까에 비해 용감하게 나무를 안고 있는 친구들도 있었다. 그리고 나도 한 나무를 골라 안아 보았다. 위를 올려다보니 내 키의 5배 정도되는 나무였다. 엄청 높았다. 신기했다. '내가 저렇게 키가 크고 한곳에만 있어야 하는 소나무라면?' 이런 생각을 해 보았는데 바람이 불 땐 시원하고 햇빛이 쨍쨍할 땐 따뜻할 것 같았다. 또 멀리 있는 것들도 잘 보일 것 같았지만 그래도 한자리에 답답하고 속상할 것 같았다. 이런 상상을 다시는 하고 싶지 않다. -백다연

내 생애 최고의 거짓말은?

작년에 있었던 일이다.

친구들과 밖에서 놀고 있는데 엄마에게 전화가 왔다.

"예원아, 엄마 오늘 출장 때문에 9시 정도에 들어갈 거야. 오빠랑 저녁 먹고 있어"라고 하셨다.

난 엄마에게 "친구들이랑 6시까지 놀고 들어갈게"라고 말했다. 놀다 보니 금방 6시가 되었고 친구들에게 "너희 언제까지 놀 거야?"라고 물었다.

"난 엄마가 데리러 오신다고 해서 8시쯤 갈 거야", "나도"라고 말하는 친구들을 보니 더 놀고 싶었다.

'난 엄마가 9시에 오신다고 했으니 조금 더 놀고 들어가도 모

르시겠지?' 하는 생각이 들어서 피구도 하고 수다도 떨고 신나게 놀았다.

친구의 어머니가 오셔서 친구는 집에 갔고 시계를 보니 어느덧 8시가 넘었다. 집에 와서 씻고 일찍 들어온 것처럼 있었다. 9시쯤 엄마가 들어오셔서 물으셨다.

"저녁 먹었니?"

"응. 6시에 와서 오빠랑 먹었어"라고 대답하고는 오빠와 나는 눈빛을 교환했다. 사실 오빠도 늦게 들어왔기 때문에 우리는 서로의 비밀을 지켜 주기로 했고 엄마는 의심하지 않으셔서 잘 넘어가는 듯했다. 그러나 생각지도 못한 일이 벌어졌다. 밤에 엄마와 이모티콘을 산다고 내 카카오톡을 같이 보다가 오빠와 나눈 대화창이 보였다!

거기에는 "엄마 9시에 오신다고 했으니까 8시에는 들어와서 밥 먹고 앉아 있자"라는 우리의 비밀이 적혀 있었다. 엄마는 오빠와 나에게 "이렇게 거짓말할 거면 앞으로 친구들과 놀지 마"라고 화를 내셨다. 우리는 죄송하다고 말한 뒤 다음부터는 약속을 지키고 더 놀고 싶으면 엄마에게 꼭 허락을 받겠다고 말씀드렸다.

다행히 많이 혼나지는 않았지만 너무 어이없게 걸린 황당한 사건이었다.

앞으로는 솔직한 아이가 되도록 더욱 노력해야겠다. -조예원

하루 동안 말하지 않기

오늘은 하늘숨 공부 미션을 수행하기로 한 날이다. 정말 말로만 들어도 어렵고 힘든 미션일 것 같았지만 나는 바로 실천을 했

다. 내가 말을 못 하니 엄마, 아빠께 파파고로 문장을 입력해 "나 오늘 학교 과제 미션 수행해야 되니까 말 걸면 안 돼"라고 했는데 엄마, 아빠께서 빵 터지셨다. 역시나 그 옆에 있는 동생도 빵 터졌다. 그치만 나는 '내가 생각해 낸 게 너무 웃겼나 보다'라고 생각하고 내 방으로 들어갔다. 근데 아빠께서 부여 아울렛에 가자 하셨다. 나는 그래서 파파고로 "무조건 오케이"라고 대답했다. 순간 말을 할 뻔했지만 잘 넘겨 냈다. 나는 차를 타고 부여까지 가는 동안 말을 못 하니 너무나도 힘들었다. 말 많은 나는 겨우 참아 가며 드디어 도착했다. 롯데아울렛에는 롱패딩과 옷을 보러 간 거였는데 뭐가 맘에 든다고 말을 하지 못했다. 그래서 나는 핸드폰 메모로 계속 적었다. 근데 갑자기 엄마가 나를 보시더니 답답하다고 그냥 말을 하라 그러셨다. 그치만 나는 미션을 성공하고 싶은 마음이 커서 싫다 그랬다. 그 뒤로 나는 하고 싶은 말들을 메모에 적으며 쇼핑을 다 끝내고 집으로 돌아가고 있었다. 그런데 아빠께서 나보고 말을 안 하니까 답답하다고 계속 말을 거셨다. 근데 나는 미션을 하고 있다는 것을 까먹고 대답을 해 버렸다. 그 순간 나는 단 한 가지 생각밖에 안 들었다. '아 망했다.' 아빠께선 내가 말을 하니 좋으셨나 보다. 역시 아빠는 딸바보? 나는 아빠의 밀당에 넘어간 것 같아 계속 웃음만 나왔다. 다음 하늘숨 공부는 꼭 성공하고 말 것이다. -서예린

소중한 나-내가 소중한 이유

내가 소중한 이유는 많다.
내가 소중한 이유는 나라서 소중하다.

나는 가장 나답게 살아갈 수 있기 때문에 소중하다.

내가 행복할 수 있는 것도 내가 소중해서이다.

내가 감정을 느끼는 것도 소중하다.

내가 많은 사람의 사랑을 받을 수 있어서 소중하다.

내가 엄마 아빠의 딸이라서 소중하다.

내가 소중하다고 하는 사람이 있어서 소중하다.

지금까지의 시간을 잘 지내서 소중하다.

내가 이 시간을 살고 있고, 내가 살아갈 날이 많아서 소중하다.

모든 사람이 소중해서 내가 소중하다.

내가 나로 살아갈 수 있어서 소중하다.

내가 꿈을 위해 노력해서 소중하다.

내가 다른 사람을 소중히 여겨 소중하다.

내가 도울 일이 많아서 소중하다.

내가 오늘의 나를 기록할 수 있어서 소중하다.

내가 행복해서 소중하다.

내가 나에게 부정적이지 않아 소중하다.

이 세상 모든 사람이 소중하기에 내가 소중하다.

세상이라는 퍼즐에 내가 한 조각을 채울 수 있어서 소중하다.

내가 소중한 이유는 나에 대해 더 채우고 싶기 때문이다.

또 나는 누구로도 채울 수 없어 소중하다.

오늘이 있고 내일이 있어서 내가 소중하다.

내가 모두와 함께할 수 있어서 소중하다.

내가 모든 것을 느낄 수 있어서 소중하다.

내가 나를 소중하다고 생각해서 나는 소중하다. -윤주아

나는 소중하다. 내가 소중한 이유는 크게 세 개가 있다.

첫째, 누군가에겐 사랑받고 필요한 존재라서. 나는 누군가에겐 미움받기도 하지만 나를 좋아해 주는 사람들도 있다. 내가 필요한 사람, 나를 좋아해 주는 사람이 있으니 그만큼 나는 가치가 있고 소중하다.

둘째, 세상에 단 하나뿐인 존재라서. 어딜 가도 나와 같은 사람을 찾을 수 없다.

생김새가 비슷하다고 해도 분명히 나는 아니다. 나는 우리 부모님이 낳은 하나뿐인 존재이다. 나와 같은 사람이 없는 만큼 나에게 큰 의미가 있다.

셋째, 내가 소중하다고 생각해서. 나 자신을 사랑하지 않으면 그 누구도 사랑할 수 없다는 말이 있다. 나도 나 자신을 소중한 존재라고 생각하고 나 자신을 사랑하니 소중한 것이다. 다른 사람이 내가 소중하지 않다고 해도 그건 그 사람일 뿐이다. 내가 나를 소중하다고 생각하면 내가 진짜로 소중해진다.

사실 내가 소중한 이유는 없다고 생각한다. 굳이 이유를 대지 않아도 나는 소중하다. 나는 내가 나라서 소중하다. -문희원

지우개로 지우고 싶은 기억

지우고 싶은 기억이라면 엄청나게 많지만, 그중에서 가장 지우고 싶은 기억은 당연히 창피한 기억이다. 그 기억이 더욱더 창피한 이유는 내가 생각하기에 살면서 가장 많이 만나는 사람 중 하나인 친구들과 선생님 앞에서 벌어진 일이기 때문이다.

3학년 초반, 소담초등학교로 전학 오기 전에 일어난 일이다. 잊

고 싶다, 잊고 싶다 계속 그렇게 생각해서 그런지 자세히 기억은 나지 않지만 아마도 국어 시간이었을 것이다. 3학년 때는 국어에 자신이 있어서 문제를 다 풀고 기분 좋게 앉아 있었다.

"발표해 볼 사람?" 대충 이렇게 선생님께서 말씀하셨던 것 같다. 부끄럽지만 나는 그때 국어에 자신 있어 해서 발표를 한다고 했다. "전수연, 발표해 볼래?" 이 말만은 똑똑히 들었다. 분명 그렇게 들렸는데…. 나는 일어서서 큰 소리로 발표했다. 그런데 선생님께서 "아니 수연아, 너 말고. 전○○ 말이야." 교실이 무너지는 기분이었다. 몇 초간 교실이 조용해졌다. 난 화장실을 갔다 오겠다고 한 뒤, 대답도 듣지 않고 나가 버렸다. 그다음은 어떻게 되었는지 기억이 안 나지만 분명 부끄러워서 기절했을 것이다. 전학 와서 다행이다. -전수연

이 일은 내가 6~7살 때 있었던 일이다. 동생이 어린이집에서 재롱잔치를 하는 날이었다. 소규모 공연장에서 공연했기 때문에 아빠, 엄마와 함께 공연장으로 갔다. 우리 가족은 늦을 수도 있어서 미리 도착해 있었다. 엄마랑 같이 의자에 앉아서 입장 시간을 기다리고 있었다. 엄마의 핸드폰을 들여다보기도 하고 아빠랑 장난도 치고 있었다. 그때 아빠께서는 답답하셨는지 바깥에 바람을 쐬러 나가셨다. 난 엄마 옆에 있었고 그 사실을 몰랐다. 엄마 옆에서 핸드폰을 구경하며 놀고 있었다. 어느 순간 아빠께서 보이지 않아서 아빠를 찾아다니고 있었는데 건너편에 아빠랑 비슷한 복장에 모자까지 착용한 남자가 게임을 하며 앉아 있었다. 아빠와 너무 흡사해서 스스럼없이 말을 걸기 시작했다. 나는 "아빠, 무슨 게임 해?"라고 물었다.

"……." 아무 말이 없었다. 그 당시 아빠는 즐겨 하는 게임이 있었는데 비슷한 게임이어서 물어본 거였다. 대답이 없어서 또 물었다. "아빠, 핸드폰 바꿨어?" 또 대답이 없었다. 아빠의 핸드폰이 아니었다. 난 무언가 잘못되었음을 짐작했다. 맞다. 아빠가 아니었다. 그 아저씨는 날 쳐다보더니 '뭐야' 하는 표정을 지었다. 난 창피해서 바로 엄마 쪽으로 달려갔다. 입구 쪽에서 아빠가 보였다. 알고 보니 연락할 곳이 있어서 나가신 것이었다.

이 일은 너무 창피해서 잊히지 않는다. 그때만 생각하면 한편으로는 몇 분 안에 핸드폰을 바꿀 리가 없는데 왜 그런 질문을 했는지 이해가 안 된다. -하지민

1. 4살 때 아빠 엄마가 공주 산성에 가자고 해서 갔다. 그때 나랑 언니는 '공주가 사는 성'인 줄 알고 기대가 가득 찬 상태로 차에서 내렸다. 그런데 공주가 없어서 "공주는 어디에 있어?"라고 물어본 기억이다(사실 이 일은 엄마 아빠가 알려 주서서 기억에 남아 있다).

2. 나는 병아리를 부화시키는 데 성공을 하고 병아리 이름을 찰리로 지어 주었다. 그런데 할머니 댁이 시골이고 할머니 댁에 갈 일이 생겨 찰리와 같이 가서 할머니께 드렸다. 그 이유는 집이 아파트여서 병아리가 살기에는 적합하지 않았고 병아리가 사람을 너무 좋아해서 사람이 없으면 크게 울어 층간소음 문제가 될 수 있기 때문이다.

아무튼 두 달 뒤 할머니 댁에 가서 할아버지 팔순 잔치를 하고 방에 들어갔는데 닭 먹으라고 하셨다. 난 누군지 짐작이 갔다. 찰리였다. 나는 할머니께서 닭 잡는다고 하시는 게 농담인 줄 알았

지만 진담이었다. 내 마인드는 할머니께서 못 하실 줄 알았지만, 할머니의 마인드는 한다면 하는 것이다. 그때 우리 가족만 소파에서 TV를 보고 있던 기억이다.

나는 내가 쓴 글 중에서 두 번째 기억을 가장 먼저 지우고 싶다. -이연제

가족 중 한 명 관찰하기

내가 관찰한 우리 가족 중 한 명은 바로 동생이다. 내 동생은 이제 1학년이라서 관찰하기 좋다. 우리 동생은 우리 가족 중에서 가장 일찍 일어난다. 일찍 일어나서 조금이라도 더 놀고 싶은 것 같다. 아침밥은 한 숟갈 먹고 놀고 한 숟갈 먹고 놀고 한다. 그런 뒤 엄마의 도움으로 학교 갈 준비를 한다. 양치할 때도, 옷 입을 때도, 가기 직전에도 놀고 있다. 그래도 학교에서는 진지하게 공부한다. 학교를 마치고 엄마와 함께 둘이 데이트를 간다. 케이크도 사 주고, 주스도 사 주고, 정말 많은 것들을 한다. 이제 데이트가 끝나고 집에서는 샤워를 하고, 학교 숙제를 한다. 하지만 없을 때는 논다. 숙제를 하고 있을 쯤에는 내가 학교에서 끝나고 집으로 온다. 나도 학원 올 때까지만 동생과 논다. 내가 학원에 가고 동생이 혼자 종이접기를 할 때쯤이면 저녁을 먹는다. 저녁에는 그나마 얌전히 먹는다. 2학년 되면 혼자 움직이지 않고 잘 먹을 수 있을 것 같다. 그리고 나서 잘 시간이 되면 바로 양치를 하고 잘 준비를 한다. 이렇게 우리 동생은 하루를 마무리한다. (다 똑같진 않지만) 그래도 우리 동생이 제일 대견하고 귀엽고 자랑스럽다.

-최재원

나는 6살 동생 채윤이를 관찰했다.

〈아침 9시〉 내가 어제 늦게 자는 바람에 9시에 기상했다. 채윤이가 내가 자고 있는 2층에 올라와서 (2층 침대) 시끄럽게 노래 부르면서 놀고 있어서 시끄러워서 깼다. 혼자 놀고 있는 것이 귀여워서 안고 싶었는데 채윤이가 도망가 버렸다. 항상 내가 안으려고 하면 도망간다. 일어나서 아침으로 시리얼을 먹었다. 옆에서 채윤이도 같이 먹었다. 나보다 훨씬 느리게 먹는다. 엄마 아빠가 잠깐 장 보러 나가시고, 우리 둘은 각자 할 일을 했다. (자유 시간!) 나는 공부를 하고, 채윤이는 블록 놀이를 했다.

"언니 이것 봐 봐!" "언니 이거 멋지지?" "언니 나 이거 만들었어!" "이거 어때?!"

공부에 집중을 할 수가 없다. 그래도 잘했다고 칭찬해 줘야 한다. 내가 좋아하는 드라마가 재방송할 시간이 됐다. 동생과 나는 티비를 보러 안방으로 뛰어갔다. 티비를 보고 있는데 엄마 아빠가 장을 다 보고 왔다. 빵을 사 오셔서 동생이랑 빵을 나눠 먹는데, 내가 반으로 나눌 때 동생이 더 큰 걸 가리키며 "이거 내 거"라고 했다. 어쩔 수 없이 더 큰 조각을 채윤이에게 주었다.

〈오후 2시〉 점심으로 떡국을 먹었다. 나는 만두를 싫어해서 엄마가 떡만 주셨다. 채윤이는 만두를 싫어하지는 않는데 갑자기 "나도 만두 싫어"라고 했다. 엄마가 "왜?"라고 물어봤는데 "언니 따라 한 거야"라고 대답했다. 동생들은 별걸 다 따라 하는 것 같다. 밥을 다 먹고 이어서 드라마를 보는데 채윤이가 가만히 있지를 않는다. 내 머리를 묶어 준다면서 머리를 만지고, 뛰어다니고, 간지럽히고…. 채윤이가 오늘따라 장난기가 심하다.

〈저녁〉 관찰일지 마지막 장을 베란다에서 쓰려고 하는데 채윤이가 "언니 어딨어?" 하고 나를 찾았다. 그러더니 베란다로 와서 내 옆에 쭈그리고 앉았다. 내가 식물 그림을 그리고 있었는데 "오우 잘 그린다~"라고 채윤이가 칭찬해 줬다. 음…. 대충 그리고 있었는데.

〈자기 전〉 굿나잇 뽀뽀를 했다. 이불을 감싸면서 자려고 눈을 감는 것이 너무 귀여웠다. 채윤이가 잘 때까지 내가 잠이 들지 않았는데 채윤이의 코 고는 소리가 2층까지 들려왔다. 귀여운 코 고는 소리.

하루 종일 관찰하다 보니 생각보다 쓸 내용이 많다. 이때까지 썼던 글쓰기 주제 중 제일 길게 쓴 것 같다. 다음엔 부모님을 관찰해 보고 싶다. -이정윤

나는 내 여동생을 관찰했다. 아침에 일어나서 여동생이랑 공놀이를 하고 있었다. 내가 TV를 보려고 TV를 켰는데 여동생이 공놀이 못 한다고 울고 삐져서 내 방에 들어가서 한 시간 동안 있었다.

또 어린이가 보는 브레드 이발소를 보여 줬더니 계속 잠잠하다가 숙제하자고 했는데 또 울었다. 내 동생은 정말 울보다. 게임을 하는데 게임은 또 잘만 했다(내 여동생이 이거 읽고 맞으면서 하는 중). -김신흥

눈 가리고 생활해 보기

오늘 저녁, 동생이 안대를 하고 있길래 문득 하늘숨 공부가 생각났다. 그래서 급히 30분 타이머를 재고, 안대로 눈을 가리고 지

내 보았다. 처음에는 뭐 할까 생각하다가 일상생활에서 하는 걸 해 보기로 했다. 먼저 자리에서 일어나 물을 마시려고 했다. 그때 엄마가 컵이 없다면서 컵을 주었다. 그리고 내가 물을 따르는데 조준을 잘못할까 봐 입구에 손을 대고 물을 따랐더니 물이 손에 묻은 다음 그 물이 컵으로 갔다.

물을 마시고 의자에 앉으려고 했는데 방에 있는 물건들에 많이 부딪혔다. 그리고 가방에서 영어, 과학, 실관, 와니니 책과 워크북을 꺼냈다. 문득 떠오른 생각이 어느 게 과학 책이고, 어느 게 실관 책인지 맞히려고 했다. 보면 표지에 '과학' 글자와 '실험관찰' 글이 살짝 튀어나와 있는데 그걸 더듬어서 맞히려고 했으나…. 3초 만져 보고 하나도 감이 안 잡혀서 패스~ 책 두께 감으로 생각했을 때, 실관이 더 얇다고 생각해서 만져 보고 얇은 걸 위에, 두꺼운 걸 밑에 가게 했다(실관이 앞에, 과학이 뒤에 있음!). 그리고 글쓰기 공책을 꺼내 책상 위에 두고, 연필도 같이 두었다. 화장실도 갔더니 할 게 없어서 의자에 앉아 신나게 펜을 돌렸다.

이때는 밤이어서 양치를 해야겠다 하고 화장실에 가서 내 칫솔을 찾으려고 더듬었는데 뭐가 떨어졌었다. 나는 이따가 확인하고 지금은 양치하려고 그냥 두었다(변기에 빠지지 않고 바닥에 떨어져서 천만다행이었음!). 그리고 첫 번째 난관! 치약이 어디 있는지 모르겠다. 간신히 치약을 찾아낸 후, 두 번째 난관! 치약을 얼마나 짰는지 모름. 대충 감으로 짜고 뚜껑을 닫고 원래 있던 자리에 다시 놓았다(신기하게 다시 놓을 땐 잘 놓았다). 양치하고 컵을 찾아 입을 헹구고 다시 찾아온 세 번째 난관! 수건이 어디 있어?! 그때!! 30분이 끝났다는 알람이 울려 안대를 벗어 던지고(?) (벗어 던지진 않았음) 수건을 찾아 손을 닦고 아까 했던 과학, 실관

맞히기를 확인하러 갔다. 결과를 확인하고, 나는 깜짝 놀랐다. 과학이 더 얇았던 것이다(오늘 처음 알았다). 그리고 화장실에서 아까 떨어졌던 걸 주우러 & 확인하러 화장실에 갔는데 그것은 바로~! 동생 칫솔이었다. 얼른 씻고 다시 꽂아 두었다. (동생한텐 비밀~) 오늘 하늘숨 공부는 정말 정말 재미있었다. -김윤서

오늘도 하늘숨 글쓰기를 위해 어김없이 하늘숨 공책을 펼쳤다. 오늘의 하늘숨 글쓰기 주제는 '30분 동안 눈 가리고 지내기'이다. 나는 가방에서 핸드폰을 꺼내 타이머를 켜서 30분을 맞춰 놓고 눈을 감았다. 눈을 감으니 당연한 것이지만 앞이 보이지 않아 깜깜했다. 조금 겁이 나 무서워 의자에 앉아 가만히 있었다. 나는 타이머가 끝나기를 기다렸다.

갑자기 문 열리는 소리가 들리더니 누가 들어왔다. 목소리만 들어도 우리 동생이었다.

동생이 나보고 "누나, 잠깐만 와 봐"라고 했다. 근데 나는 "싫은데"라고 답했다.

동생이 기분이 나빴는지 내 무릎에 앉아서 날 뒤로 밀었다. 그래서 의자가 뒤로 넘어갔다. 내 머리에는 혹이 났다. 동생이 신기하다고 내 혹을 눌러 보고 놀렸다. 때려 버리고 싶었지만 또 다칠까 봐 참았다.

계속 눈을 감고 있으니까 명상하는 느낌이다.

드디어 30분이 끝나는 종소리가 울리고 나는 눈을 떠 동생한테 달려가서 머리카락을 잡아당겼다. 뽑을 것처럼 잡아당겼는데 진짜로 뽑혔다. 너무 당황스럽고 웃겼다. -이연주

오늘 아침 하늘숨이 생각이 나서 1시간 동안 눈을 감고 살아 보기로 했다.

10분 경과…. 유뷰트를 청각으로만 듣고 있었는데 목이 말라서 벽을 짚고 내 방을 빠져나가다 벽에 박았다. 그리고 침착하게 거실로 다시 나가다가 부엌 탁자에 박았다. 그때 딱 너무 놀라서 눈을 뜨고 말았다. 나는 쿨하게 무시하고 물을 마시고 침대에서 유튜브를 보는데 유튜브 알고리즘이 시각장애인인 척 시민 반응 보기를 보여 줬다. 나는 이걸 보고 조금 다치는 것만 해도 놀라는데 시각장애인은 눈을 뜨고 싶어도 못 뜨는 현실에 괜히 미안해졌다. 나도 이제부터 불편한 사람을 보면 무시보단 도와줘야겠다. -김지연

처음 이 주제를 알았을 때 조금 당황스러웠지만 30분만 눈감으면 되니 별거 아니겠구나 싶었다. 하지만 정말 힘들었다. 이야기 시작!

학교에서 집으로 돌아오고 바로 미션을 시작했다. 눈을 가리고 30분 타이머를 시작하려고 하는데 아이고야 타이머 시작 버튼을 누를 수 없었다.

"엄마, 눌렀어요?"

"엄마?"

내가 계속 못 누르자 결국 엄마가 눌러 줬다. 이제는 의자에 가고 싶었다. 그런데 의자가 어디 있는지 찾을 수 없었다. 그래서 엄마가 도와줬다.

"앞으로."

"좋아, 이제 왼쪽으로."

"의자를 돌려서 앉아."

의자에 앉기도 성공! 하지만 앉으니 너무 심심했다. 할 수 있는 것은 이야기하는 것밖에 없었다. 그때 나쁘지 않은 생각이 떠올랐다. 빨래를 접는 것이다. 웃기지만 해 볼 만했다. 엄마한테 빨래통을 달라고 했다. 엄마는 머뭇거렸지만 결국 빨래통을 줬다. 그리고 나는 바지 하나를 들어 접으려 했다. 하지만 너무 접기가 어려웠다. 결국 나는 포기했다. 그리고 더듬더듬 헤매다 의자를 찾았다. 의자에 앉아서 기다리고 기다렸다. 끝말잇기라도 엄마랑 같이 할까 했지만 엄마는 바빴다. 아, 동생 현준이라도 왔으면 그래도 별로 안 심심했을 텐데. 하루 동안 말하지 않기보다 더 힘들었다. 아, 현준이는 자기가 만든 놀이놀이 클럽 친구들과 놀고 있을 텐데. 언제 오지?

마침내 현준이가 오고 나한테 왜 그러느냐고 물었다. 이유를 알자 나를 좀 골탕 먹였다. 나는 현준이가 옆 의자에 앉아 있으면 좋겠는데 현준이는 자꾸 도망갔다. 계속 잡으려다 포기했는데 30분 다 됐다는 타이머가 울렸다. 눈을 떴다. 잠시 앞이 흐릿하다가 점점 더 선명해졌다. 나는 "너무 행복해, 만세"라고 말했다. 아, 눈을 감고 있는 것은 너무 힘들다. 시각장애인들은 어떻게 살지? 역시 눈은 소중하다. 이런 거 다시는 하고 싶지 않다. -성서현

요술 램프가 있다면 빌고 싶은 소원

이 글을 쓰며 생각을 무척 많이 했다. 무슨 소원을 빌지 말이다. 그러다가 생각해 낸 것이 '무한으로 소원 들어주기'이다. 그러면 영원히 소원들을 빌 수 있으니 말이다. 하지만 이런 소원은 재미가 없으니 소원을 세 개만 뽑도록 해 보겠다.

1. 지구에 사람에게 나쁜 영향력을 주는 바이러스를 사라지게 하는 것이다. 요즘 코로나로 인해 많은 사람들이 힘들어하고 있기 때문에 생각한 것이다.

2. 엄청난 부자가 되는 것이다. 부자가 되면 무엇이든 마음대로 할 수 있기 때문이다.

마지막으로

3. 우리 가족 모두 건강하게 해 달라는 소원이다. 나는 우리 가족이 오래 살기보다는 정해진 수명을 건강하게 살았으면 한다. 더 빌고 싶은 소원은 많지만 내게는 이 소원들이 제일 좋은 것 같다.

-권겸주

요술 램프가 있다면 어떤 소원을 빌지 생각해 보았다. 알라딘을 보면 지니가 소원을 세 개 들어주니 세 개 생각해 보았다.

소원 1. 아무리 생각해도 코로나가 없어지는 것이 가장 좋은 것 같다. 코로나가 없어지면 학교도 제대로 갈 수 있고 가장 좋은 것은 놀러 갈 수 있기 때문이다. 코로나가 끝나면 서울, 대전, 대구, 부산…. 다 갈 것이다.

소원 2. 그림을 더 잘 그렸으면 좋겠다. 나는 애니메이션 작가가 꿈인데 그림을 엄청 잘 그리는 것이 아니다. 그림을 더 눈에 띄게 잘 그렸으면 좋겠다. 열심히 그려 봐도 잘 안된다.

소원 3. 영어를 배우지 않아도 잘할 수 있게 됐으면 좋겠다. 영어학원에 다녀서 학교 영어는 쉽지만 학원에서 영어 문법이 어렵다. 영어는 한글과 다르게 왜 이렇게 어렵게 되어 있는지 모르겠다.

정말로 요술 램프가 있다면 이 세 가지 소원을 들어주면 좋겠다. -기미진

생각만 해도 미소가 지어지는, 사랑하는 가람반 아가들에게

안녕, 가람반. 선생님이 너희를 종종 '아가들~'이라고 불렀는데, 다 큰 5학년인 걸 알면서도 너무 사랑스럽고 귀여워서 그랬던 것 같아. 그런 '아가들'과 이제 이별하려 하니, 게다가 우리 볼 날이 이틀밖에 남지 않았다고 생각하니, 자기 전에 한 명씩 한 명씩 떠올리며 웃기도 눈물짓기도 하네요.

2월부터 잔뜩 계획을 세워 놓고, 함께 벚꽃놀이부터 갈 생각에 설렜는데 6월이 돼서야 우리 처음 만났죠. A/B조로 나뉜 채 마스크로 무장하고 온 학교가 낯설었는지 첫날 너희 되게 긴장하는 것 같았는데. 그게 참 귀여웠어요. 아직도 그 모습들이 선생님 마음속의 소중한 기억으로 남아 있답니다.

그 후로 계획했던 그림자 체험학습도 못 가고, 체육대회도 못 했지만 가람반에서 함께하는 소소한 일상들에 진심으로 행복했어요. 처음 수학 시간에 '스스로 더불어'를 해 보자고 했을 때 어리둥절해하던 너희는 어느새 시키지 않아도 다른 친구들을 도와주고 있었고, 나무를 안아 보라던 말에 그걸 어떻게/왜 안느냐며 벌레 걱정부터 하던 너희는 나무를 더 안아 보지 못한 걸 아쉬워했지요. 이렇게 서로서로 도울 줄 알고, 삶을 나눌 수 있는 우리 반이 참 좋았어요.

며칠 전 온더라이브에서 하늘숨 글을 함께 읽는데, 새삼 우리 아가들이 그동안 얼마나 성장했는지가 보여 뭉클하더라고요. 그래서 선생님이 "너희 글 봐 봐. 처음보다 얼마나 글이 좋아졌는지 보이니?" 하니 너희도 느꼈는지 공감하는 모습이었죠. 그런데 그게 글만 말한 건 아니었어요. 여러분의 삶이, 마음 그릇이 깊어지고 넓어졌다는 속뜻이 있었는데. 그건 몰랐지요?

'소중한 나' 글을 쓸 때도 느꼈겠지만, 우리 모두는 스스로 상상하는 것 이상으로 소중한 존재들이랍니다. 눈 반짝이며 공부하는 모습, 친구들이랑 아옹다옹하며 낭독극 대본 쓰는 모습, 음악다방 사연 들으며 깔깔 웃는 모습, 때로는 친구와 다투기도 하는 모습. 어느 하나도 예쁘지 않은 모습이 없었어요. 너무 사소하다고도 느낄 수 있는 일상의 모습들이지만, 어느 하나 버릴 게 없는 소중한 모습들이기도 해요. 그리고 이런 사소함들이 모여 지금의 우리가 된 것이지요.

선생님이 몇 번인가 말한 적이 있죠. 항상 곁에 있어서 소중함을 모를 뿐, 사실 우리에게 행복을 가져다주는 것들은 저런 사소한 것들이라고요. 앞으로 어디에 있든, 무얼 하든 이걸 꼭 기억해 줬으면 합니다. 그럼 매일매일을 지금처럼 순수한 모습으로 살아갈 수 있을 거예요.

너희를 만날 수 있었음에 감사하며, 하늘가람 이렇게 마무리하겠습니다. 모두 진심으로 사랑합니다♡

소중한 나의 제자들에게

우리 반 안녕!

이 편지 속 인사가 이제 정말 우리 반에게 하는 마지막 인사겠구나. 너희들한테는 기간 안에 문집에 들어갈 자료 꼭꼭 다 보내라고 잔소리해 놓고, 정작 선생님은 문집 마감 날까지 편지 한 통 완성하지 못했네. 몇 번을 지웠다, 썼다 하는지 모르겠다. 편지 쓰는 게 이렇게 조심스럽고 어려울 줄이야! 너희들에게 마지막으로 무슨 말을 전하면 좋을지 고민을 참 많이 했어. 그런데 아무리 생각해 봐도 잘 떠오르지 않네. 편지를 쓰고 있는 지금도 말이야. 그래서 그냥 일단 쭉쭉 써 내려가 보려고.

얘들아, 선생님은 너희들의 담임으로 보낸 2020년이 얼마나 행복했는지 몰라. 선생님이 굳이 이거 해라, 저거 해라 하지 않아도 뭐든 알아서 척척 해내는 너희들을 보며 선생님은 늘 감사했단다. 특히, 하늘숨 공부! 너희들이 한 학기 동안 성실하게 꾸준히 글을 써 왔기에 지금 우리가 '문집'이라는 큰 결과물을 갖게 되었어. 선생님은 너희들의 글을 한 편, 한 편 읽을 때마다 늘 감동을 받았단다. 어린 아이들이 어찌나 글을 잘 쓰는지! 사람의 마음에 감동을 주는 글을 써낸 너희 모두는 스스로의 글에 자부심을 가져도 돼.

애들아! 선생님도 아직 세상을 많이 살아 본 것은 아니지만, 너희들이 중학생이 되고, 고등학생이 되고, 대학에 가거나 사회에 나가 생활을 하다 보면, 주변 환경 때문에 또는 스스로 때문에 삶이 힘들게 느껴질 때가 찾아올 수 있을 거야. 그런 어려움을 겪을 때에도 선생님은 꼭 하나만 기억했으면 좋겠어. 너희들은 부모님의 귀한 아이고, 또 선생님의 소중한 제자란 것을…. 너희들은 존재 자체만으로 빛이 나고 소중한 사람인 것을! 사실 지금의 너희들은 자존감이 매우 높은, 자신을 사랑할 줄 아는 아이들이라는 것을 선생님이 너무 잘 알아. 그러니 앞으로도 어떤 어려움이 닥치더라도, 딱 지금처럼만 본인을 소중히 여기며 세상을 살아갔으면 좋겠다.

우리가 좀 더 자유롭게 활동하고, 함께할 수 있는 시간이 여유로웠다면 더 즐겁고 재밌는 추억들을 많이 만들었겠지? 하지만 우리 더 이상 아쉬워하지 말자. 우리는 주어진 시간 동안 참 많이 행복했고, 다신 경험하지 못할 한 해를 보내면서 우리 나름대로 최선을 다해 소중한 추억들을 많이 만들었으니까! 시간이 흘러 너희들이 어른이 되었을 때, 너희들의 기억 속에 선생님은 얼마만큼 남아 있으려나? 선생님도 아직 교직에 발을 디딘 지 4년밖에 안 되어 지금껏 만난 제자의 수보다 앞으로 만날 제자들이 훨~씬 많을 거야. 그런데 아마도 선생님은 너희들을 오래오래 잊지 못할 것 같아. 왜냐면 선생님의 교직 인생에서 올해만큼 즐겁고 행복했던 때가 없거든. 이 행복은 너희들이 가져다준 거야. 이 이야기 선생님이 칠판편지로도 전했던 것 같은데 한 번 더 하고 싶다.

사랑하는 우리 반, 선생님을 행복하게 해 줘서 정말 정말 고마워! 선생님이 너희들로 인해 행복했던 것처럼, 부디 너희들도 내가 너희의 담임선생님이어서 즐겁고, 행복했길!♡ 앞으로 더 빛날 너희들의 미래

를 선생님이 언제나 응원할게. 우리 함께한 시간과 추억을 오래오래 기억하자! 사랑해 우리 반♥

2020년 12월 23일 수요일 저녁.
너희들이 가고 선생님 혼자 남은 우리 반 교실에서….

'5학년 너마저' 밴드가 개학이 늦어지는 상황 속에서 아이들을 빨리 만나고 싶은 마음을 노래로 담아 표현한 영상을 올린 적이 있다. 당시 인기 있던 노래 〈아로하〉의 가사를 개사하였는데 , "콘텐츠 공장 된다 해도, 후회하지 않아. 오직 너를 위한, 변하지 않는 사랑으로~" 이 부분이 제일 마음에 와닿았다. 말 그대로 콘텐츠 공장이 가동된다는 느낌으로 살았던 1학기였다. 매번 다른 내용의 콘텐츠를 기획한다는 게 쉬운 일이 아니었지만, 꽤 보람찼던 건 확실하다. 그 어려움 속에서도 혼자 고민하는 게 아니라 늘 함께 고민해 준 동학년 선생님들이 계셨기 때문일 거라 여기며, 감사의 말씀을 전해 본다.

위기를 기회로, 5학년 고군분투기

김혜진

다시 만난 소담

2020년 3월, 신규 발령을 받았다. 신규가 아니라 '헌'규가 아니냐며 친구들이 장난을 쳤다. 충남에 이어 두 번째 신규 발령이었다. 어느 학교에 가게 될지 떨릴 만도 했지만, 전혀 긴장되지 않았다. 답은 정해져 있었기 때문이다.

2019년 기간제를 했던 소담초등학교로 다시 돌아왔다. 내가 선택했기에 제 발로 걸어 들어왔다는 표현이 제격이었다. 집에서 가까운 거리에 있는 학교이기도 했지만, 6개월이 넘는 시간 동안 소담의 문화에 큰 매력을 느꼈기에 내린 결정이었다.

우선 의견을 이야기할 기회가 모든 사람에게 열려 있다는 것, 아니 어쩌면 전 구성원이 한 번은 꼭 입을 떼야 한다는 표현이 더 어울릴 수도 있겠다. 이전 학교에서는 그러한 기회도 잘 없을뿐더러 갓 발령을 받은 신규 교사가 의견을 낸다는 일은 상상도 할 수 없었다. 그 때문에 처음 나의 이야기를 해야 했을 때 나를 바라보는 시선에 부담스럽다는 감정이 앞섰고 몇 배는 더 피곤했다. 하지만 사소한 사안이라도 몇 번의 회의를 거쳐 결정된다는 점에서 은근한 소속감을 느꼈고

쉽게 나태함에 빠지는 내가 '아, 이 학교라면 주체적으로 살 만한 자극을 줄 수 있겠다'라는 기대감이 들었다.

그뿐만 아니라, 혁신학교라는 울타리 안에서 만난 아이들은 평소 어리게만 바라봤던 초등학생들이 아니었다. 현장 체험학습뿐만 아니라 축제의 부스도 직접 기획하고 운영한다니, 3학년 아이들이 직접 영화를 만들고 상영한다니, 입이 벌어질 만한 신기한 광경을 자주 마주했다. 소담의 아이들은 주기적으로 다모임을 가져 학급의 생활을 되돌아보았고 직접 만든 규칙 속에서 살아가고 있었다. 바꾸어야 할 부분도 스스로 찾아서 보완했다.

'학급 회의를 통해 민주적 결정 방식을 경험하게 해야지!'

초임 시절 호기롭게 시도했던 몇 번의 학급 회의가 흐지부지 끝나고 결국 포기해야 했던 기억이 떠오르며 부끄러워졌다. 물론 이렇게 학급운영이 더 체계적으로 이루어질 수 있었던 까닭은 업무지원팀이 있기 때문이라는 것도 알게 되었다. 담임교사의 업무가 없다니! 자잘한 업무 속에서 가끔은 수업 준비를 뒷전으로 미뤄야 했던 지난날의 내 모습이 겹쳐 보이며 점차 소담에 확신을 가지게 되었고, 그렇게 소담을 다시 만났다.

온라인 개학

부푼 기대감을 안고 원하던 5학년을 배정받아 순탄하게 교육과정을 구상하고 있던 2월 말이었다. 코로나19로 유례없는 개학 연기가 초래되었고, 학교는 혼돈의 카오스에 빠졌다. 온라인 개학이라는 듣도 보도 못한 계획이 등장하면서 학년마다 온라인 학습을 효과적으로 구현

할 수 있는 방향 쪽으로 관심이 쏠렸다.

3월, 학년 부장 선생님의 유혹(?)으로 동학년 선생님들께서 하나둘 아이패드를 구입하는 모습을 보고 홀린 듯이 따라서 아이패드를 샀다. 꽤 큰 지출이었기에 마음이 아팠지만, 다시 생각해 봐도 참 잘한 소비였다. 본격적으로 온라인 학습이 시작되던 4월, 아이들은 e-학습터에서 영상을 보고 과제를 제출했으며 이때 효과적으로 활용된 도구가 바로 아이패드였다. 아이들이 밴드로 보내 준 과제 사진에 보완할 부분을 담아 빠르게 코멘트를 달아 줄 수 있었고 직접 채점도 해서 다시 보내 줄 수 있었다.

그 무렵, e-학습터에 있는 영상만으로는 아이들이 양질의 학습을 하기에 부족하다는 이야기가 나왔다. 그러나 실시간 수업을 도입하는 것에는 아직 한계가 있었기에 학년에서 직접 영상을 제작하기로 결론을 내렸다. 내가 영상을 찍고 편집을 하다니, 상상도 못 한 일이었다.

이때부터 5학년은 연구실로 출근한다는 말이 나올 정도로 함께하는 시간이 늘어났고 어떤 내용을 담으면 더 효과적일지 끊임없이 회의했다. 처음에는 '편한 방법이 있을 텐데, 이렇게까지 해야 하나?' 싶다가도 완성된 영상을 보면 나름 뿌듯했다. 무엇보다도 아이들은 선생님들이 직접 나오는 영상을 훨씬 좋아했으며 집중이 더 잘된다고 말해 주기도 했다.

콘텐츠 공장 (1)

체계가 잡힌 뒤 동학년 선생님들과 과목을 나누어 본격적으로 콘텐츠를 제작했다. 금요일 퇴근 후에도 아이패드를 끼고 못다 한 과제 피드백과 영상 편집을 틈틈이 하는 나를 보며 교사인 친구가 말했다.

"너 혹시… 삼성 다녀?"

빵 터지며 내가 유난인가 싶다가도 은근히 할 일이 많았다. 기획부터 편집까지 뭐 하나 손이 가지 않는 일이 없었기에 아이들이 없는 와중에도 꽤 바빴다. 특히 온라인 수업과 오프라인 수업을 병행하기 시작한 6월, 서승원 선생님과 함께 약 두 달 동안 장기 프로젝트를 해야 했다. 단순히 교과서의 내용을 순차적으로 훑는 도덕 수업에 성이 차지 않아 다른 방식을 모색하고 있던 때였다.

"괜찮은 책을 발견했는데, 이 책으로 도덕 수업을 진행하면 어떨까요?"

서승원 선생님의 아이디어로 책의 내용을 재구성하기로 했다. 『10대를 위한 정의란 무엇인가』라는 책이었다. 본판인 『정의란 무엇인가』 책을 읽다가 어려워서 포기했던 나의 모습이 스쳐 지나갔다. 아무리 10대를 위한 책이라도, 5학년에게는 내용이 다소 심오하지 않을까 처음에는 걱정부터 앞섰다. 혼자가 아니었기에 '어떻게든 되겠지!' 생각하며 영상 첫 부분에 등장할 오프닝 멘트부터 만들었다.

"승원 선생님과 혜진 선생님의 쉽╱게╱배╱우╱는╱정╱의╱"

아무 생각 없이 아이디어를 던졌는데 꽤 괜찮은 게 웃겼다. 한 글자마다 한 음씩 올리며 시작을 열었고, 8개의 영상마다 이 멘트가 영상의 시작을 담당해 주었다. 여담이지만, 클로징 멘트는 반대로 한 음씩 내려오는 것이었다.

첫 번째로 다룰 주제는 도덕적 딜레마와의 만남이었다. 일명 트롤리 딜레마. 우선 책의 내용을 읽어 주었다. 브레이크가 고장 난 기차의 기관사가 되어 그대로 5명의 인부가 있는 방향으로 향할 것인지, 아니면 1명의 인부가 있는 쪽으로 방향을 바꿀 것인지 선택을 내려 보는 것이

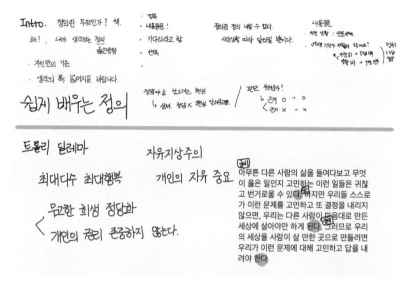

아무튼 다른 사람의 삶을 들여다보고 무엇이 옳은 일인지 고민하는 이런 일들은 귀찮고 번거로울 수 있다. 하지만 우리들 스스로가 이런 문제를 고민하고 또 결정을 내리지 않으면, 우리는 다른 사람이 마음대로 만든 세상에 살아야만 하게 된다. 그러므로 우리의 세상을 사람이 살 만한 곳으로 만들려면 우리가 이런 문제에 대해 고민하고 답을 내려야 한다

도입 시나리오

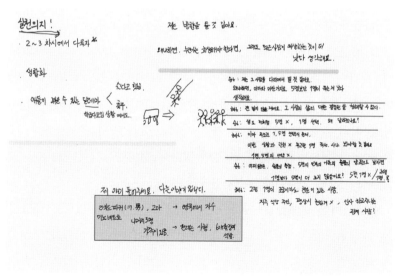

공리주의 vs 개인의 권리

었다.

"여러분이라면, 어떤 선택을 할 것 같나요?"

아이들의 의견을 실시간으로 들을 수 없었기에, 서승원 선생님과 서로 반대의 입장을 맡아 이야기를 주고받는 형식으로 기획했고 대강의 시나리오를 짰다.

"무고한 희생은 안타깝지만, 더 많은 사람의 행복을 추구해야 하지 않을까요?"

"아니죠, 개인의 자유와 권리를 우선시해야 합니다. 단 한 명의 생명이라도 존중받아야 하니까요."

첫 영상은 나름(?) 순조롭게 찍었지만, 도저히 방향이 잡히지 않는 주제도 있었다.

"행복은 누구에게나 똑같을까요? 애들이 행복의 질을 과연 따질 수 있을까?"

"칸트?! 고등학생한테도 버거웠는데?"

그 때문에 초과근무를 달고 함께 머리를 싸매야 했던 시간이 많았다. 시간이 걸리더라도 최대한 아이들이 이해하기 쉽도록 풀어 가며 어떻게든 토론의 형식으로 내용을 담았고 그 결과, 두 달 후 책의 내용을 거의 훑을 수 있었다. 한 가지 아쉬운 점은 아이들이 과연 이 내용을 얼마만큼 받아들일까 알 길이 없다는 점이었다.

"너희 도덕 수업 어때? 이해 잘돼?"

아이들이 등교했을 때 넌지시 물어보면 단순히 재미있다고 대답하는 아이도 있었고, 잘 모르겠다는 표정을 지어 보이는 아이들도 많았기 때문에 반응을 파악하기란 어려웠다. 그러나 이런 아쉬움은 마지막 영상을 찍을 때 떨쳐 버릴 수 있었다. 책의 내용을 다 훑은 마지막 영상인 만큼 책거리를 하자는 의견이 나왔고, 소소한 랜선 과자 파티와 함께 지난 내용을 되돌아보는 시간을 가지게 되었다. 수업이 끝나고 급하게 우리 반의 몇 아이들을 섭외해서 질문을 던지고 아이들이 답을 이야기하는 형식으로 영상을 찍었다.

"칸트가 가장 기억에 남아요."

"부자가 세금을 더 많이 내는 게 맞는 것 같아요. 그 세금으로 가난한 사람들을 도와 다 같이 잘 살 수 있지 않을까요?"

아이들의 답변은 기대 이상이었다. 조금은 어설프지만 몇 주 전의 내용을 기억에서 끌어와 인상 깊은 수업으로 뽑아 주기도 했고, 적절한 근거와 함께 자신의 생각을 말해 주었다. 학기를 마무리할 즈음에는 기억에 남는 수업 중 '쉽게 배우는 정의'를 말한 친구도 있었다. 그간의 고생이 헛수고는 아니었겠다 싶어, 감격스러웠다.

매 수업마다 우리가 던진 물음에 정답은 없었다.

"오늘 수업에도 정답은 없습니다. 중요한 건 여러분만의 생각을 가지는 것이에요."

어른들도 어려워할 법한 주제들을 접하며, 아이들이 '정의'라는 측면에서 조금이나마 자신의 가치관을 성립하는 기회가 되었길 바란다.

콘텐츠 공장 (2)

또 한 가지 공들였던 콘텐츠 중 하나는 실과 수업이었다. 모든 과목에 교사가 직접 등장하기는 어렵기 때문에 주요 과목이 아닌 실과 같은 과목만이라도 직접 영상을 기획하려고 노력했다. 마침 직업의 정의와 다양한 직업의 종류를 배우는 차시였고 회의에서 여러 아이디어가 오갔다.

직업이 필요한 이유(역할극)
싫어서 직업을 그만둔 상황이고
돈도 없고, 무기력해지고,

교과서 사례
영훈이네 마을 이야기
비가 내려서, 모든 직업이 다 나옴(군인,응급구조사, 등) 나오는 종류 써보기
이런 사람이 없었다면 어떻게 되었을지 상상해 보기

직업이 아닌경우
건물주 난 건물3개에요.
주부 내 일은 주부에요.
무급봉사 교회, 노인복지회관 돈을 받지않으면 직업이 아니에요
범죄자 죄수번호 248 그건 강제노동이므로 직업이 아니랍니다
초등학생 엄마 나도 직업있어. 학생도 직업이라고!
마을이장
킬러 도박꾼 윤리적이지 않음
연금복권,로또

연속성, 보수, 윤리적(도박)

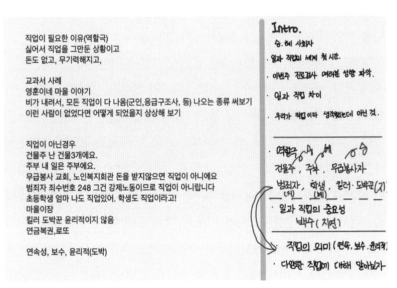

실과-일과 직업 탐색 편 (1)

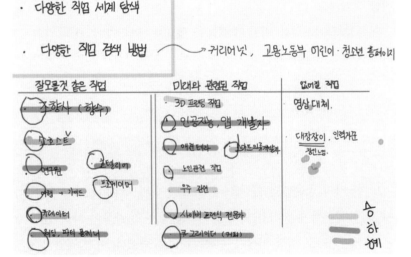

실과-일과 직업 탐색 편 (2)

"직업이 아닌 예시와 직업이 맞는 예시들을 상황극 형식으로 짜 봐요!"

누군가의 제안으로 갑작스럽게 연기 열정이 불타올랐고, 빠르게 역할을 나누어 영상을 찍기 시작했다.

상황 1: SD 카지노에서 도박을 하고 있는 사람들

"이 칩들 좀 보라고~ 도박꾼, 역시 최고의 직업이야!"

"도박꾼은 직업이 아닙니다. 직업은 도덕적으로 인정받을 수 있어야 하지요."

상황 2: 요양원을 찾은 자원봉사자

(할머니의 어깨를 주물러 드리며)

"나는 봉사자, 이렇게 할머니들을 도와 드리는 내 직업이 정말 마음에 들어!"

"예끼! 자원봉사자가 어떻게 직업이여? 돈을 받지 않는 자원봉사자는 직업이 아니지."

상황 3: 월세 1억 원을 버는 건물주

"내 이름으로 승원빌딩과 SW 타워를 가지고 있는 내 직업은 건물주이죠. 하하!"

"건물주는 직업이 아닙니다. 돈을 벌긴 하지만, 어떤 일을 자신의 힘으로 하는 게 아니기 때문이지요."

이렇게 여러 상황을 통해 직업이 될 수 있는 조건들을 자연스럽게 녹여 낼 수 있었다. 그다음으로, 일과 직업이 중요한 이유도 상황극으로 구상했다. 박지연 선생님께서 직접 아이디어를 제안하고 대기업에서 갓 퇴사한 백수 역할을 맡아 열연을 펼쳤다.

"에휴…. 일을 안 하니까 내가 어디에 속해 있는지도 모르겠고, 내가 뭘 할 수 있는 사람인지도 잘 모르겠어."-소속감과 자아실현
"이렇게 예쁜 옷을 고르면 뭐해? 돈이 없으니까 살 수가 없잖아!"-경제적 보상
"그때 퇴사한 사원, 일 참 잘했는데! 그 사원이 없으니까 우리 회사의 발전이 더뎌지는 것 같아."-사회 발전에 기여

글로 표현하니 생생함이 덜하지만, 일하지 않는 사람의 무료한 삶을 실감 나게 표현하면서 일과 직업이 중요한 이유를 뽑아냈다.

아이들이 잘 모를 만한 직업을 소개해 주는 다음 차시에서도 연기 정신은 빛났다. 내가 들어도 생소한 직업을 아이들의 눈높이에서 연기한다는 일은 여간 어려운 일이 아니었다. 어두컴컴해지는 저녁 시간까지 영상을 또 찍고 찍었다. 영상 후반부로 갈수록 바깥 풍경과 함께 우리의 낯빛도 어두워졌다.

어색한 발 연기들의 향연에 자꾸만 새어 나오는 웃음도 불청객이었다. 쇼 호스트가 되어 옷을 팔아야 하는 장면에서는 몇 번이고 NG를 냈던 기억이 선하다. 그렇게 몇십 개의 장면을 모아서 어울리는 배경음악과 효과음, 그리고 자막을 삽입하는 과정을 반복했다. 며칠 동안 공들인 편집 끝에 세상에 나올 수 있었던 파일의 이름은 '영혼을 갈아 넣은 실과'였다.

'5학년 너마저' 밴드가 개학이 늦어지는 상황 속에서 아이들을 빨리 만나고 싶은 마음을 노래로 담아 표현한 영상을 올린 적이 있다.

당시 인기 있던 노래 〈아로하〉의 가사를 개사하였는데, "콘텐츠 공장 된다 해도, 후회하지 않아. 오직 너를 위한, 변하지 않는 사랑으로~" 이 부분이 제일 마음에 와닿았다. 말 그대로 콘텐츠 공장이 가동된다 는 느낌으로 살았던 1학기였다. 매번 다른 내용의 콘텐츠를 기획한다 는 게 쉬운 일이 아니었지만, 꽤 보람찼던 건 확실하다. 그 어려움 속 에서도 혼자 고민하는 게 아니라 늘 함께 고민해 준 동학년 선생님들 이 계셨기 때문일 거라 여기며, 감사의 말씀을 전해 본다.

하늘숨? 하늘숲?

2학기가 되기 전, 박지연 부장 선생님께서 새로운 제안을 해 주셨다.
"글쓰기 프로젝트를 함께 진행해 보는 게 어때요?"

평소 아이들과 주제 글쓰기를 해 보고 싶었던 나로서는 좋은 기회 라 생각했고, 다른 선생님들께서도 동의해 주셨다. 결정이 끝난 후 부 장님은 다양한 주제가 담긴 '하늘숨 공부'라는 자신의 초등학교 시절 글을 보여 주셨다. 이를 바탕으로 주제를 구성하고, 일주일에 한 편씩 글을 써서 학년 말 문집으로도 엮기로 최종 목표까지 세웠다.

아이들은 '하늘숨'이라는 프로젝트 명칭에 적응을 잘 못 하는 듯 보 였다. 처음에는 글에 '하늘숨'이 아닌, '하늘숲'이라고 적는 친구들도 여럿 있었다. 등교하는 날에는 '하늘숨'의 의미를 자꾸 물어봤다.

"선생님, '하늘숨'이 무슨 뜻이에요? 왜 하는 거예요?"

"하늘 보고 숨 쉬라고~ 바쁜 일상 속에서 소소한 여유 좀 가져 봐."
이렇게 대답해 주면 아이들은 알 듯 말 듯 오묘한 표정을 지었다.

첫 주제는 '밥상 차리기'였다. 밥상을 혼자 차리기에는 무리가 있어,

수저를 놓고 식사를 준비하는 일을 돕는 미션을 주었다. 첫 글이라 그런지 모든 아이들이 글을 쓴 후 밴드로 과제를 제출했다. 기대감을 안고 글을 읽어 보니 아직 한참 부족했다. 잘 쓴 친구들도 몇 있었지만, 대부분의 아이들은 있었던 일을 그대로, 별다른 감정 없이 묘사했다.

오늘 하늘숨 공부를 하기 위해 수저 놓는 일을 도와 드렸다. 반찬은 ~이었다. 엄마를 도울 수 있어서 뿌듯했다. 다음에 또 도와 드려야겠다.

대충 이러한 구조를 가진 글이 반복되었다. 아마 영상에 등장한 예시 글의 구조였을 테다. 겪은 일을 자연스레 쓰는 방법을 여러 번 영상으로 설명했지만, 감정과 느낌을 떠올려 솔직하게 표현한다는 것은 5학년 아이들에게도 꽤 어렵게 다가왔나 보다.

아이들의 글은 전체 등교가 가능해진 10월 중순 무렵부터 조금씩 발전하기 시작했다. A조와 B조가 친해지기 위해 금강 수변 공원으로 나들이 갔던 날, 이 기회를 이용해 '나무하고 말하고 안아 보기' 미션을 주었다. 다음 날, 교실로 돌아와서 글을 함께 쓰고 또 공유하는 시간을 가졌다. 다른 사람이 쓴 글에는 별다른 관심이 없을 줄만 알았던 아이들은 이름을 공개하지 않고 글을 보고 누가 썼는지 추측해 보는 활동에 적극적이었다. 그중 장원으로 뽑힌 글은 나무와 솔직한 대화를 나눈 우리 반 엉뚱 소녀의 글이었다.

"이 글이 왜 잘 쓴 글일까?"

"꾸밈없고 솔직해서요."

"대화가 많아서 재미있고 술술 읽혀요."

주제마다 친구들과 글을 나누고 장원을 뽑는 과정에서 아이들은 한층 성장했다. "아, 선생님이 솔직하게 쓰라는 게 저런 뜻이구나"라고 말하는 아이도 보였다. '소중한 나'라는 글을 쓸 때, 오글거린다고 경악하던 아이들도 점차 진지한 분위기 속에서 온전히 '나'에 대해 집중했고 그 솔직한 마음을 담아 결과물로 나타냈다.

"굳이 소중한 이유를 찾아야 해요? 이유를 찾지 않아도 나 자체로 소중하잖아요."

아이들의 글 속에서 배운 부분도 많았다. 생각보다 더 순수했고, 가족을 사랑하는 마음이 참 따뜻했으며 몇 개의 학원에 다니느라 지쳐 있지만 미션을 수행하며 소소한 행복을 느낄 줄 아는 아이들의 글이 조금씩 눈에 들어왔다.

아이들이 '하루 동안 말 안 해 보기', '30분 동안 눈 가리고 지내 보기' 등의 조금은 난해할 법한 미션 속에서 주제의 본질을 이해했을지는 여전히 미지수이다. 그러나 반 친구들과 같은 미션을 수행하고 일상 속에서 느낀 감정을 함께 공유하며 얻어 간 것이 분명 있었으리라 믿어 본다.

아이들의 글이 조금씩 쌓여 가던 12월, 컴퓨터실로 데려가 자신이 쓴 글 중 마음에 드는 글 5편을 골라 타이핑하게 하였다. 시간에 쫓겨 대충 글을 썼던 모습이 후회되는지 글을 수정해서 보내 주기도 했다. 그렇게 주제별로 아이들의 글을 모아 제법 그럴듯한 학급문집도 만들기 시작했다.

아이가 그려 준 학급문집 표지

손이 많이 가는 편집으로 꽤 힘들었지만, 며칠에 걸친 초과근무 끝에 학급문집을 완성하니 다시 한 번 이 프로젝트에 도전해 보고 싶다는 생각도 들었다. 그리고 5학년을 또 맡게 된 지금, 실행에 옮겨 보려 한다.

또 5학년?

위에서 언급한 것처럼 2021년에도 나는 5학년 담임을 맡게 되었다. 5학년만 3년째, 누가 보면 5학년을 무척이나 좋아하는 줄로 알겠다. 학년의 특성 때문도 있지만, 올해는 조금 달랐다.

학년 선택이 이루어지기 전 교실 마실에서 '중임제'에 관한 논의가 여러 번 오갔다. 평소 교육과정 평가회를 하면 다음 선생님들께 교육과정 자료를 효과적으로 넘겨줄 방법을 자주 논의했기에 이에 대한 대안으로 '중임제'가 등장한 것이다. 늘 열정 가득하신 선생님들의 멋진 자료가 해가 바뀌면 어디론가 사라지는 듯한 느낌에 대부분의 선생님께서 동의를 하셨다. 다만, 실현하는 방식에 있어 의견이 다양해 정해지기까지 시간이 조금 걸렸다.

어쨌든 이렇게 결정된 중임제가 다음 해부터 적용되는 줄로만 알았는데, 교내 인사가 시작될 즈음 부장 선생님께 메시지가 왔다.

"내년에도 5학년에 남아 계실 중임제 선생님 두 분을 정해야 해요."

어차피 5학년을 지원할 생각이 있었기에 별다른 고민 없이 하겠다고 답을 보냈고, 중임 교사의 자격으로서 5학년에 남아 있을 수 있게 되었다.

선뜻 하겠다고 말할 수 있었던 이유는 코로나로 제대로 구현하지 못했던 5학년 교육과정에 대한 아쉬움 때문이었다. 열심히 교육과정을 재구성했지만 등교 방식이 언제 바뀔지 모르는 불안함 속에서 온라인으로 대체해야 했던 수업이 많았고, 그림자 체험학습도 물거품이 되었다. 교과와 연계하여 열심히 제작했던 온 책 워크북 활동에도 제약이 많았다.

무엇보다 수학교과의 '스스로 더불어' 수업에 대한 미련이 남아 있다.

'스스로 더불어' 수업의 흐름

① 단원의 개관: 단원 전체의 텍스트를 읽으며 배울 내용을 간단히 요약한다.

② 스스로 진단: 해당 차시의 학습 요소를 꿰뚫는 핵심 문제를 해결한다. 교과서를 자세히 읽으며 문제를 푸는 방법을 스스로 발견한다. 이때 문제를 성공적으로 해결할 경우 '나눔', 이해가 잘 되지 않아 도움이 필요하다면 '배움', 시간이 조금 더 주어진다면 혼자 해결할 수 있을 때 '스스로'로 자가 진단한다.

③ 서로 가르치고 배우기: '나눔'을 선택한 학생과 '배움'을 선택한 학생이 그룹이 되어 서로 가르치고 배운다.

④ 학습 정리: 교사가 해당 차시의 수업 후반에 수학 익힘책, 학생이 만들 문제 등을 활용해서 차시 학습 내용을 학생들이 익혔는지 확인하고, 부족한 경우 보충 설명을 실시한다.

-'스스로 더불어 학생자치를 부탁해' 중에서

코로나가 잠시 주춤했던 시기, 오프라인으로 전담 수업이 가능해진 틈을 타 잠시 이 수업을 시도했다. 아이들의 수준차가 날 법한 수학

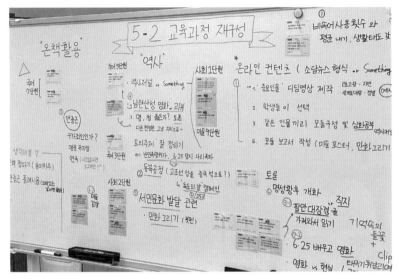

2학기 교육과정 재구성

단원에서 주어진 문제를 해결할 때 각자 '나눔이', '배움이', '스스로'의 역할을 맡아 서로 가르치고 배우는 수업 방식이었다. 이 수업 시간에는 일주일에 한 번 짝 반 선생님께서 들어와 코티칭Co-teaching을 해주셨다.

'부끄러워서 배움이를 한 명도 안 하면 어떡하지?'

'귀찮다고 나눔이를 안 하겠다고 하면 어떡하지?'

오만 가지 걱정과 달리, 아이들은 시간이 지날수록 배우고 나누는 일에 익숙해졌고 지난주에 나눔이를 했던 친구가 오늘은 배움이를 하는 장면도 목격할 수 있었다. 교사의 큰 개입 없이도 나눔이 아이들은 저마다의 눈높이에서 최선을 다해 친구를 도와줬고, 배움이 아이들은 부족한 부분을 찾아 보완했다. 코티칭을 함께 하는 선생님께서 스스로를 맡은 아이들이 문제를 잘 해결하고 있는지 봐주셨기 때문에 부담이 덜했다.

생각보다 수월했던 이 수업에 만족을 느낄 때쯤, 코로나가 다시 심해져 아이들의 거리 두기를 더 신경 써야 했기에 '스스로 더불어' 수업은 막을 내렸다. 귀찮다고 싫어할 줄만 알았던 아이들은 '스스로 더불어' 수업을 줄여서 '스나배'라고 부르며 "선생님, 스나배 또 안 해요?" 재차 묻기도 했다. 아이들도 꽤 마음에 들었던 모양이다. 어쨌든 제대로 펼쳐 보지 못했던 이 수업도 다시 실현하고 싶은 교육과정 중 하나이다.

중임 교사로서의 역할이 꽤 막중하게 느껴지기에 시작은 창대하지만 끝은 늘 미약한 의지박약의 나로서 조금 불안하기도 하다.

'이 열정이 금세 사그라지면 어떡하지?'

'귀찮다고 막 없애는 거 아니야?'

하지만 겪어 보지도 않은 일에 걱정부터 앞서 봤자 좋을 건 없을 것 같고, 아직은 남아 있는 이 열정을 가지고 소담에서의 2년 차인지 3년 차인지 모를 생활을 잘해 나가려 한다.

앞으로 닥칠 어려움에도 늘 그랬듯 좋은 사람들이 함께할 테니.

아직도 하루에 수십 번씩 감정의 롤러코스터를 타지만 그럼에도 도착점은 항상 같다. '그래, 처음이니까 괜찮아. 앞으로 더 나아질 거야.' 나를 다독이며 발전하고 있다고 믿는다. 나는 그렇게 어제도, 오늘도 조금씩 나아지기 위해 고군분투 중이다. 아마 내일도 그러하지 않을까. 그리고 다짐한다. 나에게는 다이아몬드로 만든 '신규'라는 갑옷이 있으니 겁내지 말고 도전하기로. 포기하지 않기로.

부딪히며 도전하는 교사 입문기

김아현

#1. 교무실의 보배

이제 막 발령받은 신규의 좌충우돌 교무실 적응기. 첫 시작이 부장이라 매우 당황스럽지만, 교무실 선생님들께서는 이런 나를 '교무실의 보배'라고 부르신다. 모든 게 처음인 신규가 교무실의 보배가 되기까지 그 과정은 과연 순탄했을까?

행복한 기다림의 시간

끝날 듯 끝나지 않던 임고생 생활의 끝자락, 유독 지치던 날이 있었다. 도저히 공부가 손에 잡히지 않아 합격하게 된다면 어떻게 시간을 보내고 싶은지 엄마와 한참 이야기를 나누었다.

"9월 발령 나면 좋겠다. 6개월 정도 할머니, 할아버지랑 같이 살면서 시간 보내면 좋을 텐데."

"그러게, 엄마도 우리 딸 시집보내기 전에 같이 살면 좋겠다!"

발령 시기까지 정해 보며 마음만은 이미 합격한 사람이었다. 사실 겉으로는 웃으며 이야기했지만, 속으로는 간절히 기도하고 있었다. '합격만 시켜 주세요. 언제, 어디로 발령이 나더라도 그곳이 내 학교라는 마음으로 감사히 가겠습니다.' 그날의 기도가 통한 걸까. 열심히 돌린 행복 회로가 효력이 있었던 걸까. 한 달 뒤 합격 통보를 받았고 얼추 9월쯤 발령이 날 듯했다. 그때부터 우리 집에는 매일 다양한 공부 교실이 열렸다. 할머니, 할아버지의 기억력을 되살리기 위해 색칠 공부, 노래 교실, 퍼즐 등 나름의 시간표를 만들어 홈스쿨링을 시작했다. 하루는 SNS에 〈우리 집은 오프라인 미술 수업 중〉이라는 제목으로 할머니와 색칠 공부하는 사진을 올렸다. 내가 올린 SNS 글을 천천히 읽다 보니 문득 '아, 내가 학교에 가고 싶구나. 아이들을 만나고 싶구나.' 하는 생각이 들었다. 되돌아보니 집에서 시간을 보내면서도 늘 나의 교실을 그려 왔다. 어떤 학교로 발령이 날지, 몇 학년 아이들을 맡게 될지 궁금증은 커졌고 그렇게 나의 행복한 기다림의 시간이 시작되었다.

궁금증 보따리

따르릉, 드디어 전화기가 울린다. 역할이 정해지면 알려 주시겠다던 교감 선생님의 전화였다. 그런데 뭔가 이상하다. 교감 선생님께서 정해지긴 했지만 다음 주에 학교에 오면 그때 알려 주시겠다고 한다. 담임일까, 전담일까? 설마 업무지원팀? 몇 학년일까? 궁금해서 잠이 오지 않는다.

학교에 간 날, 베일에 싸여 있던 나의 역할은 부장이었다. 그것도 무려 업무지원팀 교과 지원부 부장. 업무지원팀이라니, 부장이라니! 어안이 벙벙한 찰나,

"미리 알면 울면서 잠 못 잘까 봐 말 못 했어요."

미안해하며 말씀하시는 교감 선생님. 미리 알아도 잠 못 자는 건 매한가지였구나. 나 분명 신규 발령 맞는데. 뭔가 잘못되었단 생각이 미처 끝나기도 전에 교무실 부장님들께서 천사 같은 미소로 환영해 주시며 말씀하신다.

"소담초등학교에 신규 발령받은 건 정말 축복이에요. 선생님이 상상하는 것이 무엇이든 그것을 실현할 수 있는 학교거든!"

'상상하는 것이 무엇이든 그것을 실현할 수 있는 학교'라는 말이 참 좋았다. 열정 가득한 신규에게는 그 말이 가슴을 뛰게 했다. 정말 이 학교에서는 무엇이든 할 수 있을 것만 같았고 무엇이라도 하고 싶었다. 큰일이다. 홀라당 넘어가 버렸다. '업무지원팀 부장' 잘할 수 있을 것 같은 설렘이 생긴다.

물음표에서 느낌표로

첫 발령부터 부장이라는 말에 경악을 금치 못하던 동기들의 걱정과 달리 교무실 생활은 평온했다. 물론 나만 그러했다. 나를 제외한 선생님들은 몸이 열 개라도 부족할 만큼 무척 바쁘셨다. 소리 없는 전쟁터처럼 바쁘고 정신없는 교무실이었지만 나의 존재감은 그리 크지 않았다. 그즈음 머릿속은 온갖 걱정과 고민으로 가득했다. 이를테면 '업무에 미숙한 나로 인해 선생님들께서 더 많은 일을 하시진 않을까?', '선생님들께 도움이 되어야 하는데 짐이 되는 건 아닐까?'와 같은 고민 말이다. 이러한 걱정이 얼굴에 드러났는지 마주치는 선생님마다 "아현 선생님, 업무지원팀 많이 힘들죠? 첫 발령부터 어떡해. 고생이 많아요"라며 한마디씩 위로해 주고 가셨다. 사실 내가 힘든 이유는 그게 아닌데. 그럴 때마다 "아니에요. 저 하나도 힘들지 않아요!"라고 답할 뿐이 었다.

하루는 이러한 고민을 부장님께 털어놓았다.

"선생님, 제가 하는 일이 없어서 죄송해요. 도움이 되고 싶은데 어쩌죠?"

부장님께서 의미심장하게 웃으시더니 풀이 죽어 있는 나를 다독여 주셨다.

"에이, 지금은 폭풍전야죠. 곧이에요 곧. 지금을 즐겨요!"

정말로 부장님의 말씀은 곧 현실이 되었다. 나에게 주어진 첫 미션은 축제였다. 조금이라도 도움이 되고자 축제 담당 부장님께 일을 시켜 달라고 말씀드렸고 그렇게 축제 TF에 들어가게 되었다. 코로나 상황이었지만 아이들에게 기억에 남는 축제를 선물하고 싶어 여러 차례 논의했고 모든 과정이 마냥 즐겁고 행복했다. 이때까지만 해도 TF의 일원으로서 의견을 내는 정도에 불과했으니.

축제 공연 참가자 오티가 있던 날, 부장님으로부터 부득이한 사정으로 며칠간 학교에 못 올 수도 있어 축제 준비를 부탁한다는 연락을 받았다. 예정대로라면 당장 공연 참가자 오티를 진행하고 다음 날부터 촬영을 시작해야 했다. 무척 당황스러웠지만, 부장님을 걱정시켜 드리고 싶지 않았다. 최대한 담담히 통화를 마치고 곧바로 학년 선생님 명단을 보며 구원투수를 찾기 시작했다. 발등에 불이 떨어진 것이다. 촬영, 편집의 능력자라고 불리시는 선생님들을 무작정 찾아가 사정을 말한 뒤 도움을 요청했고 다행히 모두 흔쾌히 승낙해 주셨다. 지금 생각해 보니 '그래, 도움을 청하면 안쓰러워서라도 도와주실 거야'라는 근거 없는 자신감이 통했던 것 같다. 물론 어쩔 줄 모르는 표정과 몸짓도 한몫했을 것이다. 그렇게 6학년 선생님 두 분, 나보다 2개월 먼저 교무실에 입성한 사수와 함께 축제 공연 영상 준비를 시작했다.

학교 카메라와 마이크가 어디 있는지 몰라 방송실 정리함을 전부 열어 보고, 기계치인 내가 강당 무대 조명을 켜 보겠다고 온갖 버튼이란 버튼은 다 눌러 가며 아이들 공연 영상을 촬영했다.

"선생님, 아쉬운데 한 번만 더 촬영하면 안 돼요?"

"가능하지! 이번에는 조명을 조금 더 화려하게 켜 볼까?"

"선생님, 우리가 찍은 영상 다른 친구들도 다 보는 거예요?"

"그럼, 우리 학교 학생들 모두 보지! 어때, 멋지지?"

영상을 촬영하는 동안 행복해하고 즐거워하는 아이들의 모습을 보니 힘들긴 했지만, 조금이라도 더 잘 찍으려 노력했던 시간이 헛되지 않았다는 생각이 들었다. 물론 오티부터 영상 촬영, 편집까지 어느 것 하나 쉽지 않았다. 방송실 정리함 비밀번호조차도 모르는, 그야말로 아무것도 모르는 초짜 신규였기에 시작부터 여러 난관의 연속이었다. 그럼에도 이번 축제 경험은 그동안 가지고 있던 수많은 물음표가 느낌표로 바뀌는 터닝 포인트가 되어 주었다. 업무지원팀의 일원으로서 조금이나마 내 몫을 할 수 있다는 사실이 기뻤고 옆에서 든든히 힘이 되어 주시는 선생님들이 계시기에 어떤 일이라도 할 수 있는 동력이 생겼다.

소담스럽다

저녁 9시가 넘었지만 교무실은 여전히 환하다. 12월은 워낙 바쁜 달이라 초과근무가 일상이라는 이야기는 들었지만, 교무실 부장님들은 내가 온 9월부터 지금까지 늘 그래 오셨기에 그날도 여느 때와 다름없었다. '타닥타닥' 각자 맡은 일을 바쁘게 하는 타자 소리가 들린다.

"우리 자체 평가 너무 딱딱해. 재밌게 하는 방법 없을까. 마니또 해 볼래요?"

정유숙 선생님께서 마니또 이야기를 꺼내셨다. 다른 부장님들의 반응도 좋다. 사실 늦은 시간까지 일하다 보면 일 이야기 말고는 모든 게 재미있다. 선생님들끼리 마니또를 한다니, 역시 소담이다. 초등학교 이후로 해 본 적 없는 마니또 이야기를 들으니 가슴이 콩닥콩닥 설렜다. 마스크 속으로 웃고 있던 나를 알아채신 건지 유숙 선생님께서 말씀하신다.

"아현 선생님, 마니또 맡아서 운영해 볼래요?"

곧바로 부장님들과 마니또를 어떻게 운영하면 좋을지 열띤 회의를 시작했다. 회의라고 표현했지만 사실 우리는 마냥 신났고, 마치 작당 모의하는 개구쟁이들 같았다.

"최고의 마니또 상도 줄까요? 서로 주고받는 선물을 인증하면 재밌을 것 같은데. 어디에 인증하면 좋을까요?"

"밴드? 패들렛은 어때요? 아니다 접근성이 좋아야 하는데."

"선생님! 카카오톡 오픈 채팅방 개설해요!"

번뜩 카카오톡 오픈 채팅방이 생각났다. 얼마 전 대학교 후배들을 대상으로 임용고시 상담 오픈 채팅방을 만든 기억이 스쳐 지나간 것이다. 바로 그 자리에서 채팅방을 개설했고 매력적인 채팅방 이름까지 만들었다.

'널 좋아해. 마니. 또.'

오글거리지만 묘하게 끌리는 싸이월드 감성. 아주 딱이다! '따뜻한 연말을 위한 제안'이라는 그럴싸한 명분까지 모든 게 완벽하다. 이제 운영만 잘하면 된다.

"선생님, 마니또 뽑고 가세요!"

급식실 한쪽에서 뽑기 통을 들고 선생님들을 기다린다. 한 분 한 분 쪽지를 뽑기 전후의 표정을 살피며 추리하는 재미도 쏠쏠하다.

"선생님 저한테 보여 주지 말고 열어 보세요! 반응 체크합니다."

"어머. 나 어쩌지? 너무 어렵다. 그분 맨날 학교 일찍 오시던데!"

"이거 은근 떨리네요. 오! 저 마음에 들어요!"

생각보다 선생님들의 반응이 생생하다. 뽑는 순간을 카메라에 담을 걸 하는 아쉬움까지 생길 정도다. 사실 처음 마니또를 제안했을 때는 바쁜 12월인데 혹여나 번거로움을 드리는 것은 아닐까 하는 걱정도 있었다. 그런데 설레는 표정으로 마니또를 뽑으시는 선생님들을 보니 안도감이 든다. 나도 하나 뽑아야지. 선생님들이 가시고 난 뒤 휘적휘적 뽑기 통 안을 한참 휘젓는다. 보는 사람도 없는데 괜히 혼자 떨리고, 설레고. 선생님들이 뽑을 때 이런 감정이셨겠구나. 두근두근 뽑기 통에서 마니또 쪽지를 하나 뽑아 든다. 시작이 좋다. 이번 주 소담 마니또 대작전은 어떻게 흘러갈까?

"카톡! 카톡!"

요즘 내 핸드폰에서 가장 핫한 채팅방은 단연 '널 좋아해. 마니. 또.'이다. 마니또에 대한 선생님들의 열정이 따뜻하다 못해 뜨겁다. 이렇게 적극적이실 줄이야! '공수래 풀수거', '닭고기는 마니또', '18년 만의 마니또'. 창의적인 익명의 채팅 명부터 범상치 않다. 이에 질세라 나도 우리 마니또 님을 위해 최선을 다하겠노라 마음속으로 포부를 다진다.

"으악 버스 도착 2분 전. 머리 말리기 포기다 포기!"

마니또 선물을 사기 위해 평소보다 일찍 버스를 타느라고 아침부터 바빴다. 간신히 버스에 올라타 어디에 들러서 어떤 선물을 살지 어젯밤에 생각한 계획을 다시 한 번 떠올린다.

"카톡! 카톡!"

아직 출근도 못 했는데 채팅방은 벌써 마니또 선물 인증으로 뜨겁다. 우리 학교 선생님들의 부지런함에 감탄하며 인증 글들을 하나하나 읽어 본다. 내가 받은 건 아니지만 보는 것만으로도 즐겁고 행복하다. 주는 사람의 설렘도, 받는 사람의 행복도 느껴지기 때문일까. 채팅창을 통해 따뜻함이 전달되는 기분이다. 혹여나 우리 마니또 님이 기다릴까 봐 버스에 내려 바삐 걸음을 재촉하는데 학교 선생님들을 딱 마주쳤다. 이런. 계획에 차질이 생겼다. 마니또 선물을 몰래 사야 하는데 마주쳐 버린 것이다. 어쩔 수 없이 사이좋게 함께 마트로 향했다.

"선생님, 마니또 누구예요?"

"에이, 비밀이죠. 한번 맞혀 보세요!"

"2~4학년 중 여자 선생님! 이름에 'ㅈ' 안 들어가죠?"

"엇! 맞아요. 근데 찾기 쉽지 않을걸요?"

어린애들처럼 들떠서 얘기하다 보니 어느덧 학교에 도착했다. 사실 마니또 이틀째인데 아직 선물을 받지 못해 조금 속상한 마음이 있었다. 혹시나 기대하며 신발장을 열어 보았지만 역시나 아무것도 없다. 실망한 마음을 애써 감추며 교무실로 터벅터벅. 그런데 이게 무슨 일인가! 내 자리에도 선물이 놓여 있다. 왼손으로 쓴 귀여운 편지와 알록달록 과자가 한 가득이다. 그동안 부러워만 했는데 마니또를 받으면 이런 기분이구나. 새삼 채팅방을 가득 채우던 행복한 인증들이 이해가 간다. 나도 인증해야지! 신나서 인증샷을 찍고 보니 나를 기다리고 있을 우리 마니또가 생각났다. 급히 아침에 산 선물을 챙겨서 살금살금 교무실을 나서는데,

"선생님, 배에 뭐 숨겼죠? 다 티 나요."

"네? 못 본 척해 주세요."

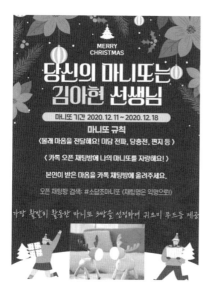

마니또 뽑기 쪽지

마니또에게 받은 선물

그만 함유찬 선생님에게 딱 걸리고 말았다. 나름 철저하게 숨긴다고 선물들을 겉옷 속으로 전부 넣었더니 배가 볼록 튀어나온 것이다. 아무렴 어떤가! 마니또에게만 들키지 않으면 되는걸!

날마다 기다리고 기대하며 보내서 그런지 일주일이 눈 깜짝할 사이에 지나갔다. 아쉬운 마음을 달래며 '최고의 마니또'를 뽑기 위해 일주일간의 기록을 살펴보았다. 수많은 인증 사진, 감사 메시지에서 선생님들의 진심이 고스란히 느껴진다. 마니또를 준비하는 날부터 끝나는 날까지 선생님들께 정말 감사했다. 즐거운 마음으로 함께해 주심에, 덕분에 따뜻한 연말을 보냈다고 감사 인사를 건네주심에 나 또한 행복한 한 주였다. 날씨는 추웠지만, 마음만은 그 어느 때보다 따뜻한 겨울이었다. 돌이켜 보니 이 모든 과정이 참 소담스럽다.

〈마니또가 끝나고 한 선생님으로부터 받은 쪽지〉

아현 선생님이 학급에 갔다면 반 아이들이 이 정성과 사랑을 듬뿍 받았을 텐데, 교무실에 온 덕에 우리가 고스란히 누려요. 고마워요.

#2. 두레장

'두레' 그것은 무엇인고. 마냥 낯설다. 부장이 끝일 줄로만 알았는데 두레장도 맡아야 한다고 한다. 정말이지 서프라이즈의 연속이다. 그래도 선생님들께서 도와주실 테니 걱정하지 말라는 말씀은 빼놓지 않고 꼭 해 주신다. 그 말을 믿고 과감히 내 손으로 수업 두레를 선택했다.

두레장이 될 수 있을까요?

소담에는 '두레'라는 협의체가 있다. 교육과정, 생활, 자치, 수업, 마을, 학력이라는 여섯 가지의 큰 줄기를 중심으로 각 학년의 선생님들이 한 달에 한 번 모여 소담의 교육과정을 함께 논의하고 만들어 가는 협의체이다. 첫 출근 날 부장님께서 업무지원팀의 부장은 각 두레의 두레장을 맡아 운영한다고 말씀해 주시며 두레별 성격과 목적을 설명해 주셨다. 다행히도 나에게는 두 가지의 선택지가 있었고 수업 두레, 마을 두레 중 하나를 택할 수 있었다. 대학 때 몇 번의 실습을 다녀왔지만 수업을 잘하고 싶은 마음이 컸던 만큼 항상 수업에 대한 갈증이 있었다. 수업에 대해 확신이 없을 때도 있었고 누구라도 붙잡고 함께 의논하고 싶은 순간도 많았다. 이런 나에게 수업 두레는 그동안의 갈증을 해결해 줄 오아시스처럼 느껴졌다. 조금의 고민 끝에 수업 두레에 참여하고 싶다고 말씀드렸고 그렇게 나는 수업 두레의 두레장이 되었다.

수업 두레에 참여한 첫날이 아직도 생생히 기억난다. 사실 그때는 두레가 어떤 협의체인지 감도 잘 오지 않았다. 더구나 학교 내 수업 두레의 이미지는 학구파 두레로 매번 회의 시간을 넘겨 끝낼 정도로 열정이 있는 선생님들이 모인 두레였다. 이런 두레의 두레장을 맡아 운영해야 한다니. 긴장을 한 아름 안고 회의 장소로 향했던 것 같다. 수업 두레 선생님들께서 나의 걱정을 미리 알고 계셨는지 그동안 수업 두레를 어떻게 운영했고 앞으로 남은 일정은 무엇인지 친절히 설명해 주셨다. 두레장으로서 느끼는 압박감이 있을 텐데 너무 부담 갖지 말고 편한 마음으로 오라는 이야기까지 해 주셨다.

수업 두레는 크게 두 가지 활동으로 운영되었다. 첫 번째는 두레원 각자가 자신의 수업에 대한 고민거리, 함께 나누고 싶은 이야기를 담아 수업 발제를 하는 것이고, 두 번째는 함께 교직에 관련된 책을 읽고 생각을 나누는 것이었다. 첫날은 두 분의 선생님께서 수업 발제를 해 주셨다. 한 분은 그동안의 교육 인생사, 다른 한 분은 온라인 수업에 대한 고민이 주제였다.

"수업을 준비하며 늘 양심과 타협 사이에서 갈등하는 과정이 있는 것 같아요. 어떻게 하면 조금 더 발전된 수업을 할 수 있을까요?"

"양심과 타협 사이의 갈등은 계속되지만 이렇게 함께 공부하다 보면 마음을 다잡게 되더라고요."

"맞아요. 서로 나누고 함께 고민하는 과정에서 다시금 열정이 생기는 것 같아요."

한 분도 빠짐없이 모두가 진심으로 고민을 나누고 더 좋은 방향에 대해 다양한 의견을 제시했다. 새삼 소담초등학교가 나의 첫 학교라 감사하고 다행이라는 생각이 들었다. 연차도, 맡은 학년도 모두 다른 선생님들이 모여 수업을 주제로 함께 논의하고 협의하는 이 자리가 참 근사하게 느껴졌다. 발령 전부터 동기들과 '학교에서 본받고 싶은 선배 선생님을 만나면 좋겠다'는 이야기를 숱하게 나누곤 했다. 그리고 그날, 소담이라면 앞으로 어떤 고민과 어려움이 있더라도 혼자가 아닌 함께 나눌 수 있겠다는 믿음이 생겼다.

수업을 나누고 수업을 담다

소담의 12월은 참 바쁜 달이다. 그중 12월 첫째 주는 자체 평가 주간으로 공동체 구성원들이 학교의 1년 살이를 되돌아보는 시간을 갖는다. 작년에 이어 올해도 자체 평가 주간 이틀 차에 수업 두레 주관인 수업 컨퍼런스가 예정되어 있었다. 수업 컨퍼런스를 어떻게 운영해야 할지 막연했지만 큰 걱정은 없었다. 늘 그렇듯 함께해 주실 수업 두레 선생님들이 계셨기 때문이다.

"선생님, 올해 수업 컨퍼런스는 어떤 주제로 운영하면 좋을까요?"

"내년부터 소담초등학교가 자치학교가 되니까 다 함께 소담의 수업관에 대해 이야기해 보면 어떨까요?"

"좋은 생각이에요. 구성원 모두가 소담초등학교의 수업관을 고민하고 공유하는 과정이 있으면 좋을 것 같아요."

"올해는 코로나19로 특수한 상황이었으니 선생님들의 수업 이야기를 들어 보는 것도 좋겠네요!"

"그럼 수업 발제를 통해 선생님들의 수업 이야기를 들어 보고, 다함께 소담의 수업관을 고민해 보는 시간으로 운영해 봅시다."

예상했던 대로 운영 방향은 일사천리로 결정되었다. 다만 문제점은 운영 방식이었다. 코로나19로 인해 교직원 전체가 모두 모이는 것이 가능할지 그 여부가 불투명했기 때문이다. 그래도 거리 두기가 가능한 강당에서 진행하면 가능할 듯싶어 방역 수칙을 지키는 범위 내에서 '수업 발제', '소규모 토의' 등 다양한 방안을 생각해 보았다. 그렇게 시간이 흘러 수업 컨퍼런스를 일주일 정도 앞둔 날 큰 변수가 생겼다. 며칠 사이에 확진자가 급증하여 거리 두기 단계가 강화되었고 오프라인 수업 컨퍼런스는 불가능하다는 결론이 난 것이다. 이대로 수업 컨퍼런스를 포기할 수 없었기에 선생님들과 함께 대안을 찾기 시작했다. 우선 예정되어 있던 수업 발제는 유튜브 스트리밍 송출로 대신하기로 했다. 실시간으로 함께 참여하는 것이 중요했기 때문이다. 수업 발제를 해 주실 두 분의 선생님 섭외까지 무리 없이 진행되었다. 관건은 선생님들 모두가 수업에 대해 고민하고 나누는 자리를 마련하는 것이었다. 고민 끝에 구성원 모두가 패들렛에 이야기를 남기고 공유하는 것으로 결정했다.

두 분의 선생님께서 '소담에서의 나의 수업', '코로나19 상황에서의 나의 수업'을 주제로 수업 발제를 해 주셨고, 패들렛에서 동일한 주제로 학년 선생님들의 이야기를 공유했다. '스스로 더불어를 통해 자연스레 함께 성장하는 방법을 알아 가는 아이들', '비경쟁 독서 토론을 통해 자기 생각을 표현하기 시작한 아이들' 등 그 이야기들 속에는 소담만이 가진 색깔이 고스란히 담겨 있었다. 역시 글의 힘이란 이런 것일까. 말로 할 때와는 또 다른 무언가가 전해진다.

글로 서로의 생각을 공유하는 것은 수업 컨퍼런스가 온라인으로 진행됨에 따라 새로이 시도한 방법이었다. 이번 온라인 수업 컨퍼런스는 여러 어려움이 있었지만 그럼에도 소담은 한 발짝 나아간다는 것

패들렛-소담에서의 나의 수업 이야기

패들렛-코로나19 상황에서의 나의 수업 이야기

을 보여 준 계기가 아닐까 싶다.

　자체 평가 마지막 날, 수업 컨퍼런스 결과 공유를 끝으로 고민의 연속이었던 온라인 수업 컨퍼런스는 완전히 막을 내렸다. 수업 두레 두레장으로서 모르는 것도, 부족한 점도 참 많았다. 하지만 출근 첫날 부장님께서 해 주신 말씀처럼 수업 두레 선생님들께서 많이 도와주셨기에

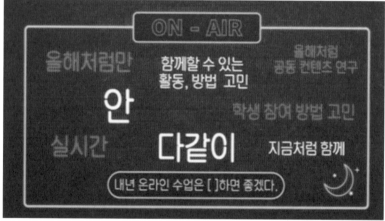

온라인 수업 컨퍼런스 결과 공유

마지막까지 잘 마무리할 수 있었다. 한 학기 동안 수업 두레를 하며 소담은 수업에 대해 끊임없이 고민하는 공동체라는 것을 알게 되었다. 그리고 더욱 중요한 사실은 그 고민은 늘 함께 이루어진다는 것이다. 그러니 어찌 소담에, 수업 두레의 매력에 빠지지 않을 수 있을까.

#3. 단벌 신사 체육 선생님

"선생님이 체육 선생님이라고요?"

아이들에게 나의 신분을 밝히자 돌아온 반응이다. 나 역시도 놀라운데 애들은 오죽할까. 그래도 초롱초롱한 눈빛으로 나를 바라보는 아이들을 보니 용기가 생긴다. 더군다나 체육은 아이들이 가장 좋아하는 과목이지 않나! 충분히 해 볼 만하다.

2% 부족해도 괜찮아!

"선생님이 맡은 과목은 5학년 체육이에요. 함유찬 선생님께서 많이 도와주실 거니까 너무 걱정하지 마세요!"

내가 체육 전담을 맡게 될 줄이야. 신규인 나에게 체육 전담 자리가 올 거라고는 상상도 하지 못했다. 그래도 당장 다음 주부터 출근해서 체육 수업을 해야 했기에 집으로 돌아와 체육복과 운동화부터 찾기 시작했다. 마치 전쟁터에 나가기 전 장비를 챙기는 병사의 모습과 같았다. 열심히 찾고 찾았지만, 운동복이라고는 여름에 사 두었던 쫄쫄이 요가복이 전부였다. 차마 이걸 입고 수업할 수는 없었다. 안 되겠다 싶어 안방으로 향했다. 며칠 전 오빠가 엄마에게 선물로 사 드린 트레이닝복이 생각난 것이다. 오빠가 나에게도 몇 차례나 트레이닝복을 사 주겠다고 했지만, 한사코 거절했다. 이유는 입을 일이 없다고 생각했기 때문이다. 지난날의 나를 원망하며 엄마 몫의 트레이닝복을 주섬주섬 입어 보았다.

"허리가 좀 크네, 길이도 좀 길고. 접어서 입지 뭐!"

따질 것이 없었다. 허리도, 바지 밑단도 둥둥 접어 입어 보았다. 그래도 요가복보다는 봐줄 만하다. 너로 당첨이다! 다음으로 운동화를 찾아보았다. 대학 때부터 구두를 좋아했기에 운동화는 거의 신지 않았다. 신발장은 온통 구두들뿐이었고 불행 중 다행으로 며칠 전 친구가 선물해 준 운동화 한 켤레가 보였다. 어찌나 다행이던지. 고민할 필요 없이 너도 당첨이다! 이렇게 완성된 나의 전투복. 조금은 엉성하지만 운동화에 트레이닝복, 아빠가 주신 호루라기까지 목에 걸어 보니 제법 체육 선생님처럼 보였다. 그날부터 나는 2% 부족한 단벌 신사 체육 선생님이 되었다.

선생님도 연습이 필요해

처음 체육 전담 이야기를 들었을 때는 걱정이 많았지만, 집에 돌아와 생각해 보니 한편으로는 기대가 되었다. 사실 학창 시절에도 체육을 좋아했고 곧잘 했다. 대학에 입학해서는 스키, 체조, 무용 등 여러 체육 실기 수업에서 시범을 보인 경험도 많다. 무엇보다 앞으로 언제 또 체육 전담을 맡을 수 있을지 모르기에 잘하고 싶은 마음이 컸다.

코로나로 인해 아이들은 1주일에 한 번만 등교하고 전담 수업은 온라인 콘텐츠로 진행되었다. 그러다 보니 9월 한 달 동안은 아이들을 만나지 못했다. 그래도 나름 6학년 체육 선생님과 함께 온라인 수업 콘텐츠를 구성하며 조금씩 체육 수업에 적응하고 있었다. 수업에 대한 부담은 적었지만, 아이들을 보고 싶은 마음은 날이 갈수록 커졌다. 다행히 상황이 조금 나아져 10월 중순부터 시차 등교가 시작되었다. 드디어 아이들과 오프라인으로 체육 수업을 할 수 있게 된 것이다. 제대로 된 첫 수업이기도 했고 그동안 집에서 얼마나 답답했을지 그 마음을 알기에 야심 차게 재미있는 체육 활동을 준비했다.

"오늘 친구들과 함께 체육 수업을 한 소감이 어떤가요?"

"지금까지 했던 체육 수업 중 제일 재미있었어요!"

"선생님, 학교에서 체육 수업을 하니까 너무 행복해요!"

"다음에도 이렇게 재미있는 수업해 주세요!"

아이들의 반응은 상상 그 이상이었다. 체육에 대한 아이들의 사랑은 어마어마했고 그 사랑이 나에게까지 오는 듯했다. 이런 열정적인 호응을 받으니 체육 수업에 대한 욕심은 더욱 커졌고 그와 함께 나의 고민도 커졌다. 첫 시간은 그동안의 분반 등교로 서로 낯설어하는 아이들이 친해지길 바라는 마음이 컸다. 그래서 간단하면서도 함께 즐길 수 있는 체육 놀이를 준비했다. 그런데 매번 일회성 체육 수업을 할 수는 없다는 생각이 들었다. 수업 간의 연결성이 있기를 바랐고 체육 시간이 단순 놀이 시간이 아닌 아이들에게 배움이 있는 시간이 되어야 한다고 생각했다. 곰곰이 나의 학창 시절을 떠올리며 어떤 수업을 하면 좋을지 고민했다.

'그래. 티볼이다. 티볼 수업해 보자!'

아이들이 직접 하기에 난이도가 적절했고 그 안에서 경기 규칙, 팀 플레이, 전략 짜기 등 다양한 경험을 해 볼 수 있어 좋았다. 그렇게 티볼로 결정하고 수업 준비를 하는데 미처 생각하지 못한 어려움이 생겼다. 바로 티볼 규칙이 생각보다 까다로워 몇 번이나 외워도 헷갈린다는 것이었다. 더구나 아이들한테 알려 주기 위해서는 나 스스로가 주자, 타자, 수비수 역할을 모두 할 줄 알아야 했다. 한참의 고민 끝에 6학년 체육 선생님에게로 향했다.

"선생님, 티볼 규칙이 자꾸 헷갈려요. 이 상황에서는 태그아웃을 해야 하는 건가요?"

"음… 강당으로 가서 같이 수업 짜 봅시다! 직접 해 보는 게 좋을 것 같아요."

"선생님들 혹시 손 더 필요하세요? 저도 시간 가능합니다."

옆에서 듣고 계시던 우승호 선생님까지 선뜻 함께해 주신다. 역시 교무실 선생님들은 손을 내밀면 언제든 흔쾌히 잡아 주신다. 거기에 함께 수업을 짜 보자고 말씀해 주시니 감사한 마음은 큰데 어떻게 표현할지 몰라 우렁찬 대답으로 대신한다.

"네! 감사해요. 선생님들!!"

"우선, 승호 선생님이랑 아현 선생님 둘이서 캐치볼 연습해 볼래요?"

첫 번째 단계로 과학 선생님과 한참 동안 캐치볼 연습을 했다.

'아 이렇게 하니까 더 잘 던져지는구나. 애들한테 설명할 때 상체를 회전하며 던져 보라고 해야겠다.'

확실히 직접 해 보니까 얻는 것이 많았다. 아이들이 어떤 것을 어려워할지 그때 어떻게 설명하면 좋을지 자연스레 정리되었다.

"이번에는 타자 연습해 봅시다. 아현 선생님 배트로 공 쳐 볼래요?"

"오~ 느낌 있어! 잘하고 있어요."

대학 때 쳐보았던 경험을 어렴풋이 떠올려 열심히 공을 쳤다. 칭찬까지 받으니 자신감 상승이다. 그렇게 스무 개가량 공을 쳐 보고 수비수 연습까지 마치자 한 시간 정도 시간이 흘러 있었다. 그야말로 '특훈'이었다. 근래 들어 이렇게 오랜 시간, 이렇게 열심히 운동해 본 기억이 없다. 열정적으로 수업 준비를 한 것 같아 스스로가 뿌듯하다. 그런데 여전히 한 가지 마음에 걸리는 것이 있었다.

"선생님, 티볼 규칙이 워낙 복잡해서 애들한테 어떻게 설명해야 할지 감이 잘 안 와요."

"음… 나랑 승호 선생님이 애들이라고 생각하고 설명해 볼래요?"

선생님들 앞에서 설명하려니 임용고시 2차 면접 때처럼 긴장되었다. 그래도 어쩔 수 없다. 이 또한 더 좋은 수업을 위한 과정이니! 그렇게 설명을 끝내고 선생님들의 피드백까지 더해 티볼 수업이 완성되었다.

"오늘은 티볼 수업을 할 거예요! 티볼에 대해 들어 본 적 있나요?"

"아니요."

"야구는 아는데 티볼은 처음 들어 봐요."

생각보다 티볼에 대해 아는 학생들이 별로 없었다. 그래도 지난날 티볼 특훈까지 했기에 자신만만하게 설명을 시작했다. 설명을 마친 뒤 질문 있는 사람 있느냐고 묻자 너도나도 손을 들기 시작했다.

"선생님 루가 뭐예요?"

"선생님 한 번에 몇 루까지 뛰어갈 수 있어요?"

"선생님 베이스를 꼭 밟고 있어야 해요?"

아차 싶었다. 당연히 알 거로 생각하고 넘어간 게 많았던 것이다. 역시 수업은 선생님 혼자 하는 게 아니구나. 아이들이 질문하지 않았으면 그만 모르고 넘어갈 뻔했다. 아이들의 질문을 정리해서 다시 처음부터 하나하나 설명했다.

"타자는 타격 후 한 루를 진루할 수 있고 안타를 치면 2루까지 진루할 수 있어요. 홈런을 치면 한 바퀴 돌아서 홈으로 돌아오면 됩니다. 그리고 베이스는 꼭 밟고 있어야 해요."

하나, 둘 이해가 되었다는 듯 얼른 게임을 시작하자며 자리에서 엉덩이를 들썩인다. 몇 가지 안전상 주의점과 페어플레이의 중요성을 강조하고 게임을 시작했다. 그러나 아이들의 승부욕은 생각했던 것보다 더욱더 강했다. 같은 팀 친구가 조금이라도 실수를 하면 원망의 눈초리로 바라보았고 실수를 한 아이는 친구들 눈치를 보며 점차 경기에 소극적으로 임했다. 결국 이대로는 경기 진행이 어렵겠다 싶어 아이들을 불러 모았다.

"지금 티볼 경기가 잘 진행되는 것 같나요?"

"잘 진행되지 않는 것 같아요."

"왜 그렇게 생각했어요?"

"조금만 잘못해도 친구들이 원망해요."

"실수할까 봐 걱정돼서 잘 못하겠어요."

"선생님이 경기 시작 전에 말했던 페어플레이는 어떤 의미일까요?"

"상대 팀이랑 싸우지 않고 경기하는 거요!"

"선생님 근데 페어플레이가 다른 팀 말고 같은 팀한테도 적용되는 거 아니에요?"

"맞아요. 페어플레이는 상대 팀뿐만 아니라 같은 팀 동료에게도 적용된답니다. 친구가 조금 실수해도 탓하지 않고 감싸 주는 자세도 중요해요."

아이들한테 물어보고 생각할 시간을 주면 꼭 필요한 대답이 아이들 입을 통해 나온다. 그리고 이렇게 친구가 얘기한 것을 아이들은 더욱 잘 이해하고 받아들인다.

"맞아 우리 이렇게 체육 하는 것도 감사한데 그냥 재밌게 하자!"

"그래! 서로 재밌고 행복하려고 하는 건데 싸우지 말자."

오호라. 이번에는 묻지도 않았는데 아이들이 먼저 다투지 말고 잘해 보자며 서로를 다독인다. 그 모습이 예뻐 웃음으로 화답하며 아이들 바람대로 다시 경기를 시작한다. 아까 실수를 했던 아이가 이번에도 같은 실수를 했다. 수비수인데 홈에서 자꾸 공을 놓쳐 연거푸 점수를 잃은 것이다. 주눅이 들어 같은 팀 아이들을 쳐다보는데 아까는 실수한 친구를 나무랐던 아이가 이번에는 다독여 준다.

"괜찮아! 우리가 공격할 때 점수 많이 얻으면 되지!"

그랬더니 다른 친구들도 '괜찮아'를 외치며 경기를 이어 나간다. 가만히 아이들을 보고 있으니 여러 생각이 든다. 한 발짝 뒤에서 기다리면 충분히 아이들 스스로 깨닫는데 늘 마음이 급해 한 발짝 앞서 있었던 것은 아닌지 말이다. 물론 아무리 기다려도 아이들 스스로 깨닫지 못하는 날도 있을 것이다. 그럼 그때 다시 한 번 이야기해 주면 된다. 선생님은 언제나 기다리고 있으니 충분히 생각해 보라고 말이다. 기다림의 시간이 쉽지만은 않을 것이다. 때로는 답답하기도 하고 변하지 않는 모습에 조바심도 생길 것이다. 하지만 내가 그러했듯 아이들 또한 연습이 필요하지 않을까. 부족한 선생님이라 매번 아이들을 보며 배우는 게 참 많다. 역시 선생님도 연습이 필요해!

#4. 신규 교사
"소담의 첫 경험이 평생의 교직생활을 좌우할 강렬함과 낭만을 주길요."

발령 환영회 때 부장님께서 해 주신 말씀이다. 올해 나의 첫 교직생활은 충분히 강렬했고 낭만적이었다. 내년에는 학년에서 아이들과 함께 이 강렬함과 낭만을 나눌 수 있기를. 따뜻한 온기를 전하는 선생님이 되기를 꿈꿔 본다.

내게 주어진 로또

소담에 발령받은 날부터 느꼈던 특별함이 있다. 선배, 먼저 발령받은 동기들에게 익히 들었던 학교들과는 다른 느낌이었다. 아무것도 모르는 신규임에도 너의 목소리를 내 보라며 격려해 주고 조심스레 용기를 내면 기꺼이 함께 손을 잡아 주는 그런 곳이었다. 부족하지만 부장이라는 역할을 맡아 교무실에 적응하고 선생님들과 발을 맞춰 나아갈 수 있었던 것도 소담이기에 가능했다.

돌이켜 보면 소담에서의 반년은 새로운 기회와 경험의 연속이었다. 업무지원팀의 부장으로, 수업 두레의 두레장으로, 아이들의 체육 선생님으로 참 많은 경험을 했다. 교감 선생님께서 발령과 동시에 부장을 맡게 된 건 로또라고 해 주신 말씀이 새삼 이해가 된다. 처음 맡게 된 자리에서 다양한 경험을 했고 신규인 나에게는 이렇게 많은 기회와 경험이 큰 축복이었다. 더욱이 교무실에서의 삶은 내게 보다 넓은 시야를 선물해 주었고 어떤 선생님이 되고 싶은지 나만의 가치관을 정립하는 계기가 되었다. 매우 서툴고 부족했지만, 그 속에서 분명 나는 성장했으리라. 그리고 이러한 경험은 앞으로 만날 아이들에게 나누어 줄 든든한 자양분이 될 것이라고 믿는다.

처음 학교에 인사드리러 간 날 업무지원팀, 담임, 전담 중 무엇을 희망하느냐는 교감 선생님의 물음에 '담임'이라고 답했었다. 만약 그때로 돌아가 다시 선택할 기회가 생긴다면 당당히 업무지원팀이라고 외칠 것이다. 물론, 교무실 선생님들께서 받아 주신다면 말이다!

어느덧 반년이 지나 다음 주면 종업식이다. 아직도 하루에 수십 번씩 감정의 롤러코스터를 타지만 그럼에도 도착점은 항상 같다. '그래, 처음이니까 괜찮아. 앞으로 더 나아질 거야.' 나를 다독이며 발전하고 있다고 믿는다. 나는 그렇게 어제도, 오늘도 조금씩 나아지기 위해 고군분투 중이다. 아마 내일도 그러하지 않을까. 그리고 다짐한다. 나에게는 다이아몬드로 만든 '신규'라는 갑옷이 있으니 겁내지 말고 도전하기로. 포기하지 않기로.

한 달만 지나면 잘 적응해 내리라 무난한 내 성격을 믿었지만, 그 시간은 1년이 걸렸다. 몸살을 앓았고, 술주정도 하였다. 작은 학교랑은 모든 게 달랐다. 언젠가 부장님이 어떤 점이 큰 학교와 작은 학교가 다른지 물었는데 그때는 대답하지 못했다. 너무 존재감 없고, 소외되는 느낌이랄까? 지금 생각해 보면 자존감은 누가 대신 세워 주는 게 아닌데…. 큰 학교가 잘 돌아가려면 톱니바퀴가 잘 맞아떨어져야 한다는 것을 이제는 조금씩 배워 간다. 나 자신도 어디선가 작은 힘이나마 보탬이 되고 있다는 걸 스스로 깨닫는 수밖에 없는 노릇이다. 오십이 넘어가도 아직 배울 게 많다.

도전은 아름답다

장경희

운이 좋은 사람

학창 시절에도 그 흔한 글짓기 상 한번 못 타 봤는데, 그렇다고 항상 책을 옆에 끼고 사는 타입도 아니고, 글을 쓴다는 건 나의 민낯을 보이는 일인 것 같아 무척 쑥스럽다. 어려운 단어 하나 못 섞어도 나에게 있는 용기로 시작해 보련다.

은근히 나는 운이 좋은 사람에 속한다. 결혼으로 인해 직장을 그만두면서 전업주부로 경력단절녀가 되었다. 다시 사회 속에 들어오기란 무척 어려웠고, 관공서의 짧은 기간제부터 시작하여 5년이 되도록 무기계약직은 엄두도 못 낼 일이었다. 학교에 교무행정사란 직종을 우연히 알게 되면서 트렌치코트 입고 서류를 내러 시골 학교에 방문하였고, 바로 합격 통지를 받았다.

그렇게 시작된 세종의 제일 작은 학교에서의 근무는 알콩달콩 신혼살림 같았다. 규모는 작고 시설은 낡았지만, 20명도 안 되는 아이들은 귀엽고, 사랑스러웠다. 모든 학교 행사가 내 손바닥에서 이루어지는 듯했고, 마치 안주인 비서쯤 된 느낌이었다. 시간이 지날수록 큰 규모의 학교가 궁금해졌다. 나 자신을 너무 믿는 탓에 다들 말렸지만, "붙잡을 때 떠나라"라는 어디선가 주워들은 신념을 가지고 내신을 써서 소담초로 옮겨 왔다.

한 달만 지나면 잘 적응해 내리라 무난한 내 성격을 믿었지만, 그 시간은 1년이 걸렸다. 몸살을 앓았고, 술주정도 하였다. 작은 학교랑은 모든 게 달랐다. 언젠가 부장님이 어떤 점이 큰 학교와 작은 학교가 다른지 물었는데 그때는 대답하지 못했다. 너무 존재감 없고, 소외되는 느낌이랄까? 지금 생각해 보면 자존감은 누가 대신 세워 주는 게 아닌데…. 큰 학교가 잘 돌아가려면 톱니바퀴가 잘 맞아떨어져야 한다는 것을 이제는 조금씩 배워 간다. 나 자신도 어디선가 작은 힘이나마 보탬이 되고 있다는 걸 스스로 깨닫는 수밖에 없는 노릇이다. 오십이 넘어가도 아직 배울 게 많다.

교무행정의 전문가를 꿈꾸며

혁신학교는 다르긴 다르다. 어느 집단에서든 발생될 법한 차 타는 일, 간식 배분하는 일, 화분에 물 주는 일, 쓰레기 분리수거 등등 누가 들어도 의미 없지만 누군가는 해야 하는 일들을 오롯이 한 사람에게 맡기지 않는다. 같이 해 주면 스트레스를 덜 받기 때문이다. 이번에는 바빠서 못했지만 미안한 마음이 있음을 전해 받으면 되는 일이다. 역시 혁신학교는 지성과 인성을 모두 갖춘 사람들이 많다.

교무행정사의 주 업무는 방과후학교와 전입학이다. 민원도 많고, 말도 많은 방과후학교, 통으로 맡아 하는 방과후 업무는 외로운 싸움이다. 왠지 교육과정에서 벗어나 한직으로 밀려나는 업무 같기도 하고, 일 년 살림 잘 해내야 본전이다. 담당 부장 없이 오롯이 고민해서 꾸려 가야 한다는 게 가장 큰 어려움이다. 많은 부분 교감 선생님의 도움을 필요로 한다. 내 경험상 담당자는 학부모와 강사 사이 중립을 잘 지켜야 한다. 또한 학교의 첫인상을 좌우하는 전입학 업무, 공부를 해 놓으면 좋은 업무이다. 다양한 용어의 이해가 중요하다. 다른 지역 학교는 전입학을 행정실에서 담당하고 있는 학교도 많아서 어려움이 많다. 근래에는 다양한 가족 형태가 늘어나면서 너무도 개인정보가 중요해서 조심스러울 때가 많다. 작은 학교에서는 경험하기 힘든 귀국 학생, 면제나 유예 학생도 많아서 항상 공부하면서 해야 하는 업무이다.

소담초에서 많은 업무를 배웠고, 성장했다고 생각한다. 어떤 규모의 학교에 옮겨 가게 되더라도 일단은 겁이 안 난다. 교무행정의 전문가가 되고 싶다. 항상 부족함이 많지만 노력하련다. 관계 속에서 성장을 추구한다.

"우리 학교는 위에서 지시해서 시키는 일을 하기보다 여러 사람의 의견을 모으고 협의하는 편이에요. 행정사님도 의견이 있으면 회의에 참석해 주세요."

혁신학교. 뭔가 새로운 걸 추구하고 기존에 있는 것을 바꿔 가긴 하는 것 같은데, 일반적인 학교와 뭐가 다를까?

'누군가가 시켜서 하는 일이 아니라 누구나 할 수 있는 일을 각자의 위치에서 계획하고 실천하고 의미 있는 결과를 도출해 나가는 것. 그리고 그 과정 속에서 여러 가지 의견을 나누고, 경험하며 성취감을 얻고 성장하는 것. 그것이 선생님이든 학생이든 학부모이든 누구에게든 가능한 일을 할 수 있도록 열려 있는 것이 소담초에서 이루고자 하는 혁신이 아닐까'라고 나름 정의 지어 보았다.

소담 3년 살이 이야기

임형신

혁신학교 교무행정사로 시작하기

"아고, 여자분이셨구나, 우리끼리 이름만 보고 성별이 궁금했어요. 우리 식구가 돼서 정말 반가워요!"

전화기 너머로 들리는 교장 선생님의 목소리는 교육청에서도 익히 너무 좋은 분이라는 얘기를 들어서 그런지 더 반가웠다. 그 푸근한 목소리에서 소담초 분위기를 넌지시 느낄 수 있었다.

2018년 첫 출근의 느낌은 월세로 살다가 전세로 옮긴 뒤 내 집이 생긴 기분이었다. 고등학교 행정실 대체직, 교육청 업무지원 기간제를 거쳐 나도 이제 발령 문서에 내 이름 석 자를 찍고 출근을 하다니, 감격의 날이었다.

그리고 낯선 환경에 서먹서먹한 마음을 이렇게 다독였다.

'난 인복이 참 많은 사람이야. 까다로운 상사를 만난 적도, 직장 동료 때문에 스트레스를 받은 일도 거의 없었지. 이곳에서도 분명 좋은 인연들과 함께 잘해 나갈 수 있을 거야.'

첫 업무는 입학식 촬영이었다. 자기보다 큰 가방을 멘 1학년 아이들의 어리둥절한 표정과 부모님의 기대와 설렘으로 가득한 표정들이 과거를 회상하게 만들었다.

아마도 내 딸 아이의 입학식 날. 나 또한 만감이 교차하는 듯한 표정으로 아이를 바라 보았으리라. 그래도 아이들은 부모의 걱정과 달리 잘 자란다. 어쩜 나도 학부모가 처음일 때는 내 안에 품어야만 안전하다고 생각했다. 엄마가 처음이어서 고단하고 힘들었지만, 그 길을 지나와 보니 "그래도 그때가 제일 행복했어요. 잊지 마세요. 힘들지만 아이들은 자라고, 그 시간은 되돌아오지 않는다는 걸"이라고 말할 수 있는 여유가 생겼다. 이것은 변하지 않는 진리일 것이다. 그리고 또 하나의 진리는 아이들도 자라고 경험하면서 성장하고 깨닫는 것이다.

학교 안에는 여러 가지 활동들과 행사가 다양하게 이루어지고 그때마다 카메라를 들고 이곳저곳을 누비고 다녔다. 그리고 마구 눌러 찍은 사진 모음에서 괜찮은 것들을 잘 골라 홈페이지에 올리는 것도 사소하지만 시간이 꽤 드는 업무였다. 나의 주 업무는 돌봄교실 총괄, 안심알리미, 교과서 업무, 정보 공시, 학교 홈페이지 관리였다. 어찌 보면 뭐 그리 대단한 업무는 없는 듯했지만 나는 1년을 정말 정신없이 보냈다.

모두 바빴다. 내 업무가 아닌 것에는 별 관심이 없어 보였고, 묻지 않으면 누구도 설명해 주지 않았다. 그러나 나 또한 아는 게 없으니 물을 수조차 없었다. 여기저기 다른 학교의 홈페이지를 열어 보며 관련 안내문들도 뒤지다 보면 업무의 큰 틀이 눈에 들어오기 시작한다. 업무의 흐름을 읽고 나니 시기별로 해야 할 일들이 정리되기 시작했다.

대부분의 학교 업무는 시기가 있다. 1년 계획을 잘 세워서 월별로 운영하고, 매일 특별한 문제없이 잘 보내고, 연말 결산으로 마무리하면 된다. 그러나 막 들어온 신입 교무행정사에게는 하루하루가 숨 가쁜 시간들이었다.

한창 전입·전출이 많은 시기였다. 완성 학급이 되지 못하다 보니, 교과서 하나 신청하기도 참 많은 고민이 필요했다. 무조건 많이 신청할 수도 없고, 여유분을 추가해 신청해도 부족할까 봐 걱정이 되어 결정 장애가 있는 나에게는 꽤나 어려운 일이었다.

"선생님, 영어, 국어 교과서 여유분 있어요? 저희 좀 주시면 안 돼요?"

가까운 옆 학교에 도움을 요청하고, 교과서를 가지러 갔다. 무거운 교과서를 들고 나오려는데,

"그런데, 출판사가 같은 건 맞죠?"

"네? 다 같은 거 아니었어요? 출판사가 학교마다 달라요?"

국정 교과서는 공통이지만, 검인정 교과서는 학교별로 다르다는 걸 그때 알았다. 다른 학교에 전화를 돌리고 다시 출장을 가야만 했다.

안심알리미(키즈폰)는 1학년 학생들에게 학부모가 수시로 위치 전송, 연락을 가능케 해 주는 손목 형태의 단말기를 무료로 지원해 주는 사업이었는데, 이 업무는 내가 휴대폰 대리점에 앉아 있는 착각을 하게 만드는 업무였다.

"네. 어머님 전화기가 자꾸 꺼진다고요? 충전이 잘 안되는 거예요? 새 제품인데 그렇다면 서비스센터에 문의하셔서 상태를 확인하셔야할 것 같아요."

"아이고, 분실했구나. 어쩌나요. 분실하시면 위약금이 발생할 수 있는데. 그럼 이렇게 해 보죠~"

다양한 업무 속에서

제일 비중이 큰 업무는 돌봄 업무였다. 위탁업체로 운영되다가 한학기가 지나 돌봄전담사 직종이 교육공무직으로 전환되면서 돌봄전담사들과의 업무 처리가 조심스러워졌다. 같은 직종이지만 업무가 다르다 보니 보는 시각의 차이가 있었다. 내가 관리자도 아닌데, 요구하고 수정하는데도 부담이 생겼다.

이런 상황에서 학생 수는 점점 늘어났고, 돌봄교실도 2개나 증설이 필요했다. 교실을 새로 꾸며야 하는데 아이들의 눈높이도 맞춰야 할 것 같고, 교실을 운영하는 돌봄전담사의 효율적 업무를 위해서 신경써야 하는 부분도 많았다. 나의 감각을 믿어 보자.

"와! 행정사님, 내가 본 돌봄교실 중 제일 예쁜 것 같아요."

완성된 교실을 확인 차 돌아보던 중 행정실의 계장님께서 과한 리액션으로 칭찬해 주셨다. 모서리가 뾰족하지 않은지, 매트는 편한지, 활동의 영역이 나뉘어 있는지, 돌봄전담사가 쓰기에 동선은 괜찮은지, 여러 가지의 고민들이 들어 있다. 물론 책상 사이즈나 파티션의 높이가 마음에 들지 않고, 몇 번의 A/S가 이루어지긴 했지만, 나름 업체에서 색감을 잘 사용해 주어서 나도 만족스러웠다. 무엇보다 아이들이 넓고 예쁜 교실에서 지낼 수 있게 됨이 뿌듯했다.

그리고 그해 말쯤 교감 선생님께서 먼저 의견을 제시해 주셨다.

"돌봄을 행정사 업무에서 빼는 건 어떻겠어요?"

맞다. 돌봄도 같은 공무직이니 이런 어려운 관계를 정리하는 것도 방법이다. 그러나 나는 이렇게 말씀드렸다.

"오후 아이들만 보기에도 빠듯한 시간에 업무를 넘기는 건 과중할 수 있으니, 일단 제가 총괄을 유지해 보겠습니다. 업무 파악을 도와 드리면서 내년에 완전히 넘겨 드리는 게 좋을 것 같아요."

그러다가 올해 돌봄전담사 근무시간이 4시간에서 6시간으로 변경되면서 온전히 돌봄전담사에게 업무가 이관되었다.

교감 선생님을 떠올리니 생각나는 일이 있다. 조용히 오셔서 미안한 듯 나에게 물으셨다.

"행정사님, 내년에 학습준비물 업무를 좀 맡아 주실 수 있을까요?"

"학습준비물이요? 제가 하는 건 괜찮은데, 행정사로 업무분장이 되면 계속해야 할 일이라 저 혼자 결정하기보단 다른 행정사 선생님들과 의논을 해 보는 게 좋을 것 같아요. 괜찮으시면 상의해 보겠습니다."

"네, 그러시죠."

내심 '교감이 시키면 하는 거지 무슨 상의?'라고 생각할지 모르지만, 교감 선생님의 성품을 담보로 이제 1년 차인 신입 행정사는 밀당을 했다. 다음 해 '학습준비물' 업무는 행정사로 분장되었지만 내가 맡진 않았다. 세 명의 행정사들끼리도 의견을 조율하고 얘기하다 보면 일을 마다하는 분이 없다. 기본적으로 일이 적은 걸 싫어하는 성향들만 모인 것 같다. 그리고 모든 걸 함께해 나가니 일의 속도도 빨라졌다.

무엇보다도 불필요한 작업을 최소화하는 아주 합리적인 업무를 추구하는 김동겸 교감 선생님은 신입인 내가 업무를 진행하는 데 격려를 아끼시지 않으셨고 든든한 조력자가 되어 주셨다. 중간 단계에 부장교사가 있는 시스템이 아니다 보니, 교감 선생님께 직접 의견을 여쭐 때가 많았지만, 즉각적인 대처로 많은 배려를 해 주심이 느껴져 늘 감사했다.

2020년도 업무분장이 한창일 때 '학교의 기본은 학적이지 않을까'

하는 생각에 '방과후 업무'와 고민을 했다. 결국 '방과후 업무'를 맡게 되었다. 방과후 강사로 일해 봤으니 업무의 흐름을 이해하는 데 어렵지 않겠다 싶었다. 코로나19로 인해 올해는 학교 운영 일정이 바뀌어 방과후학교를 운영할 수 없었고, 코로나 단계에 따라 변경 운영하고자 계속 준비만 되풀이되는 상황으로 1년을 마무리했다. 그러나 2021년 내년도를 계획하고 준비하면서 왜 방과후학교가 기피 업무인지 차츰 피부에 와닿기 시작했다. 물론 큰 변화가 없는 한 그동안의 계획들을 기본으로 내년도를 계획하지만, 수요 조사를 통한 강좌 개설 시 현명한 판단이 필요했고, 교실 운용, 시간 등 그리고 강사 모집까지 좀 더 생각의 확장이 필요했다.

방과후 업무는 학교교육과정 안에 포함되지 않다 보니, 혼자 해 나가야 하는 상황들이 많았다. 이렇게 고민이 될 때마다 나의 파트너는 감히 교감 선생님이었다. 내 의견에 동의해 주고 힘을 실어 주신 분도 이번 연도에 부임하신 박영애 교감 선생님이시다. 새로운 학교 적응에도 힘드실 테고, 코로나로 인해 긴급한 상황과 수시로 변화해야 하는 계획들로 정신없을 시기에 방과후 업무를 들고 다가가기가 참 죄송스러웠다. 그럴 때마다 "선생님, 혼자 고민하지 말고 함께 상의해요"라고 말씀해 주셔서 참 따뜻했다. 이렇게 좋은 인연과의 만남은 정말 기분 좋은 일이다. 그래서 나의 '인복'의 유효기간은 끝나지 않았다.

신입생 자료 우편 발송 때문에 출장을 간 행정사 선생님들의 부재로 두 통의 전화를 받았다. 내년도 교과서 관련 학년 선생님 문의와 전입 관련 학부모 문의였다. 전자는 내가 전에 했던 업무라 담당자가 없어도 자신 있게 설명해 드렸는데, 후자 문의는 혹시라도 잘못 전달이 될까 봐 담당자가 연락을 드릴 수 있도록 조치했다. 내가 알고 있는 것에 즉각적인 도움을 줄 수 있다는 게 기뻤던 반면, '아직도 나는 배워야 할 게 많은 3년 차이구나'라는 생각이 들었다.

'앞으로 1년, 또 2년이 지나고 나는 소담초 식구들에게 어떤 도움을 줄 수 있는 사람으로 남아 있을까?' 문득 나에게 숙제를 남겨 본다.

교무행정사가 혁신학교 바라보기

"전학 예정인데, 혁신학교는 뭐가 다른 건가요?"

전입학 담당 행정사가 자주 받는 민원 전화였다. 귀를 쫑긋 어떻게 답변을 하는지 새내기 행정사도 집중하게 되는 대목이다. 소담초로 발령 났을 때 처음 교무행정사로 근무한다는 사실이 중요했을 뿐 혁신학교라는 의미가 무엇을 말하는지 알려고 하지 않았다. 게다가 교직원으로서 첫 근무지였기 때문에 다른 학교와 비교하기도 불가했다.

"우리 학교는 위에서 지시해서 시키는 일을 하기보다 여러 사람의 의견을 모으고 협의하는 편이에요. 행정사님도 의견이 있으면 회의에 참석해 주세요."

혁신학교. 뭔가 새로운 걸 추구하고 기존에 있는 것을 바꿔 가긴 하는 것 같은데, 일반적인 학교와 뭐가 다를까?

'누군가가 시켜서 하는 일이 아니라 누구나 할 수 있는 일을 각자의 위치에서 계획하고 실천하고 의미 있는 결과를 도출해 나가는 것. 그리고 그 과정 속에서 여러 가지 의견을 나누고, 경험하며 성취감을 얻고 성장하는 것. 그것이 선생님이든 학생이든 학부모이든 누구에게든 가능한 일을 할 수 있도록 열려 있는 것이 소담초에서 이루고자 하는 혁신이 아닐까'라고 나름 정의 지어 보았다.

우리 학교는 회의가 참 많은 것 같다. 나는 개인적으로 '회의會議를 많이 하면 회의적懷疑的인 사람이 되는 것 아닌가. 그런 면에서 회의는 짧을수록 좋다'라고 생각하는 사람이다. 우리 학교 회의는 교실 마실, 두레, 기획회의, 연석회의, 그리고 교무실에서 하는 업무지원팀 회의가 있다. 2019년도에 교무행정사도 기획회의와 연석회의에 참석하기로 했다. 나는 크게 의미를 두지 않았다. 장경희 행정사님이 주로 회의에 참석하고, 중요 사항이 있으면 알려 주었다. 그러다가 2학기부터 돌아가면서 참석하자고 제안을 하셨다. 그래서 나는 하반기 두어 번 회의에 참석한 적이 있다. 결코 편한 자리가 아니었다. 학교의 구성원이긴 하나, 의견을 제시하기도 부담스럽고, 제안할 안건이 있는 것도 아니었다. 위치가 다르니 학급, 학생, 학부모, 현장 상황을 잘 아는 교사와는 아무래도 온도차를 느꼈다. 그래서 업무지원팀 평가회 시간에 한 가지 제안을 했다.

"학년 부장님들이 의견을 모아 기획회의에 참석하듯이 저희도 월요일마다 하는 업무지원팀 회의에 포함시켜 주시고, 기획회의나 연석회의는 제안할 중요 안건이 있을 때만 참석하는 게 더 낫지 않을까요? 업무지원팀 회의 참석하면 학교 일정을 더 잘 알 수 있고, 그래야 문의 전화에 대처도 빠를 것 같아요."

2020년도부터 우리는 월요일 아침마다 교무실 부장님들과 행정사로 이루어진 업무 지원팀 회의를 한다. 주말 나누기와 함께. 이렇듯 각자의 위치에서 필요와 불필요의 나눔을 인정해 주고 타협하면 되는 것이다.

코로나19는 학교 안에 많은 변화를 가져왔다. 계획 세우고 취소하기를 반복하던 2020년도였다. 학사 운영 방법이 수시로 바뀌기도 했으며 거기에 맞춰 운영계획을 다시 세워야 했고, 또 긴급 상황을 대비해 준비도 해야 했다. 보건, 영양, 돌봄 어느 하나 부족하지 않도록 준비하고 또 준비하기에 바쁜 한 해였다.

이런 상황에서 교사들의 역량은 어김없이 두드러졌다. 코로나19 상황은 전혀 예측할 수 없기 때문에 각 학년별로도 각자의 상황에 맞추어 협의할 것들이 많아지고 도움을 받거나 줘야 하는 상황들이 빈번해지는 듯했다. 무엇보다도 교무실에 앉아 업무지원부장님들을 보면, 전반적인 학교 운영과 학급 의견 수렴, 온라인 수업과 맞물려 있는 여러 상황들, 방역, 무엇 하나 긴장감을 놓지 않으셨다. 더불어 온라인 수업도 함께 준비해야 하니 저러다 쓰러지는 것 아닌가 염려스럽기도 했다. 나는 부장님들에게 이렇게 묻곤 했다.

"어디 창의력 학원 다니세요?"

시대의 변화에 맞춰 교사들은 진짜 못하는 게 뭘까? 어쩜 모든 것을 저리 빨리 잘 흡수하시지? 모여서 회의하고 회의하면 참여하고 모여든다. 새로운 것을 발견하고 만들어 가는 무한한 능력과 열정에 감동했다.

그리고 교사, 학생 뒤에 든든한 조력자가 또 있었다. '소담가족다모임-학부모회'

"와우, 여기는 학부모 지원실이 따로 있네."

소담초에 와서 제일 인상적이었던 건 1층에 있는 '학부모 지원실'이었다. 지원실이 따로 있을 정도면 학부모의 활동이 왕성하겠구나. 한편으로는 부정적인 시각으로 보이기도 했다. 아는 만큼 보인다. 학부모들이 학교 안에 너무 많이 들어오면 '그만큼 개입하는 일들이 많아지지 않을까, 그러다 보면 정말 권한이 생기지 않을까, 그 권한은 간섭이 되고 간섭은 민주적인 운영 방식에 더 흔들림이 생기지 않을까?' 하는 생각들이었다.

하지만 '소담가족다모임'으로 활동하고 있는 학부모회는 정말 안팎으로 많은 일들을 하고 있었고, 저마다 아이들에게 여러 경험을 통해 세상을 배워 가게끔 진심으로 노력하고 계셨다.

나의 과거를 회상해 본다면 초등학생 두 딸을 키울 때 나도 나름 학부모회 참여를 자주 했다. '이런 일은 잘해도 뒷말 못해도 뒷말'이라는 걸 잘 알기 때문에 참여는 했지만 큰 관심은 없었다. 그때만 해도 아이가 학급 반대표를 하면 당연히 엄마가 반대표를 하는 암묵적인 룰이 있어서 원하든 원치 아니하든 완장을 차야 할 때였다. 학부모회 반대표라고 사실 해야 할 일 많은 건 아니었다. 학기 초마다 엄마들로 이루어져야 하는 구성이 있는데, 신청자가 없으면 이름이라도 적어 명단 작성을 해 드려야 했다. 주부교실에 가입해서 체육대회에 참석하고, 특별한 기념일엔 아이들을 위한 선물을 준비하고, 간간히 반모임을 주선하여 학급 상황이나 정보를 공유한다. 그때도 공식적인 학부모 교육이 있긴 했는데, 인원수를 채우기 위한 참여였던 걸로 기억한다. 내가 깊이 참여하지 않아 모르는 다른 활동이 있었는지는 모르겠으나, 학부모회는 그저 학교에서 계획한 일에 살짝살짝 감초 역할을 하는 정도였던 것 같다. 그것도 학년이 올라갈수록 시들어지곤 했다. 그만큼 특별한 의미가 없었던 것이다.

그러나 '소담가족다모임'에서 꾸려 가는 많은 활동들은 부모들이 오로지 내 아이들과 함께 하는 즐거움을 위해 교육하고 진행되고 있는 것 같아서 저절로 박수가 쳐진다. 3주체가 함께하는 연석회의에서 논의 되는 학교와의 고민은 '아이는 마을이 키운다'라는 말이 정말 어울린다는 생각이 든다. 코로나로 인해 학교의 운영은 수십 번 바뀌고 방역활동으로 많은 인력이 필요했으며, 적어도 학부모의 의견을 참고로 해야 하는 상황도 수시로 이루어졌던 것 같다.

"어머님! 여기에도 계시는 거예요? 홍길동이세요?"

심지어는 방역활동으로 복도에서 만나고, 원격 지원으로 돌봄교실에서, 도서관에서도, 이번엔 급식실에서 만났다. 여기저기 뛰어다니시는 게 학교 안에 있는 나보다도 바쁘신 것 같았다. 그 열정에 학부모도 교사도 아닌 내가 참 감사했다.

혁신의 완성을 생각하며

소담초는 이렇게 다양한 사람과 다양한 시선으로 참여하고 정보를 나누다 보면 서로 공감하게 되고 더 나은 방향을 이끌어 내기 어렵지 않을 것이다. 그러나 그렇기 때문에 결과를 내기에 더욱 더 집중해야 한다고 생각한다.

"여러 의견들을 내주세요. 어떻게 생각하세요?"

반대 의견도 있다. 적절한 결론을 내기 위한 시간이 많이 필요함이다. 아마도 그래서 회의가 시작되면 부장님들이 교무실로 돌아오시는 시간이 길어지시는 것이라 추측한다.

교사가 아닌 이상 깊숙이 모르겠지만, 간혹 선생님들끼리의 대립이 보이는 순간이 있다. 학교가 커지면서 선생님들도 많아진다. 그 많은 선생님들 사이에는 꽤나 많은 경력 선생님들도 계시고, 올해 신입 선생님들도 계실 것이다. 처음에 학교를 잘 몰라서 흡수하지 못하여 생기는 충돌일까라고 생각되었지만, 너무 많이 아는 것도 충분히 충돌의 원인이 될 수 있겠다는 생각이 들었다. 그래서 민주주의를 강조하는 혁신에는 타협과 양보, 배려, 이해 이 모든 것이 무엇보다 중요하다는 생각이 든다. 그리고 더 많은 자율성을 부여하는 만큼 그 자율에 있어서의 책임감 또한 간과해서는 안 될 듯하다.

우리 학교에 소속되어 있는 모든 이들은 너도 나도 의견을 내고 들어주고 결정하고 책임질 수 있는 그런 환경이 만들어지는 듯해서 좋다. 세상은 변화를 추구하고 거기에 발맞춰 가야 하는 것은 나도 함께 성장함이지만, 그렇다고 나와 다른 생각을 한다고 배척할 수는 없는 것이기에 어떤 이견이든 바르게 수용해 나가는 방법과 지혜가 결국 혁신의 완성 아닐까 생각해 본다.

그런데 서로의 이해는 과연 '혁신'이란 단어를 붙여야만 가능한 일일까. 앞으로는 꼭 혁신이 아니더라도 이런 변화를 갖는 학교가 많아져야 하지 않을까 싶다. 그 기본이, 그 시작이 소담초는 아닐지언정 이미 소담초는 혁신이란 터널을 지나 자치로 나아간다. 앞으로의 많은 학교가 나만이 아닌 우리라는 생각으로 변화되길 바란다. 나는 교육자도 학부모도 학생도 아니다. 다만 그 길을 따라 경험하고 겪었던 학교 교직원으로서 바꿀 것은 바꾸고 수용할 것은 잘 담을 줄 아는 소담인이 되었으면 좋겠다고 생각해 본다.

'언젠가는 떠나야 할 소담초. 나는 다른 학교에서도 잘 적응할 수 있을까?' 문득 미리 걱정해 본다.

2020년도 업무지원팀

3부

학교가 달라집니다

소담에서 겪는 다섯 번의 사계절. 걸음걸음 걷다 보니 시간이 어느덧 흘러 있다. 쉽게 절망하거나 함부로 희망하지 않으면서 묵묵히 걸어가는 오늘의 합이 소담의 미래다.
그래서 '오늘도 소담, 오늘도 혁신학교'다.

혁신, 그다음

정유숙

이가 없으면 잇몸 아닌 온몸으로

개교 5년. 공립학교는 순환근무가 원칙이니 우리에게도 그날은 어김없이 올 테지. 그리고 첫 삽을 함께 뜬 교사 3명이 2학기에 학교를 옮겼다. 그들 나름으로 후속할 사명이 있었고 나 역시 그들의 행보를 응원한다. 다만 학기 중간이었고, 마침 코로나19 상황이었고, 하필 공교롭게 교장, 교감 선생님이 모두 바뀐 해였다는 점이 애석했을 뿐. 이동으로 지원팀의 부장 둘이 바뀌고, 학년 부장도 변화가 있었다. 그리고 경력 2년 차 선생님들과 9월 갓 발령을 받은 신규 선생님이 부장 역할을 맡게 되었다. 담임을 바꾸면서 지원팀을 채울 수는 없는 노릇이니 모두에게 모험과 도전의 시간이 되리라 마음먹으며 파격 인사를 강행해야 했다.

'소담은 그간 다져 온 단단한 문화가 있으니 괜찮을 것이다'라는 위로의 말 때문에 괜찮지 않았다. 어려움을 말하는 순간 우리 문화의 단단함을 부정하는 최초의 내부고발자가 되는 느낌이었다. '소담을 잘 아는 선생님이 남아 있으니 괜찮을 거야'라는 추킴의 말 때문에 괜찮지 않았다. 남아서 뒷일을 감당하겠다고 자처한 적은 없지만 내심 애써 볼 요량이었다. 그러나 괜찮지 않게 된다면 어쩐지 나의 잘못과 부족함 때문이겠구나 하는 자책의 늪에 빠졌다.

어떻게든 소담을 이어 가야 한다는 생각에 속이 말이 아니었다. 그리고 상흔은 감춰지지 않았다. 노안처럼 소리 없이 찾아와 무심코 두통을 유발했다. 전체를 조망할 때는 무리 없는 듯 제 역할을 하다 시선이 달라지고 시거리가 바뀌어 근육을 조절해야 할 때마다 멀미가 났다. 옛말은 틀렸다. 이가 없으면 결코 잇몸으로 버티지 못한다. 통증은 연쇄되어 곧 다음 부위를 찾아 나선다. 카리스마유, 권녀, 체격에 비해 근성이 좋다고 불렸던 소싯적 별명들이 무색하게 만신창이가 되어 울며 학교를 다녔다. 일단 물리적으로 일이 너무 많았다. 소담에서 지원팀만 5년 차, 그간 안 넘어 본 산이 없으니 오르고 또 오르면 못 오를 리 없건만 산 중에 제일은 첩첩산중이더라. 넘어도 넘어도 산이 있었다.

묻고 따지고 싸울 수 없는 역할도 버거웠다. 권리 앞에서는 목소리 높이다가 교육적 판단 앞에서는 주춤하는 구성원에게 성격대로 하던 대로 쓴소리를 해야 하는데 그러기에는 나의 나이도 역할도 지위도 애매했다. 구성원을 아우르고 품으며 조정과 화합의 미를 만들어 내기에 한참 모자란 자신을 탓하며 리더란 자리가 좀처럼 나와 맞지 않는다는 생각에 갑갑하고 답답해서 속이 문드러질 지경이었다. 혁신학교의 지속성은 결국 사람의 몫인가. 그간 시스템을 갖추기 위해 노력해 왔는데 일상의 문제를 넘는 위기 상황 앞에서 내 자신이 송두리째 위기를 맞고야 말았다.

유숙이의 생존을 위협하는 것들...

위기의 U숙이를 지켜줘

너 내가 얼마나 욕 잘하는지 보여줄까?
가만있으니까 감안희로 보이니?

감안희(34세 / 34년째 가만히 있는 중)

옆자리 선생님의 위로 편지, 유숙이를 지켜 줘

선택적 민주주의, 편의적 학교자치

전적으로 내 판단이지만, 그간의 경험과 직관으로 미루어 볼 때 학교현장에는 개인의 이해 정도와 견해차가 크게 작용하는 두 가지 개념이 있다.

첫 번째는 민주주의다. 애석하지만 많은 이들이 내가 낸 의견이 수용되지 않았을 때 민주적이지 않다고 생각한다. 본인이 원하는 결과대로 합의가 이루어지지 않았을 때도 민주적이지 않다고 한다. 그러나 기본적으로 민주적이다 혹은 민주적이지 않다는 말은 상대를 향하는 말이 아니라 나를 먼저 향해야 하는 말이다. 해당 사안에 나는 '관심'

을 갖고 '역할'을 찾아 '참여'하며 '책임'을 다했는가? 이 질문에서 자유롭다면 그럭저럭 괜찮다. 역으로 내 의견이 수용되지 않을 수도 있음을 받아들이는 것 역시 민주주의를 지키는 자세일 것이다.

두 번째는 자치다. 자치는 자율과 자기지배의 원리를 동시에 갖는다. 명분이 뭐든 하고 싶은 것을 하기 위해 서로의 욕망이 충돌할 때 최대한의 실현을 위해 자신의 의견을 조정해 낼 수 있는 것. 그래서 자치의 핵심은 권한과 책임에 있다. 종종 권한만 누리고 책임은 지지 않으려는 선택적 자치, 하고 싶은 것만 하고 해야 할 것은 외면하는 편의적 자치가 일어날 때도 있다. 물론 성숙한 개인들의 존재와 역량을 믿고 집단 내 자정작용을 기대해 볼 수도 있다. 그러나 안정성 면에서 구성원의 들고남에 휘둘릴 수 있기 때문에 서로 다른 집단이 이질적인 상호작용을 통해 서로를 견제하는 과정에서 균형을 찾을 수 있도록 하는 체계도 중요하다.

두 단어 모두 지금 시대에 가장 뜨거운 말들이다. 그래서 더욱 그 정의에 대해 공동체가 함께 이야기 나누고 이견을 좁혀 나갈 필요가 있다. 서로가 생각하는 언어적 의미를 통해 학교의 방향과 목적에 대한 이야기를 나눠 보고 합의하는 과정이 지금 우리에게도 간절하다.

벌떡교사에 대한 망상

학교를 관리의 차원에서 바라보거나 비교육적 방법으로 다루려고 할 때 소위 말하는 벌떡교사의 존재는 얼마나 큰 두근거림을 주었던가. 정중하게 돌려서 혹은 따로 알현해서 의견을 최대한 조심스레 제시하는 것이 성숙한 교사의 화법임을 그저 눈치를 통해 학습해야 했던 때가 있었다. 사회 초년생, 어른들의 대화법이 따로 있는 건 줄만 알았던 시절이다. 그런데 전 교직원과 교장, 교감 선생님이 함께 있는 곳에서 정공법으로 우회하지 않는 돌직구 발언이라니. 드라마같이 속 시원한 한 방 짤이 쨈이 차면 나에게도 응당 생기는 내공이겠거니 생각했었더랬다. 벌떡 일어나기까지 얼마나 많은 고민과 자기와의 싸움을 했을까, 판단에 대한 확신과 용기는 어디서 올까 홀로 헤아려 보던 기억이 많은 걸 보면, 그렇다. 확실히 앞선 시대의 학교에는 벌떡교사에 대한 선망과 환상이 있었다(아쉽게도 전설로만 들었지 함께 근무해 본 영광은 누리지 못했지만).

그간 사회 전반의 성숙도와 학교민주주의 의식이 성장했고, 시대정신은 예전과는 같은 듯 다르다. 제한된 정보와 호도된 언론의 벽이 무너졌고 사람이 모이는 곳은 어디든 광장이 되고 아고라가 열린다. 다시 말해 누구든, 어디서든 문제를 제기할 수 있는 시대가 되었다는 것이다. 문제 제기는 발전의 초석이다. 성찰 없이 기능적으로 돌아가는 일상에 균열과 실금을 불어넣는다. 그러나 학교 안 벌떡교사의 발언 그 이후를 주목할 필요가 있다. 제기된 문제를 어찌할 것인가. 우리의 문제로 삼고 함께 해결하려는 의지가 있는가. 문제 상황에 대해 진단하고 문제의식을 공유하기보다 누군가에 곤란함을 안겨 주는 것이 목적이라면 정말 곤란하다. '질러 뒀으니 뒷수습은 책임자가 하겠지'라는 1인칭 영웅담은 통쾌한 복수극 정도는 될 수 있을지언정 결코 책임 있는 태도는 아니다. 고발자만 있고, 해결자가 없다면 어떨까. 이미 권한을 많이 내려놓은 관리자에게 책임의 화살만 겨눈다면 다음으로 나아갈 수 있을까. 군대가 약해지는 이유가 전쟁을 논하는 자는 많지만 갑옷을 입는 자는 적어져서라는 말처럼 르포만으로 사회는 달라지지 않는다. 문제를 감지하고 바꿔 내려는 여러 손과 머리가 맞대야 다음이 있다. 더욱이 느린 조직의 대명사인 학교는 정말 오롯이 구성원의 실천만큼만 움직인다. 적어도 실천의 멍석이 깔려 있는 혁신학교에서는 문제를 해결하려는 시도와 행동이 문제 제기만큼은 있어야 하지 않을까.

문제의식을 갖고 있는 사람에게 대안까지 제시하라는 것은 발언을 위축시키고 협의의 물꼬를 막는 자충수가 될 수도 있다. 문제를 제기하는 사람은 파문을 던지는 역할로 족하고, 대안을 찾는 것은 자율과 책임과 전문성에 근거한 공동체의 몫이어야 한다. 그러나 그보다 중요한 것은 문제가 무엇인지 정의하는 과정이다. 문제를 규정하는 과정에는 늘 딜레마가 있기 마련이다. 그래서 창의성이란 기발한 생각을 쏟아 내는 것이 아니라 복잡하게 얽혀 있는 딜레마를 해결하는 능력이라고도 한다. 딜레마는 보통 입체적이고 연결된 상태로 존재한다. 단발성 묘안으로 해결할 수 없는 이유는 그 딜레마가 그간 우리 교육의 문제점이라는 거대한 숙주와 닿아 있기 때문이다. 자, 그렇다면 벌떡교사를 향하던 선망을 대신할 이는 이제 누구인가.

문서와 메시지로 일하는 학교 vs 합의로 일하는 학교

관료 조직인 학교가 작동하는 기본 프로세스는 문서다. 대표적으로 기안이라고 불리는 문서 작성 행위와 내부 소통용 메시지가 있다. 기안문은 결재권자에게 결재를 얻어 관련 있는 이에게 공람을 통해 안내되는 공식 행위이고, 기안문을 포함하거나 혹은 포함하지 않는 일의 예고와 독촉, 안내의 역할은 내부 소통용 메시지가 대신한다.

공문서 전자 시스템이 구축된 지 20여 년이 되어 가지만 여전히 별도의 출력 문서를 들고 교장실에서 사전 구두 결재를 통해야 하는 사례가 종종 들린다. 학교의 행정업무를 관리하고 통제하는 확실한 방법이고 기안-결재에 따른 책임의 소재도 명확하다. 공람을 통해 확인된 업무는 협조를 얻어 진행된다. 고정되고 분화된 일들은 그야말로 신속하게 처리된다. 실무를 담당하는 기안자 외에 기획에 관여할 수 있는 이는 오로지 결재권자뿐이다. 실행 주체인 구성원의 사후적 아이디어와 이견이 비집고 들어갈 틈은 없다. 문서 체계의 흐름만 따랐을 뿐인데 학교의 일은 이러한 방식으로 정확히 관리되고 통제된다.

소담초에서는 정례화된 부장 중심의 기획회의(부장들이 모인다고 말로만 부장회의가 아니라 실제 기획을 하는)를 통해 사전 안건을 공지하고, 협의 과정에서 안건에 대한 의견을 덧댄다. 담당자가 준비한 간략한 초안에는 안건의 목적과 방향이 담겨 있고 세부 계획은 기획 의도를 담은 예시적 성격으로 제시된다. 회의에 참석하는 누구든 안건에 대한 의견을 제시할 수 있다. 때론 학년을 대표해서, 때론 개인의 자격으로 우려되는 점과 개선할 점을 나눈다. 교장, 교감 선생님도 이 자리에서 해당 안건에 대한 의견 교류와 검토를 진행하며 구두 결재의 과정을 대신한다. 회의록은 실시간으로 모니터 화면을 공유하며 작성되고, 회의 종료 전 회의록을 구두로 읽으며 안건마다 구성원의 동의를 받는다. 마친 후에는 전체 교직원에게 회의록이 안내되며 학년 부장을 통해 구체적인 맥락과 안내 사항이 전해진다. 학년에서 재논의 요청이 있을 경우에는 다음 기획회의에서 한 번 더 다루게 된다. 담당자는 협의 내용을 바탕으로 문서 기안을 진행한다.

이 시스템에 좀처럼 들어오기 힘든 영역이 현재 행정실의 업무(예산, 학교운영위원회, 시설 관리 등)와 돌봄교실 업무이다. 교육과정을 중심에 세우려고 해도 여전히 별도로 운영되는 교육행정 영역이 있다 보니 학교의 호흡과 리듬에 엇박자가 생긴다. 행정실이 정하는 때에 맞추어 기획회의를 다루다 보면 안건의 시의성이 교실의 체감 속도와 잘 연결되지 않을 수 있다. 특히 예산 추가경정 요구를 위한 학교운영위원회의 개최는 학교의 호흡을 행정실에 맞추게 되는 대표적인 예다. 예를 들어 1월에 하는 겨울방학 계획을 12월 초 진행하는 학교운영위원회에 상정시키기 위해 11월 중순에 제출해야 하는 경우가 생긴다. 그러려면 그 전에 기획회의를 거쳐야 하는데 문제는 시차가 크면 안건으로서 의견을 담을 수 있는 동기화가 전혀 이루어지지 않는다는 점이다. 일정에 대한 논의를 기획회의에서 함께 하면 좋을 텐데 그게 쉽지 않다. 행정실 측 불편함도 이해할 만하다. 기획회의에 올라오는 모든 안건에 참여하고 발언하기에는 입장이 특수하고 제한적이며 피로감이 있다는 것이다. 학교행정 영역이 함께 고민하고 협의할 수 있는 체제에 대해 보다 고민이 필요하다.

　돌봄교실 운영은 1, 2학년 담임교사와 연결되어 아이들 하루 생활로서 논의가 필요한 부분이 있다. 지자체 이관이 결정된다고 하더라도, 학교가 공간을 제공하는 형태가 될 텐데 연장된 학교생활에서 일어나는 각종 관계의 문제와 책임에서 과연 학교가 자유로울 수 있을지는 의문이다. 적어도 학교 안 생활규칙에 대한 공유와 공동체적 감각에서 동떨어지지 않도록 하는 연결고리는 갖춰야 할 것이다.

새로운 학교운영위원회

학교운영위원회는 1995년 12월 「지방교육자치에 관한 법률」의 개정에 따라 설치 근거가 마련된 뒤, 이듬해 각 시도 의회에서 「학교운영위원회에 관한 조례」가 제정되면서 국립 초·중등학교에서 전면적으로 실시되었다. 학교 운영의 개방성과 투명성을 목적으로 학교 운영의 자율성을 높이고, 지역의 실정과 특성에 맞는 다양한 교육을 창의적으로 실시하는 데 목적이 있다. 또한 학교 운영과 관련된 의사결정 단계에 학부모·교원 및 지역 인사가 참여함으로써 학교 정책 결정의 민주성·합리성·효율성을 확보해 학교교육의 목표 달성에 이바지하기 위한 집단 의사결정(심의·자문) 기구이다. 이에 따라 국·공립 및 사립 초등학교·중학교·고등학교·특수학교에서는 반드시 학교운영위원회를 구성·운영해야 한다.

반면 자율학교인 혁신학교의 경우, 「초·중등교육법」 제61조[4]에 따르면 학교운영위원회 설치 조항에 대한 특례(각 조의 사항을 적용받지 아니함)가 적용될 수 있다.

현재 소담초에서는 3주체 연석회의를 마련하여 매월 1회 협의회를 진행한다. 학교 운영에 직결되는 내용을 상시적으로 학생, 학부모, 교사 대표가 모여 심도 있게 나누고 있다. 반면 기설치, 유지되고 있는 학교운영위원회의 경우 심의가 필수인 내용[5]을 바탕으로 다소 형식적으로 운영되는 면이 있다. 별도의 자치기구가 확립된 현 상황에서는 학교운영위원회와의 위상과 성격 면에서 중복과 비효율성이 있다.

---

4. 초·중등교육법 제61조(학교 및 교육과정 운영의 특례)
① 학교교육제도를 포함한 교육제도의 개선과 발전을 위하여 특히 필요하다고 인정되는 경우에는 대통령령으로 정하는 바에 따라 제21조 제1항·제24조 제1항·제26조 제1항·제29조 제1항·제31조·제39조·제42조 및 제46조를 한시적으로 적용하지 아니하는 학교 또는 교육과정을 운영할 수 있다.
② 제1항에 따라 운영되는 학교 또는 교육과정에 참여하는 교원과 학생 등은 이로 인하여 불이익을 받지 아니한다.
5. 주요 기능은 ① 학교헌장 및 학칙의 제정·개정, ② 학교 예산·결산, ③ 교육과정 운영 방법, ④ 교과용 도서 및 교육자료 선정, ⑤ 정규 학습 종료 후 또는 방학 기간의 교육활동 및 수련활동, ⑥ 초빙교원의 추천, ⑦ 학교 운영지원비의 조성·운용·사용, ⑧ 학교 급식, ⑨ 대학입학특별전형 중 학교장 추천, ⑩ 학교 운동부의 구성·운영, ⑪ 학교 운영에 대한 제안 및 건의 등에 관한 사항이다. 그 밖에 학교발전기금의 조성·운용·사용에 관한 사항을 심의·의결한다.

■ 초·중등교육법 제31조(학교운영위원회의 설치)

제31조(학교운영위원회의 설치)
① 학교 운영의 자율성을 높이고 지역의 실정과 특성에 맞는 다양하고도 창의적인 교육을 할 수 있도록 초등학교·중학교·고등학교 및 특수학교에 학교운영위원회를 구성·운영하여야 한다.
② 국립·공립 학교에 두는 학교운영위원회는 그 학교의 교원 대표, 학부모 대표 및 지역사회 인사로 구성한다.
③ 학교운영위원회의 위원 수는 5명 이상 15명 이하의 범위에서 학교의 규모 등을 고려하여 대통령령으로 정한다.[전문개정 2012. 3. 21.]
제31조의 2(결격사유)
① 「국가공무원법」 제33조 각 호의 어느 하나에 해당하는 사람은 학교운영위원회의 위원으로 선출될 수 없다.
② 학교운영위원회의 위원이 「국가공무원법」 제33조 각 호의 어느 하나에 해당할 때에는 당연히 퇴직한다.[전문개정 2012. 3. 21.]

그러나 법령에 근거하여 학교운영위원회 설치 운영의 특례를 적용하기 위해서는 지역교육청의 자치법규 차원의 손질이 필요한 실정이다. 최근 학교자치 조례의 추진과 관련하여 학교운영위원회의 구성을 손보는 방법 외에 혁신학교의 실험적이고 도전적인 자치기구를 제도적으로 인정해 줄 필요와 여지가 있어 보인다.

조직과 기관의 업무를 효율적으로 운영하기 위해서는 각종 지침과 규정이 필요하다. 그러나 공동의 책임과 자율의 권한을 나누는 집단이라면 규정의 목적과 의도를 공유하며 보다 풍부하게 교육적으로 판단할 수 있다.

그 해석 공동체의 판단과 결정이 보다 공적일 수 있는 이유는 행정적으로 실재하는 지침보다 구성원 간 공유하는 비공식적이고 암묵적인 규범의 힘이 살아 있기 때문이다. 다행히 향후 교육부는 2021년도 3월 훈령을 폐지하고 시도 교육감에게 자율학교 관련 권한을 이양할 예정이라고 한다. 반가운 소식과 함께 교육자치의 관점에서 지역교육과정이 잘 설계되고 조금 더 현장을 지원하는 제도들이 이 흐름 안에 가능해지길 희망한다.

학년과 두레의 이중주

소담은 혁신학교 4년을 넘어 자치학교로 가는 제도적 합의의 과정에서 2학기 들어 몇 가지 사건이 있었다. 그중 하나가 두레 운영에 대한 논의다. 소담초의 두레[6]는 학교를 교육과정 중심으로 조직하기 위해 만든 전문적학습공동체이자 협의체이다.

최근 들어 교육과정-수업-평가 일체화 담론과 구호를 중심으로 학교현장은 빠르게 변화하고 있다. 교육과정 재구성에 대한 필요성을 인식하고 이해하는 폭이 커졌고 실제로 많은 전문적학습공동체가 이를 바탕으로 수업을 바꾸기 위한 실천을 하고 있다.

아쉬운 점은 교육과정 재구성 작업이 성취기준을 중심으로 한 재조직에 그치고 있다는 점이다. 이는 '교육과정=성취기준'이라는 등식으로 교육과정 범위를 해석하는 데서 오는 것인데, 한편으로는 인식의 큰 변화를 일으킬 수 있었던 명쾌한 지점이면서 동시에 좁은 범위에 머물게 하는 한계로 작용한다.

그러나 혁신학교 교사라면, 주어진 교과교육과정의 학습 내용을 잘 가르치기 위한 전문적학습공동체를 넘어, 학교교육과정의 전반에 대해 시야를 확장하고, 아이들을 어떻게 길러 낼지 총체적으로 고민해야 할 필요가 있지 않을까.

---

6. 『학교자치를 부탁해 1』(살림터, 2019), 『학교자치를 부탁해 2』(살림터, 2020)에서 자세하게 소개된 바 있다.

교육과정, 수업, 평가, 미래교육, 자치, 생활교육. 두레의 주제인 6대 영역은 직접적인 기획과 학습, 간접적인 결정과 공유를 통해 소담 구성원 모두가 실천하고 고민해야 할 영역이다. 전문적학습공동체의 주제가 자율과 선택의 범위를 넘어 책임과 의무의 형태로 주어지기에 구성원 간 이해와 합의가 재차 필요한 시점이다. 더불어 당장 아이들 만나는 일상과 수업의 차원에서 학급의 담임교사들이 보다 두레 운영의 필요를 충족시킬 수 있도록 두레의 충실한 운영과 준비가 필요하다.

두레가 잘 운영되려면, 교무부장 혹은 연구부장 1인의 교육과정 기획과 설계의 차원이 아니라 업무지원팀 6명 두레장의 역할이 무엇보다 중요하다. 그야말로 팀 체제로서의 구성과 협의를 바탕으로 학년교육과정으로 담아질 수 있는 핸들 역할이 필요하다. 그간은 두레장 6명의 구성이 쉽지 않았으나 소담이 쌓아 온 역량과 시간을 고려할 때 지금은 해 봄직한 일이다.

두레의 주체도 학년의 주체도 고스란히 교사들이다. 권한의 문제나 힘의 논리로 두레와 학년을 견줄 필요가 없다. 양쪽에 모두 소속된 교사들이 일궈 내는 연구와 실천 그리고 결정해 보는 경험은 기존 학교 조직의 빈틈을 채우고 자치의 관점에서 우리 스스로를 견인하는 역할을 해낼 것이다. 그래서 두레는 아마도 자율과 책임 사이에서 우리의 가능성을 가늠하고 확인하는 전문적학습공동체 2.0 단계가 될 것이다.

소담의 미래, 학교의 미래

코로나19 덕분에 미래교육에 대한 이야기가 많다. 소담도 혁신학교 다음을 준비해야 한다. 개인적으로 미래 학교란 왜(배움의 동기)만 갖추어져 있다면 언제, 어디서든, 누구에게서든, 무엇이든, 어떻게든 배울 수 있는 것이라고 생각한다. 기술의 도움으로 시공간과 내용, 교사, 방법을 초월해 배움의 영역을 확장해 내는 형태다.

특히 '국가수준 교육과정의 성취기준'을 '교실'에서 '교사'가 '수업 모형'과 '교수학습 방법'을 통해 가르치는 것에서 벗어날 수 있는 최대한의 시도와 상상, 그 크기와 속도만큼 미래 학교는 가까이 다가올 것이다.

기존의 시스템은 과거와 현재의 문제점을 진단하고 해결하는 차원에서 만들어진다. 밟아 온 스텝의 연결에서 설계되어야 하기에 현상을 유지하는 데는 효과적이나 결코 미래지향적일 수 없다. 새롭고 완전한 시스템이란 존재하지 않으니, 그걸 넘어서서 유연해지는 문화와 체제를 만들고자 하는 모든 노력이 미래 학교 상상일 것이다.

그러려면 교사들이 덜 조심스럽고 더 과감해져야 하는데 현실은 녹록지 않다. 교사의 교육적 행동을 위축시키는 책임 공방과 판례가 많다. 교육적 판단과 소신 있는 행동에 대한 면책성 안전장치도 필요하다.

사실 미래를 논하기 전에 현실을 잘 버티는 게 중요하다. 2020년 여러 이유로 주변에 충분히 좋은 동료들이 있음에도 감당할 무게를 주체하지 못해 개인적으로 참 힘든 시간이었다. 최선을 다했다는 건 내 마음의 상태일 뿐이고, 맡은 역할을 하며 학교의 일상을 잘 꾸렸는지 자신하기 어렵다.

2016년 개교할 때 와서 어느덧 소담의 고인 물이 되었다. 새로이 하려던 것들이 경화되고 일상화되면서 나 역시 어떤 면은 혁신의 대상이 되었는지도 모른다. 그러나 온몸으로 부딪히며 논의하고 실천해 온 시간만은 고스란히 남아 있다. 그리고 누적된 경험과 순환, 그로 인해 축적된 내공이 있다. 소담의 힘. 어디서 들으니 이런 걸 '판단적 자본'이라고 한단다.

12월 학교 자체 평가 주간, 올해를 돌아보며 내년의 약속을 정리한다. 누가 시켜서가 아닌데 우리 안에 이미 충분한 물음과 답이 있다.

■ 2021년 소담, 이것만은 꼭!

1. 실시간 수업
– 실시간 수업 정착 및 확대(영상 제작은 즉시 피드백이 불가)
– 전 학년 실시간 수업 확대(학부모와 지속적으로 소통 및 협력)

2. 학습격차 / 피드백
– 저학년 학습사각지대(온라인 학습, 수업 시간 축소 등)
– 더 배움반 운영 확대, 책임교육 실현

3. 온라인 학습
– 온라인 학습 내실화(공동 수업 연구, 사전 연습을 통해 어려움 해소)
– 학력격차 좁히는 방안 필요(학부모 소통 및 상담, 오프라인 추가 피드백)
– 온라인 학습 피드백(중임 교사 활용, 최소 시간 최대 피드백 방법 고안 필요)
– 학년별 협의를 통한 온라인 학습 체계화

4. 생활
– 소담인 하나 되기 주간 예절교육(사이버, 언어, 교사관계 예절)
– 저학년 기본 생활습관 확립

5. 방역지침
– 통일 필요(학년마다 달라 부족해 보임)
– 급식실 방역지침 준수(위험 지역, 엄격한 지도)

6. 소통
– 교사-교사: 전 교직원 모이는 다모임 자주(온라인으로라도)
– 교사-학생/ 교사-학부모: 비전 공유가 더 필요

나무는 희망에 대하여 과장하지 않았지만

절망을 만나서도 작아지지 않았다

……

길이 보이지 않는다고 경박해지지 않고

길이 보이기 시작한다고 요란하지 않았다

묵묵히 묵묵히 걸어갈 줄 알았다

절망을 하찮게 여기지 않았듯

희망도 무서워할 줄 알면서

-도종환, 「산벚나무」 중에서

    소담에서 겪는 다섯 번의 사계절. 걸음걸음 걷다 보니 시간이 어느덧 흘러 있다. 쉽게 절망하거나 함부로 희망하지 않으면서 묵묵히 걸어가는 오늘의 합이 소담의 미래다.

    그래서 '오늘도 소담, 오늘도 혁신학교'다.

일반적으로 교사에게는 생활교육과 상담이 가장 힘든 영역이며, 과거처럼 교사 혼자의 개인기만으로 해결할 수 없는 구조이기에 학교 전체가 함께 힘을 모아 일관성 있는 생활교육과 갈등 해결을 해야 한다. 전 교사가 함께 회복적 생활교육의 패러다임을 이해하고 일관성 있는 생활교육과 갈등 해결을 해 나간다면 평화로운 소담 공동체를 만들 수 있을 것이다. 그렇게 된다면 평화로운 관계를 기반으로 교과 수업과 다른 교육활동들도 더 안정적으로 해 나갈 수 있을 것이라고 확신한다.

회복적 생활교육, 함께 하실래요?

이상미

회복적 생활교육 만남과 시작

회복적 생활교육은 10여 년 전 우리나라에 소개된 이후 지속적으로 학교현장에 도입되고 있다. 많은 교육 이론과 사조가 유행처럼 도입되었다 사라지기를 반복하였지만 회복적 생활교육은 점점 더 확산되고 있다. 나는 3년간 소위 학폭을 다루는 생활지원부장을 하며 여러 건의 학교폭력 사안과 그 밖에 수많은 갈등 사안들을 다루며 현재의 「학교폭력예방법」에 대해 큰 문제의식을 갖게 되었고, 심리적으로 무척 지쳐 있을 즈음 회복적 생활교육을 만나게 되었다. 그때 뭔가 돌파구를 찾은 듯한 느낌을 받았고 특히 생활교육에서 너무나 큰 어려움을 겪고 있는 세종의 젊은 선생님들에게 꼭 소개를 해야겠다는 다짐을 하게 되었다. 회복적 생활교육을 통해서라면, 행정적으로는 깔끔할지 몰라도 아이들의 관계를 들여다보면 실상 아무것도 해결되지 않는 학폭법을 통한 처리에서 벗어나 근본적인 해결과 관계 회복이 가능해지고 문제 상황 발생 이전에 평화로운 공동체를 형성할 수 있겠다는 믿음이 생겼기 때문이다.

이러한 믿음을 바탕으로 지난 2년간 생활교육 두레를 선생님들과 함께하며 회복적 생활교육에 대해 몇 차례 연수와 이론 공부, 서클 운영 등을 하였고, 적어도 두레 구성원들과 관련 연수를 받은 학부모는 회복적 생활교육의 필요에 대해 동의가 되었다고 생각한다. 이제 회복적 정의를 바탕으로 한 생활교육을 더 넓게 펼쳐 나가야 하는 단계가 되었다고 생각하며(부디 혼자만의 생각이 아니길…), 회복적 생활교육에 대해 생활교육 두레에서 공부하고 실천한 내용에 대해 나누고자 한다.

이 이론은 교육 전문가들이 고안하여 '이렇게 하면 좋습니다' 하고 교사에게 소개하는 수많은 교육 정책과는 다르게 현장의 교사가 먼저 필요성을 느끼고 시작되었다는 점에서 차이가 있다. 그것은 학교가 민주화되고 학생 인권이 신장되면서 더 이상 과거의 단순한 응보적 처벌을 통한 학생 지도가 불가능해졌다는 현장의 변화 때문이다. 지난 수십 년, 아니 학교라는 제도가 만들어진 이후 학교는 잘못을 한 학생으로 하여금 잘못에 상응하는 육체적·정신적 고통을 느끼게 함으로써 다시는 잘못된 행동을 하지 못하게 하는 응보적 처벌로 시스템이 유지되었다 해도 과언이 아니었다. 많은 교사가 학교 질서 유지와 면학 분위기 조성을 이유로 그 시절 독재자와 비슷하게 학생을 체벌하고 강압적으로 억눌렀음은 외면할 수 없는 사실이다. 지금 학부모들은 학창 시절 교육이라는 이름의 폭력적인 기억을 한두 개쯤은 갖고 있을 것이다. 그 기억을 배경으로 교사의 생활교육 방식에 대해 의심하고 경계함으로써 오는 오해와 갈등도 지금의 교사에게는 만만치 않은 부담이다.

회복적 생활교육이 뭐지?

자녀에 대한 체벌이 금지될 만큼 인권에 대한 의식이 성장한 지금, 과거와 같은 방식의 교육은 학교에서 더 이상 유효하지 않다. 인권 의식의 성장은 분명 반가운 변화이고 우리가 반드시 지켜 내야 하는 가치이지만 그동안 응보적 처벌을 통해 유지해 오던 것들을 지킬 수 있는 대체 수단이 부재한 것이 현실이다. 과거에는 아이들끼리 싸움이 일어나면 교사가 잘잘못을 가린 뒤 훈계와 잘못에 걸맞은 벌을 줌으로써 사건이 마무리되었지만, 지금은 바로 학교폭력으로 신고를 하고 학교는 교육적으로 다룰 틈도 없이 학폭법의 절차대로 처리를 하게 되는 경우가 부지기수다. 이러한 상황에서 교사는 매일매일 일어나는 수많은 갈등과 학생의 문제행동에 대해 무엇을 할 수 있는가, 근본적 고민을 하지 않을 수 없다. 그러한 고민에서 회복적 생활교육이 교사로부터 시작되어 잔잔하지만 지속적으로 교육현장에 도입되고 있는 것이라고 생각한다.

흔히 교사들은 모든 학급에 5~10% 정도 비율로 상대적으로 존재하는 소위 문제 학생에게 온갖 신경을 쓰게 된다. 나 역시도 어려운 학생을 잘 지도해 보겠다며 제일 앞에 앉혔다가 그 학생하고만 하루 종일 실랑이하고 있는 자신을 발견하였고, 그 실랑이를 지켜보느라 힘들었을 나머지 학생들의 피로한 눈빛을 보고 너무나 미안했던 경험이 있다.

반면 회복적 생활교육은 문제 학생이나 갈등 상황에 대한 조치보다 관계, 존중, 수평, 자율, 책임을 중심 요소로 학급을 평화로운 공동체로 만들어 갈등을 예방하고 평화적으로 해결하는 경험을 통해 든든한 관계를 형성하도록 하는 것을 목적으로 한다.

학교의 존재 이유가 민주시민 양성이라면 갈등을 해결하는 과정을 경험하고 그 방법을 배우는 것 자체가 민주시민성을 기르는 교육과정의 일환이라고 볼 수 있다. 현재 우리 사회는 개인의 권리만 강조되어 권리 충돌 현상(민원, 소송 남발 등)이 심각하게 벌어지고 있다. 개인의 권리만큼이나 공공의 영역에 대한 책임을 배워야 하는데 현재 우리 아이들이 그것을 배울 수 있는 공간은 학교가 유일하다. 학교에서 자신의 행동이 공동체에 어떤 영향을 미치는지 깨닫고 피해를 주었을 때는 회복시키고 책임져야 한다는 경험을 함으로써 공공에 대한 책임의식을 기를 수 있다는 점에서 생활교육은 교과교육만큼이나 교육과정으로서 비중 있게 다루어져야 한다.

소담의 생활교육 두레에서는

일반적으로 교사에게는 생활교육과 상담이 가장 힘든 영역이며, 과거처럼 교사 혼자의 개인기만으로 해결할 수 없는 구조이기에 학교 전체가 함께 힘을 모아 일관성 있는 생활교육과 갈등 해결을 해야 한다. 전 교사가 함께 회복적 생활교육의 패러다임을 이해하고 일관성 있는 생활교육과 갈등 해결을 해 나간다면 평화로운 소담 공동체를 만들 수 있을 것이다. 그렇게 된다면 평화로운 관계를 기반으로 교과 수업과 다른 교육활동들도 더 안정적으로 해 나갈 수 있을 것이라고 확신한다.

우리 생활교육 두레는 같은 고민을 바탕으로 평화로운 학급 공동체를 어떻게 세울지, 학교에서 벌어지는 수많은 갈등을 어떻게 하면 평화적으로 해결하고 교육적 성장의 기회로 전환하여 우리 소담 공동체를 안전하고 평화로운 공동체로 만들 수 있을지를 함께 고민하였다. 아래는 생활교육 두레에서 1년간 함께 공부하고자 계획했던 주제들이고 앞으로도 계속 가져갈 내용들이다.

- 회복적 생활교육 기본 이론 알아보기
- 학급의 회복적 정의 안에서 실천하고 나누기
- 회복적 갈등 조정 방법 연구 및 실천
- 소담의 (회복적) 상담 시스템 구축하기

학교폭력과 갈등 어떻게 해결하지?
(feat. 학교장자체해결제)

2019년 9월 「학교폭력예방 및 대책에 관한 법률」 개정을 통해 '학교장자체해결제'라는 제도가 도입되었다. 개정된 「학교폭력예방법」은 학교폭력 심의를 기존 학교 내 '학교폭력대책자치위원회'에서 교육지원청의 '학교폭력대책심의위원회'로 이관하고 일정한 여건을 충족하는

가벼운 학교폭력 사안의 경우 학교의 장이 학교 안에서 자체적으로 해결할 수 있도록 하였다.

사안의 경중에 관계없이 관련 학생이 학교폭력이라고 인식하면 무조건 절차에 따라 처리하도록 규정되어 있는 과거 「학교폭력예방법」에 의해 학교현장은 학교폭력 담당 교사의 어려움뿐만 아니라 학교가 학생 간 갈등을 교육적으로 해결할 수 있는 기회를 박탈하고 관계를 단절하는 방식으로 문제가 처리되는 등 학교현장에 수많은 갈등과 문제점을 야기하였다.

이러한 문제를 해결하고자 학교장자체해결제가 도입되었으나 아직까지 그 효용은 그리 크지 않은 듯하다. 그 이유는 무엇일까.

먼저 학교장자체해결제를 통해 사안을 해결 지으려면 학교의 큰 용기가 필요하다. 일정한 요건이 충족되면 학교에서 자체 해결 사안으로 처리할 수 있다고 하지만 어느 한쪽이라도 당사자 학부모가 동의하지 않으면 자체해결제로 해결할 수 없다. 그래서 이 제도가 도입된 후 피해 학생 측 학부모는 심의위로 가기를 원하고 가해 학생 쪽은 자체 해결을 학교에 요구하며 중재하지 못하는 학교의 무능력을 탓하는 경우가 많아서, 학교는 이러지도 저러지도 못하는 곤란한 상황에 빠지는 경우가 많이 발생하고 있다.

한마디로 지금의 학교장자체해결제는 학교의 권한을 반만 주고 책임을 묻는 반쪽짜리 제도인 것이다. 갈등을 교육적으로 해결하려다 축소 은폐한다는 의혹에 왜 중재를 하지 못하느냐는 비난까지 학교는 단순히 힘들다는 말로는 부족할 정도로 어려움에 빠져 있다.

우리에겐 대화가 필요해

현재 학교장자체해결제는 네 가지 요건(지속적이 않고, 보복성 폭력이 아니고, 피해 복구가 되었으며, 2주 이상의 진단서를 제출하지 않음) 충족에 부모 동의가 있으면 자체 해결을 하고 이후 관계 회복 프로그램을 운영하도록 안내하고 있다. 그런데 이것은 앞뒤가 맞지 않는다. 학폭 심의위로 가지 않고 교내에서 해결하도록 합의를 하려면 먼저 당사자 간 대화가 필수적이다. 반복적이고 지속적이며 피해가 심한 폭력에 대해서는 바로 신고 접수를 하고 절차대로 처리를 해야 하겠지만, 학교 안에서 일어나는 수많은 사건은 폭력이라면 폭력이고 단순한 갈등이라면 갈등으로 볼 수 있는 일들이 대부분이다.

그렇기에 일단 대화를 통해 학폭 신고 접수를 할지 말지부터 학생, 학부모와 대화를 통해 결정해야 한다. 그런 과정이 없이 단순히 학생이나 학부모가 '우리 아이가 맞았어요'라는 말에 바로 학폭으로 접수를 하게 되면, 상대 학부모는 사안이 벌써 학폭 사안으로 다뤄진다는 것에 대해 잔뜩 불쾌한 마음을 갖게 되어 대화 자체가 성립되기 어려운 경우가 굉장히 많이 일어난다.

이는 학부모의 민감도가 높은 탓도 있겠지만 갈등 발생 시 현재 학교에 학폭을 대신할 시스템이 제대로 마련되어 있지 않기 때문이기도 할 것이다. 따라서 학생과 학부모가 갈등이나 폭력 사안이 발생했을 때 학폭 신고보다 먼저 떠올릴 수 있는 제대로 된 갈등 해결 시스템 마련이 절실하다. 3주체가 머리를 맞대고 모두가 신뢰할 수 있는 시스템을 만들고 동의한다면 평화로운 학교 공동체의 기반이 형성될 것이라고 생각한다.

소담의 상담 시스템(변신 준비 중)

다음은 위의 문제의식을 바탕으로 우리 학교에서 회복적 생활교육을 기반으로 만든 갈등 해결을 위한 상담 절차이다. 사안별로 절차를 나누었으나 아직 공동체 내부 확산과 실제 적용 면에서 부족한 부분들이 많다. 앞으로 두레 연구를 기반으로 연석회의와 토론회 등을 통해 공감을 확산하고 절차를 세밀하게 손봐 학교 전체로 확산시켜야 할 것이다.

학교생활과 수업에 개인적인 문제행동을 하는 학생에 대한 상담

- **1차 학부모, 학생, 담임 상담**
- 학생 스스로 변화할 수 있는 기회를 제공함
- 학생/학부모에게 학교의 공식적인 상담 절차가 개시되었음을 알림
- **2차 학생, 학부모, 담임, 학년 부장 대면 상담**
- 학년 부장교사가 배석하여 학생 지도에 대해 학년 전체가 함께 노력함을 알림
- 학년, 교사, 학부모, 학생이 해야 할 일에 대해 논의하고 약속함

수업을 지속적으로 방해하거나 교권을 침해하는 학생에 대해서는 회복적 대화를 통해 학생 본인의 문제와 피해를 직면하고 반성하며 문제의 원인을 찾아 주변의 도움을 통해 개선되도록 해야 한다. 학생의 문제행동만 나무라서는 근본적인 해결이 되지 않는다. 학생의 드러난 행동 이면에서 욕구 불만이나 가정적 문제, 심리적 상처 등이 잠재되어 있는 경우가 대부분이기 때문이다.

아이를 믿고 지지하는 사람이 한 명만 있어도 그 아이는 잘못된 길을 갔다가도 다시 돌아온다는 말이 있다. 1차적으로 그런 역할을 부

모가 해야 하겠지만 그렇지 못하다면 학교가 그 역할을 대신하기 위해 최선의 노력을 해야 한다.

그러나 이러한 회복적 정의에 의한 대화 과정을 거쳤음에도 문제가 해결되지 않을 때는 학교 선도위나 교권침해위원회를 통해 단호히 대응하는 방법에 대한 고민도 필요하다고 생각한다. 언론을 통해 잔인한 범죄를 저지르는 아이들에 대한 기사를 종종 보면서 이런 아이들도 회복적 생활교육으로 바꿀 수 있을까 생각할 때가 있다. 잘못에 의해 고통받는 사람에 대한 미안함과 죄책감, 어려운 형편의 사람을 보면 느끼는 측은지심 등 공감능력이 극히 부족한 아이들이 매우 일부분이지만 존재하는 것이 사실이기 때문이다. 이런 경우 심각한 문제행동을 일단 멈추게 하여 잘못을 더 저지르지 못하게 하기 위해 단호하게 응보적 절차를 밟는 것이 그 아이에게도 나을 수 있겠다는 생각이든다. 회복적 정의만이 능사가 아니라, 사안에 따라 단호한 결정 또한 필요하다.

전문적 상담과 지원이 필요한 학생에 대한 상담

- 면담 대상: 학부모, (학생), 관리자, 생활부장, 담임, 상담교사, 특수교사, 외부 전문가
- 면담 내용: 심리검사 결과 분석, 학생 상황에 대한 정확한 인지, 학급·학교·교육청 차원의 지원 방안 도출, 학부모 역할 인식, 상담 창구 연결

■ 지원 방안
- 위클래스 연계 / 학생 심리검사 및 치료 지원
- 심리검사 분석, 전문가 의견 제시
- 학급·학교·교육청 차원 지원 방안 모색, 상담 및 치료 지원 창구 연결, 학부모 공동체 연계

심리 정서적으로 어려움이 있어 수업을 방해하거나 참여하지 못하는 학생이 점점 늘어나고 있다. 이러한 학생은 학교 내부에서 해결하기가 어렵고 전문적인 치료와 상담이 필요하다.

과거에는 그런 학생의 담임은 운이 없어 그 학생이 있는 반을 뽑은 것으로 치부되고 일 년 내내 어려움을 혼자 감당해야 했다. 그러다 교사가 너무 힘들어 병가나 휴직을 내면 한 학급의 학생들이 모두 피해를 입는 일들이 종종 있어 왔다. 소담에서는 어려운 학생을 학급의 문제로만 방치하지 않고 학교가 함께 해결 방법을 찾아 학생의 개선을 돕는다.

실례로 어려움이 있는 학생에 대해 상담 지원팀이 모여 학부모 면담을 한 일이 있었다. 9명 정도가 모인 대규모의 모임이었다. 한 학생을 위해 이렇게 많은 사람이 모인 것은 처음이었을 것이다.

담임교사는 자신의 힘듦보다 학생을 걱정하는 마음으로 학생의 상황에 대해 객관적인 정보를 주었고, 외부 전문가는 학부모가 기관에서 받은 상담 기록지를 세심하게 분석해 주었다.

특수교사는 특수학급 입급 시 교육과정과 받을 수 있는 혜택에 대해 설명해 주었다. 이런 과정에서 학부모는 학교가 자녀를 진심으로 돕고자 한다는 의도를 알게 되었고, 이는 가정에서도 자녀의 개선을 위해 적극적으로 나서게 되는 계기가 되었으며, 가정과 학교가 아이를 중심에 두고 서로를 더 잘 이해하게 되었다.

가해/피해가 명확하지 않은 학교폭력(갈등) 사안에 대한 상담

■ 목적

– 회복적 생활교육을 기본으로 한 갈등 해결 대화 모임을 통해 가해/피해가 명확하지 않은 사안에 대해 갈등 상황 파악과 오해 해소, 각 입장에 대한 이해를 통한 관계 회복

■ 갈등 해결 대화 모임 운영 방안

사전 대화 모임	⇨	본 대화 모임	⇨	사후 대화 모임(선택)
• 관련 학생, 학부모 각각의 입장에서 사안 파악		• 오해 해소, 관계 회복 • 쌍방 사과, 반성 • 관계 회복을 위한 조치 마련과 약속 • 사후 대화 모임 일정 결정		• 약속 이행 여부 점검 • 관계 회복 정도 확인 • 필요시 추가적 조치 마련

학폭 신고로 접수된 사안의 대부분은 가해와 피해가 명확하지 않은 상호작용 속에서 일어난 갈등이거나 오해로 인한 신고인 경우가 대부분이다. 그래서 학폭으로 접수를 하기 전 대화를 통한 해결 가능성을 열어 놓고 교육적으로 해결하고자 시도해야 한다.

이 단계는 학년에 갈등 조정에 능숙한 교사가 있다면 그와 부장교사를 중심으로 이루어지도록 하는 것이 바람직하다. 학급 안의 사안은 학급에서, 학급 간 사안은 학년에서 해결하는 것이 관계 회복 면에서 가장 바람직하다. 학교폭력 담당 교사가 사안을 다루게 되면 뭔가 더 심각하고 큰 사안으로 느껴져 공격적이거나 방어적이 되기가 쉽기 때문이다. 또한 모든 갈등 사안이 전부 학교폭력 담당 교사에게 전달되는 것은 비효율적이며 효과적인 해결 방안이 될 수도 없다. 학급, 학년 안에서 해결이 되려면 갈등 조정에 전문성이 있는 교사가 꼭 필요하다.

가해/피해가 명확한 사안 중 학교장 자체 해결 사안

사전 대화 모임 ⇨	본 대화 모임(전담기구) ⇨	사후 대화 모임
•가해/피해 학생, 학부모 각각의 입장에서 사안 파악	•피해 복구, 관계 회복 •피해자 아픔에 대한 공감·사과·반성 •피해 학생 회복을 위한 조치 마련과 약속 •상황에 따라 중재 전문가 참여 •사후 대화 모임 일정 결정	•약속 이행 여부 점검 •관계 회복 정도 확인 •필요시 추가적 조치 마련

　가해와 피해 관계가 명확해 신고 접수 후에도 갈등 해결 대화 모임을 통해 조정을 하여 합의점을 찾는다면 학교장 자체 해결로 사안을 종결할 수 있을 것이다. 그런데 대화 모임에 양측을 앉게 하는 일 자체가 매우 어렵다. 대다수 학부모는 응보적 관점을 갖고 있어 피해 학부모는 학폭 절차를 통해 가해 학생을 벌주고 싶어 하고, 가해 학부모는 자녀 교육을 위한 사과와 반성보다 학폭법에 의한 조치를 받을까 방어에 급급하기 때문이다.

　그렇다면 어떻게 양측 학부모를 대화 테이블로 이끌 수 있을까. 학폭 접수에도 무조건 대화 모임을 해야 한다는 법적 절차가 마련된다면 좋겠지만, 지금 상황에서는 학부모에게 회복적 관점과 갈등에 대한 시각을 전환시키는 것이 우선일 것이다. 판교의 한 초등학교에서는 이러한 주제의 똑같은 연수를 연간 5, 6회 반복 실시한다고 한다. 그러자 학폭 신고 건수가 줄고 대화로 해결하려는 학부모가 늘어났다고 한다. 근본적인 시각의 전환이 얼마나 중요한지 단적으로 보여 주는 예라 하겠다. 소담초도 여러 차례 학부모 연수를 계획했다가 코로나19로 인해 한 번밖에 실시하지 못해 아쉬움이 크다. 어떻게 더 많은 학부모들에게 회복적 정의를 접하도록 할지가 회복적 학교 실현의 관건이라 해도 과언이 아닐 것이다. 여기서 조금 진일보한다면 토론과 연석회의 등 학교 주체의 합의 과정을 통해 학교 안의 규정으로 만들 수 있을 것이다. 앞으로 학교 안에서 3주체가 합의를 통해 회복적 갈등 해결과 조정 규정을 세우는 방안에 대해 생활교육 두레를 주축으로 논의를 할 계획이다.

평화로운 공동체를 위한 발걸음

회복적 생활교육은 단순히 서클을 돌리거나 몇 가지 전형적인 상담 방식과 말투를 익히는 것이 아니라 응보적 관점에서 피해 회복의 관점으로의 전환, 갈등을 피해야 하는 것에서 교육과 성장의 기회로 바라보는 시각의 전환 등 패러다임의 변화에서 시작한다. 소담 공동체원들이 전환된 시각을 갖고 같은 관점에서 생활교육과 상담을 해 나간다면 훨씬 평화로운 공동체, 안전한 공동체를 만들 수 있을 것이라고 확신한다.

우리 하던 대로 하지 말고, 혼자서만 힘들어하지 말고,

"회복적 생활교육 함께 하실래요?"

올해 등교 개학이 계속 늦춰지면서 학생자치 담당으로서 조바심이 났다. 이러다 올해 자치활동은 아무것도 못 하고 끝나는 건 아닐지 걱정이 됐다. 손을 놓고 있을 수 없어 학생회 아이들을 봤았다.

"우리 뭐라도 해야 하지 않겠어? 아쉽지 않아?"

"이 상황에서 뭘 해요?"

맞는 말이다. 1학기에는 전체 학생이 등교하지 못해서 학급 대의원도 뽑지 못한 상황이었다.

"그래도 일단 모여서 매주 회의라도 하는 게 어때? 어떻게 사는지 얘기라도 하면서. 가볍게."

"좋아요."

학생대표에 부대표 두 명, 나까지 네 명은 일주일에 한 번씩 모여 소소하게 회의를 했다.

놀면 뭐 하니? 자치원정대!

함유찬

#1. 2020 소담 방송국

고등학교 시절, 방송실은 학교 1층 로비에 있었다. 방송실 문은 볼 때마다 닫혀 있어서 안이 어떻게 생겼는지 볼 수 없었다. 문이 굳게 닫혀 있는 방송실을 볼 때마다 내부가 너무 궁금했지만, 결국 들어가 보지 못한 채 졸업을 했다.

방송실은 나에게 미지의 세계였다. 방송국처럼 곳곳에 카메라와 마이크가 널려 있을지, '딸깍' 하고 스위치를 올리면 'ON AIR' 사인에 불빛이 들어오는지, 음량조절 스위치를 올리고 내리면 어떻게 되는지 등 궁금한 게 많았다.

학생들에게도 방송실은 나처럼 신기한 곳일 것이다. 올해 방송부원을 모집할 때 스무 명가량의 지원자가 몰리는 것만 봐도 알 수 있다. 다양한 이유로 방송부에 지원한 학생들 사이에서 선발된 5기 학생들 9명과 기존 4기 학생들 3명, 총 12명이 2020년 방송부로 활동하게 되었다. 우리는 4명씩 3팀으로 나누어 각자 역할을 맡기로 했다.

우리 학교 방송부는 매년 아침방송을 진행해 왔다. 다양한 장르의 음악으로 학생들의 등굣길을 가볍게 만드는 것에서 나아가 올해는 방송국의 라디오 방송처럼 다양한 시나리오와 사연에 어울리는 곡을 틀어 주는 방식으로 바꿔 보면 어떨까. 음악만 트는 일은 아무나 할 수 있지만, 주제에 맞는 음악을 사연과 더불어 소개해 주는 것은 방송부 나름대로 기획과 노력이 필요하기 때문이다. 그래서 방송부 회의를 하면서 방송부 아이들에게 제안했다.

"방송하기 전에 주제를 정해서 시나리오를 만들어 보는 게 어때?"

방송 시나리오를 처음 쓰는 아이들은 어렵다고 했지만, 나는 방송부라면 이 정도는 할 수 있어야 하지 않겠냐며 한번 해 보자고 했다. 시나리오 만드는 법도 대강 알려 주었다.

■ 방송 시나리오 만들기

1. 방송 주제 정하기
2. 오프닝, 사연과 신청곡, 클로징 순서 나누기
3. 순서에 맞게 시나리오 작성하기
4. 팀 전체에게 보여 주고, 최종 수정·완성

아이들은 시나리오 만드는 법에 맞추어 어떤 주제로 방송을 할지 팀끼리 모여 회의를 하기 시작했다. 대본 쓰는 순서를 정하고, 주제에 맞는 역할도 정했다.

주제가 잘 생각나지 않으면 계절, 음악 장르, 학생들의 관심사를 활용해 보라고 했다. 시간이 되면 라디오 방송을 직접 들어 보는 것도 도움이 될 거라고 했다. 아이들이 써 온 시나리오를 보니 생각보다 재미있는 주제를 잘 만들어 왔다. 트로트, 1990년대 음악 모음, 힘들 때 듣는 음악 등 나름대로 많이 고민한 흔적이 묻어나 보기 좋았다. 처음에는 대본의 길이가 짧고, 내용도 간단했는데 시간이 갈수록 내용끼리 연결이 잘되어 있는 짜임새 있는 대본을 만들어 왔다.

학생들의 시나리오 모음

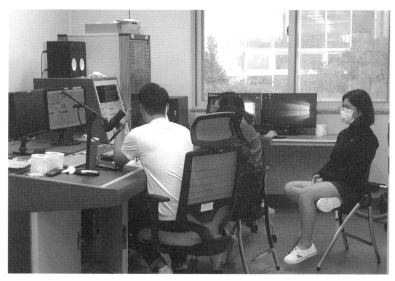

게스트 초청 방송 모습

"오늘은 옛날 음악만 나오네~ 주제가 그런 건가 봐."

"오늘 주제가 90년대 음악이래요."

"태어나지도 않았을 땐데 어떻게 이런 선곡이 나온대요? 대단하다, 정말."

청취자들이 노래에 맞춰 흥얼거리는 모습을 방송부 아이들이 보면 더 좋았을 텐데.

"얘들아, 교무실 선생님들이 오늘 방송 주제가 좋다고 엄청나게 칭찬해 주시네. 좋아!"

방송부는 일주일에 한 번 회의했다. 분반 등교, 시차 등교로 인해 다 같이 모이기 어려웠고, 팀별로 방송하다 보니 전체가 모여 의견을 공유할 시간이 없었기 때문이다.

회의 순서에 팀별로 소감 말하는 시간은 꼭 넣었다. 일주일 동안 우리 팀은 어떻게 방송을 했는지 다른 팀에게 알려 주고, 다른 팀 방송 아이디어를 얻기 위해서다.

"이번 주 3팀은 게스트 초대 방송을 했어요. 교장 선생님을 초대해서 인터뷰했고, 다음 주는 다른 선생님을 섭외하기로 했어요."

"저희 팀은 학교 이름으로 6행시 만들기 행사를 준비했어요. 홍보 포스터를 붙이고, 6행시 사연을 받아서 다음 주에 방송할 예정이에요."

"저학년 아이들을 위한 방송이 필요하다고 이야기를 들었어요. 그래서 다음 주에는 디즈니 주제곡을 틀기로 했어요."

다른 팀 방송에 자극을 받아 우리 팀 방송을 더 재미있게 만들기 위해 아이디어회의를 하는 아이들의 모습이 대견하면서도 재미있었다.

팀별로 진행되는 방송도 좋았지만, 방송부 전체가 함께 기획하는 활동도 필요했다.

"2020년이 가기 전에 방송부 행사 하나는 해야 하지 않겠어?"

1. (곧 졸업식이니까) 졸업을 축하해 주는 학생들 영상 만들기
2. (TV 프로그램 아이디어를 빌려) 학교를 돌아다니며 학생들 인터뷰하기
3. (코로나19로 모이지 못하니까) 교실에서 음악 맞히기 퀴즈 풀기

회의에서 나온 여러 의견 중에서도 세 가지는 꼭 해 보자고 했다. 그러나 코로나19 재확산으로 인해 등교 방식과 지침이 바뀌면서 아쉽게도 방송부 행사는 내년으로 미뤄야 했다. 그래도 시차 등교로 인해 학년별로 등교하는 날짜가 다름에도 불구하고 각자 역할을 정해 졸업식 영상클립을 열심히 촬영해 준 덕분에 6학년에게 멋진 졸업 영상을 선물할 수 있었다.

생각해 보면 코로나19 덕분에(?) 방송부의 가치가 더 주목받은 한 해였다. 온라인 종업식, 온라인 졸업식 영상 촬영, 전교학생다모임 임원선거 토론회 실시간 스트리밍, 아침 음악방송 등 오히려 예년보다 더 많은 활동에 참여할 수 있었다. 올해는 영역을 확장하는 도전의 한 해로 삼고, 내년에는 더 많은 분야에 방송부가 참여할 수 있도록, 방송 자치 활성화를 위해 많은 고민이 필요하겠다.

방송부 학생들의 글

2020년에 새로운 방송부원이 들어와서 좀 어색했지만 금방 친해져서 방송부 활동을 했다. 2019년과는 달리 라디오 형식으로 아침방송을 진행하고 게스트도 초청할 수 있어서 더 활기찬 방송부 활동을 한 것 같다. 게스트는 선생님 위주로 초청했고, 학교

에서 하는 일에 대해 인터뷰했다. 인터뷰가 끝나면 선생님들의 신청곡을 틀었다. 게스트를 신청받아 초청하기도 했다. 대부분 선생님이 정말 열심히 참여해 주셨다.

코로나19로 인해 아침방송 횟수가 줄어서 아쉬웠다. 그래도 2019년보다는 2020년에 방송부 활동을 더 많이 한 것 같다. 작년에는 방송부 언니와 오빠들의 눈치를 많이 봐서 어려웠다. 올해 새로 들어온 친구들은 우리를 어려워하지 않도록 살갑게 대해주었다. 물론, 간식으로 인한 갈등도 있었다. 하지만 함께 모인 회의에서 오해를 잘 풀어 평화롭게 마무리했다. 남의 눈치를 보지 않고 방송부 활동에 잘 참여해서 만족스러운 한 해였다.

연말에는 더 많은 방송부 활동을 했다. 졸업하는 6학년을 위해 인터뷰를 하러 다니고, 2021학년도 임원선거 토론회 촬영을 도와주었다. 방송부 회의에서 방송부 활동 의견을 내는 시간이 있었다. 우리는 졸업 영상을 촬영하기로 하여서 1학년부터 5학년까지 6학년들에게 한마디 하는 영상을 촬영했다. 방송부원들이 "졸업하는 6학년들에게 한마디 한다면?"이라고 질문하면 학생들은 주로 "가서도 공부 열심히 하세요!" 또는 "중학교에 가서도 건강하세요"라고 대답했다. 토론회에는 나와 취재팀 한 친구와 갔다. 카메라로 실시간 스트리밍을 하여 진행하였다.

방송부 회의를 하면서 나의 주장을 내세울 기회도 있었던 것 같고, 그 주장이 실현될 수 있다는 것도 알게 되었다. 이렇듯 배울 것이 많고 공허하지 않았던 2020년의 방송부 활동이었다. 2021년에는 제발 코로나19가 사라지고, 새로운 방송부원들이 더 많고 재미있는 방송부 활동을 즐기면 좋겠다. 2021년에는 지금보다 더 많고 뜻깊은 활동을 하길 바란다.

중학교에도 방송부가 있다면 꼭 들어가 보고 싶다. 2021학년도 뿐만 아니라 다른 해에도 즐거움을 줄 수 있는 방송부가 되길 바란다. 소담초 방송부! 2021년에도 파이팅! -한다연(6학년, 아나운서)

학기 초에 코로나19로 인해 등교도 제대로 못 해 속상했다.

초등학교 마지막 1년이 허무하게 지나갈 것 같아서, 그리고 내가 너무나 좋아하는 방송부 활동을 올해는 못 하게 될까 봐.

다행히 분반 등교를 할 수 있었고, 5학년 때부터 함께해 오던 방송부원 3명이 아침방송을 시작했다. 작년과 다르게 북적대는 방송부 모습은 아니었지만 그래도 신나고 재미있었다. 3명뿐이라 학교에 오지 않는 날에도 부지런히 나와 아침방송을 이어 나갔다. 시간이 지날수록 솔직히 걱정스러웠다. 재미있었지만 오직 3명이 방송부를 이끌어 가기에는 조금 힘들고 어려울 것 같다고 생각했기 때문이다.

다행히 7월에 새로운 방송부원을 충원하고 코로나19가 조금 안정되었다. 비록 답답한 마스크를 쓰고 있는 것이 괴롭긴 했지만 매주 회의도 하고 아침방송도 원활하게 할 수 있어서 너무 즐거웠다.

날씨가 선선해지며 코로나19 상황이 다시 악화되고, 등교 시간도 다시 조정되면서 아침방송마저 할 수 없게 되었다. '이대로 방송부가 없어지는 건 아니겠지?'라는 생각이 머릿속에 가득했다. 정말이지 너무 속상했다.

"등교 시간이 바뀌어 방송 시간 조정이 필요해요."

"하지만 학년별로 등교 시간이 달라 방송을 한 번 하는 거로는 부족해요."

"그럼 고학년만 방송해요."

"그럼 저학년은?"

우리는 생각을 열심히 모았다.

우리는 짧게라도 방송하는 게 좋겠다고 생각해서 저학년이 등교하는 시간에 20분, 고학년이 등교하는 시간에 30분, 이렇게 하루에 두 번 방송을 반복하기로 했다. 그런데 문제가 생겼다.

하루에 방송을 두 번 하다 보니 방송 사이사이에 쉬는 시간이 한 시간 정도 생겼다. 쉬는 시간이 길어지자 몇몇 친구들이 핸드폰을 보기 시작했다. 심지어 방송 중에 핸드폰을 사용하는 친구들도 있었다. 우리는 회의 시간에 이 일에 관해 이야기를 나눴다.

"친구들이 쉬는 시간에 자꾸 핸드폰을 사용해요."

"방송 중에도 사용하는 친구들이 있어요."

"그래도 학교에서는 핸드폰을 사용하면 안 되지."

"선생님, 쉬는 시간이 너무 길어서 할 게 없어요."

"그럼 어떻게 할래? 학교에 일찍 와서 자유 시간이 부족한 것도 알겠지만, 그렇다고 핸드폰 하는 것도 안 되고."

"보드게임 같은 게 있으면 좋을 것 같은데요."

그렇게 방송실에는 보드게임이 생겼고, 우리는 보드게임을 하며 쉬는 시간을 보냈다.

얼마 지나지 않아 등교 시간이 또 조정되어 더는 아침방송을 하지 못하게 되었고, 그렇게 2020년은 끝나 버렸다.

올해의 방송부 활동은 아쉬움이 많이 남는다. 내가 5학년 때 했던 다양한 활동들을 새로 들어온 방송부원들과 함께 해 보고 싶었는데….

비록 2020년은 코로나 때문에 이렇게 흘러가 버렸지만, 2021
년은 코로나19 종식과 함께 소담초등학교 방송부의 활발한 활동
이 이루어지면 좋겠다. 나는 이제 중학생이 된다. 중학교에 방송
부가 있다면 난 2년 동안의 경험을 살려 도전해 보려 한다. 방송
부는 정말이지 멋지고 재미있는 곳이기 때문이다.

-허윤지(6학년, 아나운서)

#2. 2020 학생회

한 사람을 위한 마음 프로젝트

교장으로 승진하여 소담초등학교에 온 지도 벌써 3년이 넘었다.
출장 등의 피치 못할 경우를 제외하면 지금까지 하루도 빠짐없이
아침 맞이를 하고 있다.

- 『학교자치를 부탁해 2』, 「혁신학교 교장으로 산다는 것은」 중에서

우리 학교에는 특별한 문화가 있다. 교장 선생님은 2016년 9월, 우
리 학교 교장으로 부임한 후로 매일 아침, 정문에서 학생들의 등교를
맞이해 주었다.
'교장 선생님은 학교의 지박령.'
'교장 선생님은 망부석 같아요.'
선생님들은 농담 섞인 말로 교장 선생님을 이렇게 표현했다. 날씨가
어쨌든 누구보다 먼저 학교의 문을 연다는 뜻이다.
부임 4년째 되는 올해, 교장 선생님이 떠날 것이라는 소식을 들었다.
유례없는 개학 연기 사태를 겪으며 온라인으로 방학식을 진행하면서

학생들에게도 그 사실이 알려졌다.

"함 선생님, 방학식 영상에 나랑 함께하는 마지막 방학이라고 했어?"

"네. 그렇게 자막 넣지 말 걸 그랬나요?"

"아니, 애들이 와서 교장 선생님이랑 왜 마지막이냐고 계속 묻기에. 아휴, 왜 그랬어."

방학식 영상에서 '교장 선생님과 함께하는 마지막 방학식'이라는 자막을 보고, 아이들이 계속 묻더란다. 그게 신경 쓰이셨나 보다.

올해 등교 개학이 계속 늦춰지면서 학생자치 담당으로서 조바심이 났다. 이러다 올해 자치활동은 아무것도 못 하고 끝나는 건 아닐지 걱정이 됐다. 손을 놓고 있을 수 없어 학생회 아이들을 봤다.

"우리 뭐라도 해야 하지 않겠어? 아쉽지 않아?"

"이 상황에서 뭘 해요?"

맞는 말이다. 1학기에는 전체 학생이 등교하지 못해서 학급 대의원도 뽑지 못한 상황이었다.

"그래도 일단 모여서 매주 회의라도 하는 게 어때? 어떻게 사는지 얘기라도 하면서. 가볍게."

"좋아요."

학생대표에 부대표 두 명, 나까지 네 명은 일주일에 한 번씩 모여 소소하게 회의를 했다.

아이들에게 집에서는 어떻게 지내고 있는지, 온라인 학습하는 건 어떤지 물었고, 나는 학교가 지금 어떻게 돌아가고 있는지 학교 사정을 이야기해 주었다. 곁들여 교장 선생님 이야기도 했다.

"뭐라도 해 드려야 하는 거 아니에요?"

"그치? 나도 그렇게 생각해. 교장 선생님 하면 생각나는 게 뭐야?"

"그래도 아침 맞이가 제일 생각나죠."

"저도요."

"그럼 우리가 교장 선생님을 아침 맞이 해 드리는 건 어때?"

"교장 선생님이 얼마나 일찍 오시는데요. 불가능할 걸요?"

"아니, 왜 그런 거 있잖아. 사람들이 지나가면서 한 명한테 선물 주는 거. 고백할 때 많이 사용하는 방법인데."

"오, 괜찮은데요? 방법은요?"

"선생님이 아이디어를 줬으니 자세한 건 이제부터 너희가 생각해 봐."

일주일 뒤, 아이들은 계획을 나름 자세히 세워 왔다. 너무 화려한 이벤트 느낌이 나는 부분은 함께 이야기하며 손봤다. 당사자가 부담스럽지 않으면서도 전교생이 함께 참여할 수 있는 것을 목표로 했다. 정리하자면 이렇다.

장소를 정해서 대기하고 있다가 학생들이 등교할 때쯤 꽃을 나눠 준다. 학생들에게 꽃을 주는 이유를 알려 주며 교장 선생님에게 전달해 달라고 말한다. 교장 선생님한테는 아무 말 없이 바구니를 건네준다. 학생들은 등교하며 교장 선생님에게 꽃을 나눠 준다. 함께한 학교생활이 참 즐거웠다는 감사의 인사와 함께.

"꽃은 생화로 하면 금방 시들어 버리니까 아까울 것 같아요. 그래서 비누 꽃으로 찾아봤는데, 어때요?"

"오, 생각 좋은데? 비누 꽃은 나중에 비누로 재활용할 수 있는 거야?"

"그건 아니고, 그냥 폐비누로 만든 꽃이래요."

한 사람을 위한 마음 포스터

"그럼 그것도 결국 버릴 텐데, 드라이플라워는 어때? 꽃이면서 오래
가잖아."

"좋아요!"

꽃은 드라이플라워를 주문하기로 했다. 그런데 결재 과정에서 교장
선생님에게 발각될 수도 있었다.

"30만 원 이하면 괜찮죠. 그럼 교감 선생님까지만 결재받으면 되잖
아."

"그러네요!"

인터넷으로 드라이플라워 수십 송이와 바구니 세 개를 주문했다.
값이 비싸면 부담스러웠을 텐데, 다행히도 생화 한 송이 가격에 작은
꽃 네 송이 정도 구매할 수 있었다.

학생들에게 홍보할 포스터를 만들었고, 포스터를 붙일 이젤도 챙겼

다. 방송부 아이들에게 사진 촬영도 부탁했다.

"이 프로젝트의 이름은 '한 사람을 위한 마음'이야."

"어우, 선생님! 그게 뭐예요!"

"오글거려요!"

"줄여서 한마프. 이거 노래 제목인데, 너네 모르니?"

하루 전, 꽃집 장소를 물색하기 위해 학교 인근을 한 바퀴 돌았다. 학생들이 많이 등교하는 곳에 꽃집을 차려야 했다. 아파트 입구에 하나, 광장 데크에 하나, 횡단보도 앞에 하나. 아이들의 의견을 전적으로 따라 총 세 곳에 꽃집을 설치하기로 했다.

"한 사람당 꽃집 하나씩 맡는 거야. 선생님은 총괄. 혼자 꽃 나눠 주는 건 어려우니까 각자 도와줄 친구들 2~3명씩 데려와도 좋아. 대신, 그 친구들한테 비밀 유지하라고 꼭 말해야 해!"

아직 덜 마른 꽃 말리기

"네! 내일 봬요!"

'애들아, 내일 날씨 좋대! 내일 보자!'

일주일 전부터 프로젝트 당일 날씨가 어떨지 신경 쓰고 있었다. 아이들도 마찬가지였다. 다행히 프로젝트 당일은 날씨가 쨍쨍할 거라는 예보를 보자마자 아이들에게 메시지를 보냈다.

우리는 교장 선생님보다 일찍 와서 짐을 꾸려 맡아 놓은 장소로 출발해야 했다. 7시 30분에 학교 방송실에서 만났다. 방송실은 교장실 바로 옆이었고, 다행히도 교장 선생님은 아직 출근 전이었다. 학생회 아이들과 도우미들은 꽃과 바구니, 포스터와 이젤을 챙겨서 조용히 나갔고, 방송부 아이들은 각자 카메라를 챙긴 뒤 먼저 간 아이들을 따라붙었다.

"선생님! 날씨 좋은 건 다행인데, 아침부터 너무 더운데요?"

"그러게, 좀 덥네. 최대한 그늘에서 잘 버텨 보자. 선생님이 계속 왔다 갔다 하면서 상황 확인할게."

교장 선생님이 보통 7시 50분쯤 정문에 도착하시기에 아이들에게 8시부터 꽃을 나눠 주라고 했다.

8시. 우리는 꽃집에서 학생들에게 꽃을 나눠 주느라 바빠서 정문 상황을 알 수 없었다.

"선생님! 대박이에요! 교장 선생님 눈에 벌써 눈물이 맺혔어요!"

교장 선생님 옆에서 사진을 찍던 방송부 학생에게 연락이 왔다. 이 사실을 얼른 꽃집에 전달했고, 아이들은 더 신나 하며 꽃을 나눠 주었다.

등굣길에 뜬금없이 꽃을 나눠 주는 광경을 본 학생들과 학부모들은 그 이유를 물었다.

"4년 동안 꾸준히 학생들의 아침을 열어 주신 교장 선생님이 곧 학

꽃 나눠 주는 모습

교를 떠나신대요! 그래서 오늘은 학생들이 교장 선생님 아침 맞이를 해 드리는 거예요!"

"자, 꽃 받아 가세요!"

같은 시각 정문, 교장 선생님은 한 학부모와 대화를 나누고 있었다. 학부모는 소담초에 있는 동안 교장 선생님에게 정말 감사했다며 꽃을 전하고 있었다. 저학년 아이를 등교시키던 학부모도, 소문을 듣고 찾아온 졸업생도 너 나 할 것 없이 꽃을 받아서 교장 선생님에게 향했다.

"아니, 이게 무슨 일이래!"

교장 선생님도 처음에는 눈물을 훔치다가 이내 함박웃음을 지으셨다. 바구니는 금세 꽃으로 꽉 찼고, 정문에서 주고받는 이야기들은 더욱 풍성해져 갔다.

아침부터 내리쬐는 햇빛을 온전히 받으며 꽃을 나눠 주느라 고생한 학생회 아이들이 꽃을 다 팔았다며 교문으로 들어오면서 프로젝트는 끝이 났다. 교장 선생님은 정말 고맙다며 학생회 아이들을 껴안아 주셨고, 꽉 찬 꽃바구니 세 개와 함께 다 같이 기념사진을 찍었다.

주변을 정리하면서 이야기를 나누던 중에 교장 선생님이 소감을 전했다.

"사실 오늘 아침에 기분이 별로 좋지 않은 채로 출근했어요. 잘 안 그러는데, 아침부터 기분 나쁜 일들이 겹쳤어요. 그렇게 정문에 서 있는데, 어떤 학생이 갑자기 꽃을 주는 거예요. 뒤따라오는 학생이 또 한 송이. '이게 뭐지?' 하면서 계속 꽃을 받는데, 아이들한테 감사하다는 말을 들으니까 갑자기 울컥하더라고."

교장 선생님은 학생들에게 아침 맞이는 교장의 잔소리 시간일지도 모른다는 생각을 요새 자주 한다며 회의감을 내비쳤지만, 오늘 보니 아침 맞이는 학생과 학부모에게 생각보다 훨씬 큰 의미였을 것이라는 생각을 했다. 1학년 학생에게는 교장 선생님 얼굴을 익히는 푸근한 시간이었을 것이고, 기분 좋은 일이 있는 학생에게는 짧게나마 자랑을 늘어놓는 시간이었을 것이다. 누구에게는 위로의 시간이었을 것이고, 눈을 마주치는 관심의 시간이었을 것이다. 참 따뜻한 문화이다.

"그건 그렇고, 이런 생각은 어떻게 했대?"

"이거 학생들이 다 계획 세우고, 준비한 거예요. 대단하죠?"

한 사람을 위한 마음 프로젝트 마무리

전교학생다모임 임원선거

우리 학교는 12월이 선거철이다. 예산, 연간계획 등 내년을 위한 준비를 새로 구성된 임원진이 하기 위함이다. 학부모회, 아버지회, 학생회 선거 모두 올해 안에 마친다.

코로나19가 재확산될 조짐이 보였지만 투표소에 입장하는 인원수를 조절하는 정도로 학생 선거를 준비했고, 매주 월요일 교무실 업무지원팀 회의에서 학생 선거 계획을 제안했다.

"온라인 투표로 해 보는 건 어때요?"

"학부모회 선거도 이번에 온라인 투표로 할 생각인데, 의외로 간단해 보이더라고요."

회의 중 선생님들의 의견이 있어 투표 방식에 대해 곰곰이 생각해 보았다.

현장 투표와 온라인 투표는 각각 장점이 있다. 현장 투표는 학생들이 선거의 현장감을 더 느낄 수 있고, 선거에 직접 참여하며 모든 과정을 경험으로 이해할 수 있다. 온라인 투표는 학생들이 투표를 위해 한 장소에 모이지 않아도 된다는 점이 현 상황에서 가장 큰 장점이다. 투표용지를 아낄 수 있고, 개표 결과도 투표 종료 후 즉시 알 수 있다.

아무래도 올해는 현장 투표보다 온라인 투표가 더 어울려 보였다. 그래서 투표 방식을 온라인 투표로 진행하기로 했다. 선거 프로그램은 예전부터 학생선거에 많이 쓰이는 프로그램이 있었다. 프로그램을 구동해 보니 물론 좋았지만, 온라인 투표는 처음이라 그런지 학생들에게 더 전문적이고, 공정해 보이는 프로그램이 있으면 좋겠다는 생각이 들었다. 그래서 선거관리위원회의 온라인 선거 관리 시스템을 이용하기로 했다.

홈페이지 첫 화면을 보면 공공 영역과 민간 영역이 나뉘어 있다. 학교에서도 많이 사용하는 모양이다. 신청 절차에 따라 몇 가지 정보를 입력하고, 서류 몇 가지를 준비해 업로드하면 간단히 신청이 끝난다.

신청 접수가 되면 중앙선관위에서 시·도 선관위로 서류를 이관한다. 이틀 정도 기다리니 시·도 선관위에서 전화가 왔다. 미비한 서류가 있으니 몇 가지 보완이 필요하다고 했다. 서류를 보완하고 나니 핸드폰 문자로 선관위 홈페이지 아이디와 비밀번호를 할당해 주었다. 그 이후 선거 등록 절차는 아래와 같다.

1. (관리자) 홈페이지 로그인 후 선거 개설
2. (관리자) 선거인 명부 업로드 및 투표소 추가
3. (관리자) 현장 투표 로그인 프로그램 설치 및 실행(홈페이지 자료실에 탑재)
4. (관리자) 발급받은 관리자 단말기 코드와 ID/PW 입력 후 로그인
5. (관리자) 단말기 추가(단말기 수=투표하는 학급 수)
6. (관리자) 투표 코드 발급(투표 코드 수=투표자 수)
7. (학급 담임) 선거 당일, 선거인 단말기 코드를 입력하여 로그인
8. (학생) 개인별 발급받은 투표 코드를 입력 후 투표

담당 교사가 초기 세팅만 해 놓으면 학생들이 간단히 투표할 수 있는 시스템이었다. 유의할 점은 투표 코드는 일회용이기 때문에 선거인 명부가 바뀔 때마다 재발급받아야 한다. 그래서 선거인 명부가 확정되었을 때 코드를 발급받는 것이 좋다. 반면에 선거인 단말기 코드(담임교사가 로그인할 때 사용)는 일회용이지만 재발급받더라도 코드 번호가 똑같다. 단, 각 학급에서 담임교사가 테스트를 위해 로그인을 하면 재로그인이 안 되기 때문에 관리자가 그때마다 재발급을 해 주어야 한다. 이 밖에도 여러 시행착오를 겪었는데, 홈페이지 자료실에 있는 온라인 투표 매뉴얼을 참고하며 하나하나 터득해 나갔다.

선거 2주 전, 4학년(4명), 5학년(4명), 6학년(2명)이 모인 학생선거관리위원회를 구성했다. 학생선거관리위원장은 올해 학생 대표, 부위원장은 부대표로 했다. 회의실에 다 같이 모여 할 일을 정했다.

■ 선거관리위원회가 할 일

1. 후보자 교육(선거 벽보 만드는 법, 선거운동 과정, 후보자 토론회 등)
2. 선거 벽보 확인 및 붙이고 떼기
3. 선거운동 점검

대표와 부대표로 나누어 후보자 등록을 받았는데, 대표 후보는 8명, 부대표 후보는 15명이 지원했다. 학생들이 선거에 많은 관심이 있다는 것에 흐뭇했지만, 이렇게 많은 후보자와 선거 과정을 함께하려면 토론회 구상 등 처음 세웠던 계획이 많이 바뀌어야 했다.

후보자 등록을 마치는 날, 선관위 학생들과 후보자가 전부 모였다. 전부 모이면 회의실이 꽉 차서 시간을 나누어 두 번 만났다.

선관위 학생들이 후보자들에게 선거 기간 동안 지켜야 할 것들에 관해 설명했다.

"선거 벽보는 본인이 손으로 직접 만들어야 합니다. 코팅이나 부착물은 안 됩니다."

"선거운동은 학생 등하교 시간에 피켓을 이용해 될 수 있으면 조용히 해야 합니다."

"후보자 토론회를 위해 공약 대본을 준비해야 합니다."

코로나19 상황을 반영해 선거운동은 정해진 장소와 시간에만 하기로 했다. 선거 분위기가 살아 있는 선거운동을 기대했지만, (시차 등교로 인해) 3~4학년 등교 시간이 1~2학년 수업 시간과 겹치거나 방역 지침을 준수해야 하는 등의 이유로 아쉽게도 선거 유세는 최대한 조용

히 하기로 했다.

후보자가 많은 것에 아이들이 부담을 느껴서였을까. 흰색 4절 도화지를 나누어 주며 손으로 직접 만들라고 알려 줬지만, 막상 가져온 벽보를 보니 꾸밈이 많았다. 부모님이 대신해 준 듯한 느낌이 나는 것들도 있었다. 선관위가 모여 약속과 많이 어긋난 벽보를 골랐고, 고른 벽보는 수정하거나 다시 만들도록 했다. 다음 선거에는 벽보 만드는 시간을 정해 같은 장소에서 후보자들이 다 함께 만드는 것도 생각해 보기로 했다.

선관위는 벽보를 모두 모아 전동과 후동 게시판에 잘 보이도록 붙였다. 벽보를 붙이자, 선거 분위기가 물씬 났고, 학생들은 복도를 지나가며 벽보를 구경했다.

"오! 이런 공약은 진짜 좋은데?"

선거 벽보

"이건 못 지킬 것 같은데, 어떻게 실천하겠다는 거지?"

학생들은 벽보를 구경하며 후보자들의 공약을 면밀하게 살폈다. 로비에서 발열 체크를 도와주시는 방역도우미 선생님들도 학생들의 벽보를 살펴보며 학생들 열정이 대단하다며 칭찬을 해 주었다.

선거운동은 건물 사이의 안뜰에서 하기로 했다. 후보자와 선거도우미까지 합치면 20명이 넘는 규모였다. 선거운동을 한다고 안뜰에 몰려 있으면 등하교에 방해가 될 것 같아 각자 위치를 띄엄띄엄 정하고, 이 근방에서만 움직이기로 했다. 후보자들은 도우미와 구호를 맞춰 오기도 했고, 목소리를 크게 외치지 못하니 대신할 포스터를 만들어 흔들기도 했다.

선거운동이 끝나고, 그날 오후에 후보자 토론회 리허설을 했다. 토론회는 유튜브 스트리밍을 틀면 각 교실에서 실시간으로 시청하기로 했다. 학년마다 등교하는 시간이 달랐기 때문이다. 혹시라도 제시간에 보지 못하면 돌려 보거나 녹화본을 시청하면 되기 때문에 유튜브를 사용하는 것이 여러모로 편리했다. 후보자들은 카메라를 보고 각자 준비한 공약을 발표하고 리허설을 마쳤다.

■후보자 토론회 순서
1. 공약 발표
2. 후보자 간 상호 질의응답
3. 유권자 질문·답변
4. 마지막 발언

"선생님, 너무 떨려요."

토론회 당일, 후보자들은 각자 자리에 앉아 준비한 대본을 읽으며 입을 풀었다. 선거에서 토론회는 학생들에게 본인의 능력을 보일 수 있는 가장 중요한 자리다. 후보자끼리 질문을 던지고, 받은 질문에 답변하는 모습을 전교생이 지켜보고 있으므로 후보자는 적절한 답변 능력, 순발력, 자신감을 최대한 보여야 한다. 선거운동이 축소되었기 때문에 토론회는 투표 전 본인을 홍보할 수 있는 가장 큰 자리였다.

올해는 급식과 관련된 공약이 많았다.

"급식 잔반 처리 비용을 줄여 학생들에게 간식을 나눠 주겠다고 했는데, 어떻게 실천하실 건가요?"

"급식데이를 운영한다고 했는데, 사전에 영양교사 선생님과 이야기를 나눈 후에 정한 공약인가요?"

후보자들은 미리 준비한 질문을 본인이 지목한 두 명에게 할 수 있었다. 예상 질문이었다는 듯 미리 준비한 답변을 차분하게 펼친 학생이 있는가 하면 갑작스러운 질문에 제대로 답변을 못 하는 학생도 있었다.

유권자 질문을 위해 토론회 3일 전 전교생을 대상으로 '후보자들에게 하고 싶은 질문'을 받았다. 후보자들은 질문 뽑기 통에서 본인이 고른 질문에 답변하는 방식이어서 순발력을 발휘해야 했다.

최종 발언을 끝으로 토론회는 훈훈한 분위기 속에 마무리되었다. 그제야 학생들은 안도의 한숨을 내쉬며 표정이 자연스러워졌다. 이렇게 긴장되기는 처음이라면서 그래도 재미있었다는 학생들에게 결과가 어찌 되었든 좋은 경험으로 남으면 좋겠다고 말한 뒤 교실로 돌려보냈다. 오늘 있었던 경쟁은 서로를 향한 공격이 아닌 하나의 과정이라고도 말했다. 토론회 처음부터 끝까지 마스크를 착용해 후보자들의 얼굴을 학생들에게 제대로 못 보여 준 것이 아쉬웠지만 이색적인 현장이 재미있기도 했다. 그래도 이런 모습은 올

2021 전교학생 다모임 임원선거 영상

해까지만 보길 바란다.

투표는 당일 오전 10시부터 시작되도록 예약해 놓았다. 투표 모의 체험을 할 수 없었기 때문에 한 부분이라도 어긋나지 않길 바라는 마음이었다. 투표가 시작되었고, 실시간으로 투표 현황을 볼 수 있어서 좋았다.

"선생님, 투표를 진행하는데 학생투표 코드가 안 맞는대요."

다른 반에서는 투표가 원활하게 잘되었기 때문에 학생 코드를 일괄 재발급받을 수 없었다. 그래서 학생 한 명씩 코드를 발급받아 담임선생님에게 알려 주었다.

담임교사가 프로그램에 로그인할 때 입력하는 코드는 일회용이라서 다시 로그인할 때마다 재발급해 줘야 하는 것은 조금 불편했다. 오후 3시에 투표가 종료되었고, 결석한 학생을 제외한 모든 학생이 투표했다. 93.1%의 투표율이 즉시 집계되었다. 온라인 투표의 가장 큰 장점이다.

코로나19가 학교 근처까지 퍼지는 바람에 학생들은 일주일에 1~2회 등교하는 상태였다. 그래서 결과를 가정통신문 앱으로 우선 공고하고, 학교 게시판에도 일주일간 결과를 붙여 놓았다.

이렇게 새로운 방식의 학생선거가 마무리되었다. 개표 작업을 꼼꼼하고, 정확하게 처리해야 하는 현장 투표 방식에 비해 온라인 투표는 상대적으로 짧은 시간에 정확하게 결과가 집계되어 편리했다. 선거에 지속해서 사용해도 좋을 만큼 매력적인 수단이었다.

올해는 코로나19로 인해 예년보다 선거 분위기가 달아오르지 못했지만, 선거에 대한 학생들의 관심만큼은 여전히 뜨거웠다. 내년에는 마스크를 벗고 시끌벅적한 선거기간이 되길 바란다.

2020 소담교육가족축제
(교실에서 즐기는 놀담먹담꿈꾸담)

전동 계단을 오르다 창문을 통해 밖을 살짝 봤다. 후문 주차장에 서 있는 은행나무는 여름 한 철 초록빛이었는데, 이제는 연두색과 노란색이 그라데이션된 빛을 띠었다. 한 달 뒤에 보면 샛노랗게 변해 있겠지.

날씨도 선선하다. 여름이 간다고 말도 없이 간 느낌이다. 이제는 "와, 진짜 덥다"가 아니라 "와, 좀 덥네"라고 말하려고 하는데 안 더워진 느낌이다. 그렇게 시원해진 바람이 싫지 않은 느낌.

주말엔 하늘도 높고 선명했다. 인스타그램을 보니 올라오는 사진이 죄다 맑은 하늘이었다.

'오늘따라 청명한 가을하늘(파란색 하트)', '집에 있다가 하늘 보고 급 산책(웃음 표정)' 이런 대사와 함께. 사람 느끼는 거 다 비슷하다.

작년에는 하늘 파란빛이 쨍하고, 바람이 선선할 때 축제를 했다. 연초만 해도 당연히 할 줄 알았던 축제인데, 지금은 마스크 없이 웃고 있는 아이들 사진만 봐도 뭔가 어색하다.

"축제를 이런 식으로 해도 좋을 것 같네. 어디 초에서는 온라인으로 축제를 계획 중이래요."

"오, 그래요?"

올해 축제는 못 하는 줄로만 알고 있었는데, 새로운 돌파구가 있나 보다.

"한번 준비해 볼까요?"

아무런 대책 없이 일단 대답했다. 일단 커피를 한잔 타고, 주변에 있는 선생님들과 이런저런 이야기를 주고받으며 축제 아이디어를 얻었다. 온라인 축제라고 대충 제목을 붙이고, 아이디어를 쭉 적었다. 선생님들이 던지는 깨알 같은 아이디어를 촉촉 물어다가 마인드맵에 연결해 초안을 만들었다.

내친김에 학부모회 임원진과 회의도 했다. 학부모회는 축제에서 빼놓을 수 없는 엄청난 지원군이다.

"3~4학년에서 우리 마을에 대해서 배우는 것 같은데, 마을 탐방 같은 건 어때요?"

"먹거리는 학부모회에서 늘 담당했으니까 간식 같은 걸 준비해 볼까요?"

"야외 활동은 아버지회에서 도울 수 있어요."

왠지 모르게 움츠려 있던 나와 달리 방역 지침에 어긋나지 않는 선

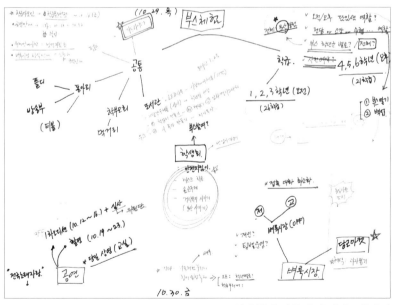

회의 끝에 나온 축제 마인드맵 초안

에서 다양한 의견을 큼직큼직하게 내놓는 학부모회 임원진 덕분에 회의는 추진력을 얻었다.

자치두레(학생자치를 함께 연구하는 교내 전학공) 선생님들도 축제 TF팀으로 회의에 참여했다. 자치두레팀은 이미 한 차례 사전 회의를 거쳐 축제의 기본 틀을 만드는 역할을 했다.

올해 축제는 작년까지와 상황이 달랐지만, 기존 축제의 틀은 그대로 유지하기로 했다.

첫째, 마라톤. 작년까지 축제 기간에 반나절은 전교생이 학교 주변 금강 수변 공원에서 마라톤을 했다. 저학년은 짧은 코스, 고학년은 저학년보다 조금 더 긴 코스를 달렸다. 산책 삼아 슬금슬금 걷는 학생들도 있었고, 꼭 1등을 하겠다며 페이스를 조절하며 전략적으로 달리는 학생들도 있었다. 올해는 마스크를 끼고 장거리를 달리는 것이 어려울 것 같아 다른 야외 활동을 구상했다.

"운동장에서 동작 따라 하기 활동은 어때요?"

"홈트 온라인 콘텐츠처럼 무대에서 한 명이 동작을 선보이면 학생들이 따라 해도 괜찮겠네요."

"훌라후프로 거리 두기 표시를 해도 좋겠어요."

아버지회에서 운동장 야외 활동을 도와줄 수 있다며 선뜻 의견을 주었다.

둘째, 벼룩시장. 학교 안뜰, 강당, 복도에 학생들이 돗자리를 펴고, 각자 물건을 사고파는 왁자지껄한 벼룩시장 대신 비접촉, 비대면으로 할 수 있는 거래는 뭐가 있을지 고민하다가 중고거래 앱에서 아이디어를 얻었다. SNS에 팔고 싶은 물건을 올린 뒤 판매자와 구매자가 일대일로 만나 물건을 거래하는 방식이다. '당신 근처의 마켓'을 강령으로 하는 app를 모방한, 이름하여 담근마켓. (소)담 근(처)의 마켓이라는 뜻이다.

셋째, 먹거리 부스. 학부모회는 매년 축제에서 먹거리를 담당했다. 우리 학교 축제 이름은 '놀담먹담꿈꾸담'인데, 학부모회는 '먹담'을 든든하게 책임지고 있었다. 아쉽게도 올해 축제에서는 먹거리 부스를 운영하지 않기로 했다. 음식을 먹으려면 마스크를 벗어야 하기 때문이다. 대신 간식꾸러미를 준비해서 학생들에게 나누어 주기로 했다.

넷째, 부스 체험. 축제는 모름지기 모든 학년이 한데 어우러져야 제맛이다. 부스 체험 시간은 1학년부터 6학년까지 전체가 만날 수 있는 시간이다. 학급별로 부스를 차리면 전교생이 일정한 시간 동안 마음에 드는 부스에 가서 체험할 수 있다. 아쉽게도 올해는 전 학년이 섞이기 어려운 실정이었다. 학년별로 등교하는 요일이 달랐고, 한 반에서도 두 그룹으로 나눠 분반 등교를 하고 있었기 때문이다. 또 인기 많은 부스에 학생들이 많이 몰릴 수도 있어 거리 두기에 부담이 있었다. 부스 체험을 진행하기 쉽지 않았지만, 다양한 논의 끝에 공통 부스와 학급 부스를 나누기로 했다. 공통 부스는 동아리, 방송부, 도서관에서 맡기로 하고, 학급 부스는 시차를 두어 저학년과 고학년 체험 시간을 나누기로 했다.

다섯째, 공연. 공연은 비교적 아이디어를 쉽게 얻었다. 공연에 참여하고자 하는 팀은 신청서를 제출하고, 미리 본인 팀 공연 영상을 찍어서 SNS에 올리면 투표를 통해 1차 오디션을 진행하기로 했다. 오디션에 합격한 팀은 정해진 날짜에 강당으로 모여 영상을 촬영하고, 촬영한 영상을 각 교실에서 학급 친구들과 함께 시청하기로 했다.

전교학생다모임(학생회)은 안전 지킴이 역할을 맡기로 했다. 마스크 착용을 독려하고, 손 소독제를 들고 다니며 수시로 학생들에게 뿌려 주고, 유난히 몰려 있는 학생들을 분산시키는 것이다.

학부모, 학생, 교사가 몇 번의 회의를 주고받은 끝에 나온 안을 가지고 기획 회의에 들어갔다. 온라인과 오프라인을 병행한 축제 계획을 소개하는데, 예상과는 다르게 우려의 목소리가 높았다. 부스 체험을 할 때 다른 학년 학생들끼리 섞이는 게 부담스럽고, 거리 두기가 잘 안될 것 같아 불안하다는 이야기가 많았다. 축제를 안 할 수 있으면 안 했으면 좋겠다, 왜 지금 시기에 축제해야 하느냐는 말을 들으니 지금은 때가 아닌가 하는 의구심이 들며 스스로 쪼그라들었다. 다시 수정해 보겠다고 하고 발언을 마무리 지었지만, 사실 올해 축제는 없던 일로 하고 싶었다.

축제 TF팀 회의에서 기획회의 때 나온 축제 이야기를 공유했다. 아쉽지만 계획을 대폭 수정해야 할 것 같다고 했다. 안전을 우선시해야 하므로 오프라인 축제가 어려우니 교실이나 온라인으로 축제를 진행하는 방향으로 노선을 정했다.

프로그램은 공연과 부스 체험만 진행하기로 하고, 학부모회에서 간식꾸러미를 준비하기로 했다. 축제 콘셉트는 '교실에서 즐기는 놀담먹담꿈꾸담'이었다.

학급 또는 학년별로 부스 체험을 하기로 했다. 축제 기간이 전면 등교 2주 후인 점을 고려했을 때 부스를 통해 분반 등교로 서먹서먹한 친구 관계를 가깝게 만드는 것을 목표로 삼았다.

공연은 기존 계획 그대로 진행할 수 있었다. 공연 팀을 확보하기 위한 홍보와 오디션 준비가 당장 급한 과제였다.

공연 신청은 축제 3주 전부터 받았다. 올해 상황 때문인지 13팀이 공연 신청을 했다. 생각보다 공연 참여가 저조했다. 댄스팀이 주를 이뤘고, 태권도, 피아노, 쌍절곤 등 다른 분야도 있었다. 13팀 가지고 오디션을 보기도 어려워서 오디션 없이 바로 촬영하기로 했다.

"강당에서만 촬영하지 말고, 학교 곳곳에서 촬영하는 건 어때요?"

"어차피 촬영해서 영상으로 편집하는 거니까 좋을 것 같은데요?"

공연은 강당에서 일괄 촬영하기로 했는데, 녹화방송이라는 특성을 살려 여러 장소에서 촬영하자는 의견에 따라 장소를 옮겨 가며 영상을 찍었다. 피아노는 시청각실, 댄스는 안뜰과 강당, 공연팀 학생들과 선생님들은 카메라를 들고 학교 곳곳을 누볐다.

학생다모임 대표와 부대표가 MC를 맡아 오프닝과 클로징을 촬영했고, 중간중간 공연 팀을 소개하는 영상도 찍었다. 학생들이 공연을 좀 더 풍성하게 하자며 소담이 탈을 쓰고 촬영하자고 제안했다. 좋은 생각이어서 그러자고 했다.

촬영이 끝나고 나니 메모리카드에는 수십 개의 영상이 담겨 있었다. 편집 담당 교사들은 영상 편집을 위해 각자 영상 할당량을 나눠 영상을 USB에 옮겼다. 온라인 콘텐츠를 제작하면서 키운 영상 편집 실력이 다들 수준급이었다.

축제 기간이 다가오자, 학년별로 부스 체험 포스터가 복도 곳곳에 붙기 시작했다. 비누 만들기, 귀신의 집, 오조봇 코딩, 에코백 만들기 등 다양한 부스가 눈에 띄었다.

이 시국을 반영한 부스도 있었는데, 한 학급이 손 세정제와 핸드크림 만드는 부스를 운영한다고 했다. 축제에 앞서 학생들이 미리 손 세정제와 핸드크림을 시험 삼아 만들었는데, 손 세정제는 너무 묽고, 로션은 생각보다 양이 안 나왔다.

"이거 두 개 섞으면 어떨까?"

"오, 좋은데요?"

"이름하여 손 소독 크림! 소독과 보습을 한 번에 책임진다!"

동아리실 창문을 신문지로 덕지덕지 붙이는 반도 있었다. 문을 슬쩍 열어 보니 어두컴컴한 공간에서 종이 박스로 벽을 쌓고 있는 아이들이 보였다.

"너희들 뭐 하니?"

"비밀이에요!"

비밀 엄수를 외치며 아무도 들어오지 못하게 하는 곳은 알고 보니 귀신의 집이었다. 그 많은 박스는 다 어디서 났는지.

분명 기획회의 때만 해도 올해 축제는 못 할 분위기였는데, 막상 축제가 다가오자 다양한 아이디어가 나오며 분위기가 급상승했다. 학년별로 함께 즐길 수 있는 활동을 찾았다. 주로 바깥 활동을 많이 못 한 아이들을 위해 야외 활동이 많았다.

축제는 이틀간 이어졌는데, 축제 2주 전부터 전면 등교를 실시했기 때문에 학년군별로 시차 등교를 하는 상황이라 학년별로 활동 시간이 조금씩 달랐다.

학급별로 교실에서 공연 영상을 시청하고, 학급(학년)별로 부스를 운영했다. 남은 시간에는 학년 자율로 다양한 활동을 했다.

1학년은 4학급씩 나누어 야외 활동과 교실 활동을 교차로 운영했다. 야외 활동으로 운동장에서 달팽이놀이도 하고, 학교 근처 잔디밭에서 보물찾기를 했고, 교실에서는 다양한 목공예품을 만들었다.

축제 날 이른 아침부터 1학년장 선생님께 다급한 메시지가 왔다.

"오늘 보물찾기를 해야 하는데, 같은 장소에서 인근 어린이집이 축제를 한대요."

부랴부랴 다른 장소를 물색해 보았지만 마땅한 곳을 찾을 수 없었다. 다행히도 어린이집에 양해를 구해 한 시간만 잔디밭을 사용하기로 하면서 해프닝은 끝이 났다.

축제 기간에 마침 교육청에서도 창의융합축제를 하고 있었다. 올해

축제 공연 영상 중 일부

는 학교에 체험꾸러미를 지원하는 방식으로 운영되어서 몇몇 학년에서 꾸러미를 지원받아 교실에서 만들고, 체험했다.

4학년과 6학년은 강당과 운동장에서 작은 체육대회를 열었다. 피구 리그전, 꼬리 떼기 등 마스크를 쓰고 할 수 있는 종목을 선정했고, 아이들은 오랜만에 에너지를 터뜨리며 신나게 놀았다.

축제 며칠 전부터 학부모 지원실이 시끌벅적했다. 공장 가동을 시작했기 때문이다. 학부모회에서는 축제 때마다 뻥스크림(뻥튀기+아이스크림)을 아이들에게 나눠 주었는데, 올해는 뻥스크림 대신 뻥튀기를 소포장해 다양한 간식과 함께 간식꾸러미를 만들었다.

뻥튀기 만드는 담당, 간식을 바구니에 넣는 담당, 바구니에 스티커 붙이는 담당 등 각자 역할을 나눠 날렵하면서도 정교하게 작업을 해 나갔다. 며칠 새 학부모 지원실은 주황색 간식꾸러미 바구니로 가득

찼다.

축제 이틀날, 학부모회는 일찌감치 출근해 '소담가족다모임' 현수막을 나무에 걸었다. 테이블을 깔고, 천 개가 넘는 간식꾸러미를 수레에 담아 옮겼다. 학생들에게는 미리 간식꾸러미 교환권을 나눠 주고, 등하교 시간에 꾸러미와 교환해 가라고 일러 줬다. 아이들은 일찌감치 간식꾸러미 배부 장소에 거리를 두고 줄지어 서 있었다. 평소와 다른 등굣길 광경을 보고 어리둥절해하는 학생들도 있었다.

"자, 교환권 가지고 이쪽으로 오세요!"

"아! 집에 교환권 놓고 왔다!"

"이거 간식 왜 줘요? 그냥 주는 거예요?"

아이들은 받은 간식꾸러미를 슬쩍 들춰 보더니 흐뭇한 미소를 지으며 교실로 돌아갔다.

학부모회가 준비한 간식꾸러미

"올해는 축제 못 할 줄 알았는데, 작게나마 해서 너무 좋았어요."

"축제 기간을 늘려 주면 좋겠어요."

"마라톤을 못 해서 아쉬웠어요."

축제가 끝나고, 전교학생다모임에서 진행한 축제 평가회 이야기는 학생들에게 축제가 깊게 자리 잡고 있음을 알려 주었다.

"지금까지는 '코로나19 때문에'라며 움츠려 있었다면, 이제는 '코로나19 임에도 불구하고'라는 마음가짐을 가졌으면 합니다."

"작년만큼은 아니더라도 멈추지는 않았으면 해요."

축제를 준비하는 회의에서 의견을 주고받는 와중에 나온 말들이다. 올해는 꼼짝없이 축제를 못 하고 지나갈 뻔했는데, 이런 힘이 되는 말 덕분에 소담교육가족축제의 명맥을 이어 나갈 수 있었다. 이번 코로나19 상황에서 시도한 새로운 방식의 축제는 내년에 더 다양한 방식으로 업그레이드되었으면 한다. 물론 아이들의 생생한 웃음이 마스크에 가리지 않는 축제가 되면 더 좋겠다.

누구를 가르친다는 것은 그 분야의 전공자나 배움의 깊이가 깊은 사람만이 할 수 있다고 생각했던 고정관념이 있었는데, 나의 기억과 함께 누구든 뜻이 있으면 함께 배우며 아이들에게 배움을 나눠 줄 수 있는 선생님이 될 수 있다는 새로운 이념이 생기는 시간이었다. 그 자리를 함께했던 부회장님과 총무님도 같은 마음이었는지 눈에서 반짝반짝 빛이 나는 것 같았다.

소담마을인생학교, 들어 보셨나요?

임진희

엄마, 이모에서 마을 선생님으로

학부모회장 첫 부임 후 임원 구성과 연간 계획 수립으로 정신을 쏟고 있을 때였다.

"회장님, 마을교육공동체 설명회를 하는데 한번 가 보시겠어요?"

이 한마디가 얼마나 큰 파장을 몰고 올지 그때는 몰랐다. 단순 호기심에 부회장님과 총무님과 함께 설명회로 향했다. 그곳은 빈자리가 없을 정도로 마을공동체 사업에 관심 있는 분들로 가득 차 있었다. 마을공동체 후기 발표와 질의응답을 들으면서 저 작은 불씨들이 마을의 분위기를 바꾸고 학교의 담을 넘어 마을에서도 아이들이 즐겁게 배움을 가질 수 있는 공간들이 마련되었구나 싶었다. 그 모습들을 보며 내 가슴에도 불씨가 생기는 기분이었다.

아이들 유아 때 마을도서관이나 커뮤니티센터 게시판에 붙어 있던 프로그램 안내를 보며 참여해 본 경험이 있다. 집에서 가까운 곳에서 유익한 프로그램들을 진행하는 것에 굉장히 매력을 느꼈고 저렴한 수업료에 아이와 질 좋은 수업을 할 수 있어서 만족감도 좋았다. 한번은 프로그램 신청 후 첫 수업에 가 보니 아이 친구 엄마가 선생님으로 수업 준비를 하고 계셨다. 누구의 엄마로 부르다 선생님이라고 부르려니 서로 어색했지만 선생님이 아이 친구 엄마이다 보니 아이의 성향을 더 잘 이해하고 수업 준비와 진행도 열심히 하셔서 아이가 즐겁게 수업에 참여했던 기억이 문득 떠올랐다.

누구를 가르친다는 것은 그 분야의 전공자나 배움의 깊이가 깊은 사람만이 할 수 있다고 생각했던 고정관념이 있었는데 나의 기억과 함께 누구든 뜻이 있으면 함께 배우며 아이들에게 배움을 나눠 줄 수 있는 선생님이 될 수 있다는 새로운 이념이 생기는 시간이었다. 그 자리를 함께했던 부회장님과 총무님도 같은 마음이었는지 눈에서 반짝반짝 빛이 나는 것 같았다.

소담초가 신설된 지 2년밖에 안 된 상황에서 학부모회는 3주체로서 스스로의 역할을 만들어 가기 위해 고군분투하고 있는 시점이었다. 내실을 정비하기도 바쁜데 마을 사업이라니…. 더군다나 마을교육 사업은 뜻이 있는 사람들이 모여 학교를 만들고 배움을 나누는 곳인데 우리가 과연 할 수 있을지 큰 모험이었다. 우리에게는 교내 학부모 동아리가 있었다. 마음자람터, 소담풍물패, 아띠놀이터, 아버지회가 각자의 영역에서 다양한 연수를 통해 역량을 키우고 있었고 정기적으로 소담초 아이들에게 배움을 나누고 있었다. 새로운 것을 다시 만들기보다는 우리가 가지고 있는 재능들을 모으면 시너지 효과가 생겨 동아리들이 더 단단해지고 학교 담을 넘어 마을의 아이들까지도 함께 배움을 나눌 수 있을 것 같은 작은 희망 불씨로 임원들을 설득하게 되었다.

4개의 동아리가 한데 어우러져 철을 모르는 아이들이 철을 알아 가기 위한 24절기 주제의 '소담철부지학교'라는 이름으로 공모를 신청하여 선정이 되었다. 각 절기마다 동아리원들이 선생님이 되어 적은 예

소담철부지 마을학교 활동 안내

소담철부지 마을학교 활동 모습

소담철부지 마을학교 활동 모습

산이지만 아이들에게 배움을 전하고자 한 달에 한 번 타이트한 계획안으로 숨 가쁘게 달렸다. 교내 연간 계획과 겹치는 달은 한 달 내내 학교에 나가 준비를 하고 진행을 해야 하는 상황도 있었지만, 엄마, 이모에서 선생님이라는 이름으로 아이들과 만날 때 오는 설렘과 매시간 즐거워하는 아이들의 모습을 보며 불평 없이 소중한 시간을 할애할 수 있었다. 함께해 준 모두에게 참으로 고마웠다.

소담동 마을인생학교를 만나다

따뜻한 5월. 선생님은 또 한 번 나에게 제안을 하셨다.
"마을인생학교 이야기를 들어 보실래요?"
선생님 이야기는 이러했다. 마을의 어른들이 안전한 마을 공간 안에서, 주민이 선생님이 되어 학교 밖에서도 배움을 지속할 수 있고, 마을 공동체가 형성되어 온 마을 주민이 함께 배우고 함께 키우는 공간을 꿈꾸고 있다 하셨다. 개교 때부터 벽에 붙여 놓았다는 종이 한 장을 보여 주며 설명을 이어 가셨다. 그러기 위해서는 마을 주민이 기획과 운영을 하면서 마을공동체를 만들어 가는 것이 중요한데 구심점 역할을 학부모회에서 해 보면 어떻겠냐는 의견이셨다.

소담초는 혁신학교로 지정되면서 각 주체별로 누가 시켜서가 아니라 스스로가 학교자치를 만들어 가기 위해 서로 협력하고 조력자로서 소담초만의 문화를 만들어 가고 있었다. 학부모회는 이미 마을학교를 시작으로 마을교육자치를 실현하고 있었는데 한 발 더 나아가 마을의 주체가 되어 더 단단하게 구체화할 필요가 있었다. 경기도교육연구원에서 진행하는 학교자치 워킹그룹 공모 사업을 전국 공모로 진행하였는데 소담초가 공모에 선정되었다고 하셨다. 나보고 대표를 맡아 달라 하신다. 참으로 일복이 넘쳐난다. 학교 행사에 마을학교에 정신 없이 달려오고 있는 상황에서 또 다른 사업이라니 많이 난감했다. 선생님의 이야기를 아무리 들어도 머릿속에 마을인생학교가 현실적으로 그려지질 않았다. 주민자치 프로그램이나 도서관 프로그램도 있는데 우리가 그 틈에 들어갈 수 있을까? 현실적인 문제들 앞에서 멈춰섰다. 선생님은 교육이 중심이 되어 학교를 넘어 마을로 배움이 이루어질 수 있도록 단기부터 장기 목표 계획을 그리고 계셨다. 하지만 선생님도 그림일 뿐 결과까지는 생각하지 않는다고 하셨다. 일단 시작하는 것에 의미를 두는 걸로….

세종시만 해도 동마다 아파트마다 운영되고 있는 프로그램들이 많지만 정작 소수의 인원만이 수혜자가 된다. 담당 행정부서들이 다르기 때문에 다양한 프로그램이 운영되는 것은 이해가 되지만 마을이 하나가 되어 움직이는 느낌보다는 한 마을 안에서 각자의 사이클로만 돌고 있는 느낌이 들어 안타깝다. 또한 프로그램들이 유치부나 저학년, 성인 위주여서 초등 고학년이나 중·고등학생들은 마을에서 배움의 기회를 갖기가 어렵다. 정작 어른들의 관심과 돌봄이 필요한 것은 이 아이들인데…. 그러기 위해선 교육이 중심이 되어야 한다는 목표가 꼭 필요하다는 결론이 내려졌다.

학교가 중심이기에 소담초 주변 유·초·중학교에 협조 요청을 했다. 고맙게도 유치원 선생님들과 중학교 학부모회장님께서 소담마을인생학교 준비위원회에 함께해 주셨다. 첫 번째 플랜은 '교육이 중심이 되는 소담마을 주민총회'였다. 마을 사람들이 어떠한 마을을 꿈꾸는지 이야기를 들어 보기 위해서였다. 주민총회를 하려면 소담동 복컴(복합커뮤니센터)과의 협력이 필요했다. TF팀 선생님과 함께 동장님을 만났다. 우리의 사업 계획을 말씀드리고 총회를 할 수 있는 공간과 협조를 부탁한다는 내용이었지만 나도 그랬듯이 동장님도 교육이 중심이 되는 마을인생학교가 머릿속에 그려지지 않으셨는지 시큰둥한 반응이었다. 행정적 절차들이 얽혀 있다 보니 시의원, 교육청 관계자 등을 찾아다니며 우리의 사업 계획을 알리고 도와 달라고 요청을 했다. 점차 우리의 계획이 주민자치의 바람직한 롤모델로 대두되기 시작했고 지지자들도 생겨났다. 열 번 찍어 안 넘어가는 나무 없듯이 결국 소담동 복컴의 문이 열렸다. 이제부터는 사람들을 모으는 일이었다. 호기심을 자극하게끔 만들어진 현수막과 홍보물을 마을 곳곳에 걸어 놓고 아이 돌봄 프로그램과 행사 진행에 도움을 주는 주민과 학생들에게는 '1365 자원봉사센터'와 연계하여 봉사활동을 인정하는 등 참여율을 높이기 위해 다양한 이벤트를 준비했다.

학교, 시민이 탄생하는 곳, 소담마을인생학교

7월 5일 금요일 저녁. 초등학생, 중학생, 학부모, 교사, 마을의 어르신까지 200여 명의 다양한 연령층이 모여 우리가 바라는 마을 모습에 대해 서로 의견을 나누고 공유하는 시간을 가졌다. 교육을 중심으로 열린 주민총회는 모두가 생소한 자리였지만 마을이 하나가 되는 꿈은 모두가 같았다. 연령이 다양하다 보니 각자의 시선으로 바라보는 마을의 상들이 서로 달랐다. 하지만 마을공동체를 만들어 가기 위해서는 앞으로도 지속적으로 자리를 만들어야 하고, 의견을 내는 데서 끝이 아니라 현실에 반영될 수 있도록 실현 가능한 방안을 찾을 필요성이 있다고 모두가 한목소리로 이야기했다. 그러니 더욱더 소담마을인생학

교의 필요성이 대두되었다.

내가 잊고 있었던 마을의 모습들이 떠올랐다. 많은 정보와 편리함 속에서 혼자서 바쁘게 살다 보니 한데 어우러져 함께 지냈던 소중한 시간들을 잊고 살아가고 있진 않은지. 어릴 적 마을회관에 마을 사람들이 모여서 마을 일들을 함께 논의하고 기쁨과 슬픔을 서로 나누는 모습을 보며 자라 왔지만, 도시화가 되면서 점점 마을에서 일어나는 일들에 무관심해지고 있는 현재의 마을 모습이 안타깝게 느껴진다. 자라나고 있는 아이들에게는 마을의 모습이 어떻게 기억될지. 더더욱 소담마을인생학교가 필요하다는 결론이다.

빼곡한 아파트 숲 안에서 우리가 찾는 마을의 모습이 다시 살아날지 의문이지만 작은 불씨가 큰불을 만들 듯이 이 자리에서 작은 불씨가 일어났기를 기대해 본다. 앞으로 해야 할 숙제가 많이 생겼다. 숙제는 꼭 해야 하는데….

나 혼자 고민하고 해결하려고 해서는 할 수 없는 일들이지만, 함께 고민하고 지지해 주는 선생님들과 학부모님들이 있기에 이 또한 해결해 나갈 수 있을 거라 믿는다.

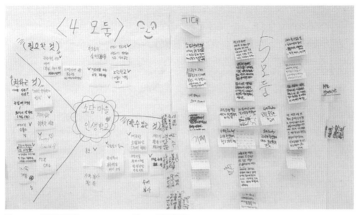

소담동 마을총회 모습

안녕하세요? 소담동, 지난 7월 소담동 복합커뮤니티센터에서 소담동 마을총회 - 함께하는 교육- 의견 수렴회를 실시하였습니다 소담동 주민들의 소중한 의견을 받아 첫 번째 시범 사업을 실시하고자 합니다.
시범 사업으로 유아와 어르신 대상으로 우선 실시하오니 주변 해당되시는 분들에게 안내하여 주시기 바랍니다.

- 소담동 마을 인생학교 시범 프로그램 안내-

1. 신청기간 : 2019년 9월 26일 ~10월 2일 17:00까지
2. 신청방법 : 구글 설문
3. 모집 인원 : 15명 내외
   - 15명이 넘을 경우 추첨하며 부족할 경우 추가 모집함
   - 지역 요건이 되지 않는 경우 프로그램에 참여하지 못함

순	프로그램 명	주요내용	대상	비고
1	찰아 전래 놀이 (유아)	• 실뜨기 만들기 등 • 매주 화요일 시간 13시 30분~14시 30분 화요일 오후 14시 30분~15시 30분 (총 수업횟수 10회 7일) • 장소 : 소담동 복컴 문예창작실 4	소담동 유치원	10주 과정
2	시니어 학아 (유아)	• 소통 공감을 위한 모리 그림책 공책 등 • 매주 월요일 09시 30분~11시 10분 (총 수업횟수 10회 7일) • 장소 : 소담동 복컴 문예창작실 3	소담동 어르신 (만 65세 이상)	10주 과정
3	시니어 여행 영어 (유아)	• 해외 여행시 익히야 하는 기본 영어 • 매주 수요일 09시 30분~11시 10분 (총 수업횟수 10회 16일) • 장소 : 소담동 복컴 문예창작실 3	소담동 어르신 (만 65세 이상)	10주 과정

※자세한 프로그램은 정부 파일을 참안하시기 바랍니다.

소담마을인생학교 프로그램 활동 모습

　총회 이후 소담마을인생학교에서는 앞으로 해야 할 일들을 고민했다. 때마침 시에서 '시니어문해사업'으로 두 기관을 지정했는데 소담마을인생학교가 지정되었다. 학교자치워킹그룹과 시니어문해사업으로 예산은 확보되었다. 이제 공간과 프로그램 개발만 하면 되었다. 공간은 마을 주민들이 가장 편리하게 이용할 수 있는 복컴 공간을 확보하려 했다. 총회 때와 마찬가지로 고정적인 시간의 공간 확보는 쉬운 일이 아니었다. 수차례 담당 주무관을 찾아가 방법을 찾아가며 우리가 원하는 기간 동안에 사용할 수 있도록 승낙을 받았다. 이제 프로그램 개발만 남았다. 자치 프로그램과 겹치지 않게 하기 위해서 우리는 유치원 아이들과 60세 이상 어르신들을 대상으로 시범적으로 프로그램을 운영해 보기로 했다. 10주 과정으로 3개의 프로그램 강좌를 만들었다. 강좌의 선생님들은 모두 마을 주민인 학부모들이다. 육아에 전념하면서 아까운 재능을 숨긴 채 지내고 계신 분들이 너무나도 많았다. 재능 있는 분들이 많이 모여서 봉사를 넘어 소득도 생길 수 있고, 마을 선생님과 함께 어디서든 배움이 가능한 공간들이 넘쳐나면 얼마나 좋을까. 시범 사업이지만 의미 있는 시간들이었다. 수업에 참여했던 어르신들은 지금까지 했던 프로그램들 중 가장 유익하고 재미있었다고 칭찬을 아끼지 않으셨다.

　"내년에도 하실 거죠?"

　어르신들은 수업 내내 볼 때마다 물으신다. 그 한마디가 어깨를 무겁게 만든다. 매년 좋은 프로그램으로 다양한 연령층과 만나기를 우리 역시 바라고 있기 때문이다.

소담마을인생학교 프로그램 활동 모습

바이러스도 우리를 이길 수 없다

2020년 이례적인 일이 일어났다. 코로나19 바이스가 창궐하여 온 세계가 혼란 속에 바이러스와 싸우고 있다. 학교도 예외는 아니었다. 금방 종식될 거라 생각하며 연간 계획을 세우고 한 해 동안 학교와 마을에 어떠한 주제로 다가갈지 고민하며 시간을 보냈다. 2월, 3월, 4월…. 시간은 정지되었다. 학교와 학부모회는 비상대책 TF팀으로 지속적으로 만나고 있었고, 우리가 할 수 있는 일은 언제든지 돕겠다고 말씀을 드렸다. 재난에 대한 이해와 대책이 없었기에 그냥 시간을 흘려보낼 수밖에 없었다. 나 자신도 대면에 대한 불안함으로 점점 소극적 태도로 대응하고 있었다. 계속되는 개학 연기로 지칠 때쯤 드디어 6월 개학을 하게 되었다. 소담초는 천 명이 넘는 학생 중 2/3 등교를 해야 하는 상황이어서 한 반을 반으로 나누어 주 2회 등교를 하게 되었다. 학교는 매일 문이 열려 있지만, 상당수 학생들은 집에 있어야 하는 상황이었다. 개학 전에는 학교에서 긴급돌봄으로 학년 대상 제한 없이 원격수업 지원이 가능했는데, 개학을 하면 전 학년 긴급돌봄을 할 수 없는 상황이 되었다. 학교에서도 돌봄 문제로 많은 민원을 감수해야 하는 상황이었다. 원격수업 대상 학생의 돌봄과 지도를 위해 방안들을 모색했다. 방법을 찾던 중에 소담마을인생학교가 떠올랐다. 연간 계획으로 잡혀 있는 계획들은 운영이 어려운 상황이었기에 프로그램, 예산을 변경하여 돌봄이 필요한 아이들을 위해 학교와 역할을 나누어 함께 하기로 했다.

3~6학년 중 원격돌봄이 필요한 아이들을 대상으로 봉사자 6명이 3개 반으로 운영하기로 했다. 2개의 컴퓨터실과 정담터 공간을 노트북으로 세팅을 하여 각 반에 2명의 선생님이 배치되어 아이들을 기다

렸다.

돌봄반 시작. 호기롭게 교실 방역과 아이들 원격수업만 봐주면 된다고 생각했다. 아이들은 마스크를 쓰고 정해진 자리에 앉아 컴퓨터 앞에서 각 학년에서 올려 주신 e-학습터를 보며 수업을 했다. 물론 알아서 시간 안에 열심히 하는 친구들도 있지만 반대로 수업을 방해하는 친구들도 있었다.

아이들이 편안함을 느낄 수 있게 하고 의견을 많이 들어 주고 싶었지만 방역 지침으로 아이들에게 잔소리만 늘어났다. 돌봄반을 운영하면서 시간이 갈수록 선생님의 마음으로 아이들을 바라봐야 할지, 엄마의 마음으로 바라봐야 할지 고민이었다. 반나절 마스크를 쓰고 있어야 하는 아이들에게 조금이나마 숨통을 트여 주기 위해 운동장으로 나가 몸을 움직이게 하고 원격수업 후 남은 시간에 아이들이 조금 더 즐겁게 보낼 수 있도록 다양한 활동지들을 준비하고 함께했다. 돌봄반에서 문제가 생기면 담임선생님과 소통하며 아이를 이해하려고 노력했다.

두 달을 운영하면서 혹시나 학교에 민폐가 되지 않을까 걱정이 되었다. 다행스럽게 학교에서는 학교의 문이 닫힌 상황에서 수많은 문제점이 표출되었는데 그 빈틈에 믿을 만한 어른들이 함께해 주어서 정말 감사하다는 답변을 들었다.

소담마을인생학교를 운영하면서 총회 이후 숙제를 해야 한다는 생각에 프로그램 위주의 계획과 학교 밖 공간에서 할 수 있는 일들만 고민했다. 그런데 이제 마을교육공동체가 학교에서 발생하는 빈틈을 도와줄 수 있고, 폭넓게 학교와 마을 사이에서 역할을 나눌 수 있다는 점에서 소담마을인생학교의 목적과 형태를 다시 만들 시점인 것 같다.

원격학습도움반 운영 안내

원격학습도움반 활동 모습

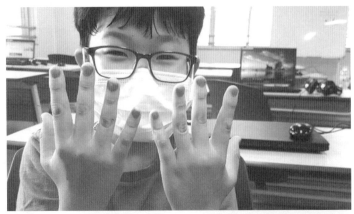

원격학습도움반 활동 모습

숙제

소담마을인생학교를 운영하면서 가장 안타까웠던 일은 공간을 확보하기 위해 시간을 많이 소비한 점이다. 마을교육공동체가 발전하기 위해서는 행정기관과 교육기관의 협력이 무엇보다도 필요함을 절실히 느꼈다. 학교에서는 담장을 넘어 마을과 함께하기 위한 준비가 되었다. 마을에서도 마을교육공동체의 필요성에 대해 진지하게 고민을 해 주면 어떨까. 그 중간에서 징검다리 역할을 하기 위해서는 소담마을인생학교의 역할이 더욱 중요함을 느낀다.

소담마을인생학교는 비록 제안으로 시작하여 만들어진 학교지만 우리들의 시간과 노력이 담긴 소중한 학교이다. 새로운 항해를 위해 돛을 올리려 한다. 형식적인 프로그램들이 아닌 원격학습도움반처럼 마을에서 생기는 빈틈을 채울 수 있는 조직이 되기 위해 고민을 더 많이 해야 할 것 같다. 시작은 하였으나 결과는 아무도 예측할 수 없다. 그래도 우리들의 열정과 희망은 사라지지 않길 희망한다.

2020 소담초 아버지회를 돌이켜 보며

주대근

아빠에게 아이를 엄마에게 자유를!
애들아~ 아빠랑 학교 가자!

짜장면을 먹으며 시작했던 그때처럼 한 해가 시작되는 줄 알았습니다. 그러나 2020년은 지금까지 겪어 보지 못한 해였습니다. 코로나 바이러스에 가장 취약한 학교는 당연히 출입 금지가 되었고, 아이들로 가득 차 있어야 할 교실에는 적막함만 들었습니다. 그럼에도 불구하고 온라인 수업을 통해 선생님과 친구들을 만났으니 그나마 다행이라고 생각했습니다. 계절이 바뀔 때마다 진행되었던 아버지회 행사는 1월 겨울놀이를 마지막으로 진행할 수가 없었고 행사 뒤 지역경제를 뒷받침(?)하던 아버지들만의 뒤풀이도 없어져 많은 아쉬움이 남았습니다. 지금도 그 연장선에 있지만 올해는 조금 더 나아질 거라는 희망에 기대를 해 봅니다.

금년은 코로나19의 어려움 속에서도 많은 것들을 포기해야 했지만 넘어진 김에 쉬어 간다는 말처럼 무리하지 않고 모두의 안전을 최우선으로 하는 비대면 프로그램을 진행하기로 하였습니다. 일명 가족이 함께하는 사진 퍼즐 만들기 프로젝트!

가족이 함께 찍은 사진을 퍼즐로 주문하여 조립하는 장면을 촬영한 사진이나 완성된 퍼즐 사진을 보내 주면 몇 가족에게 선물을 보내 주는 등 시대의 흐름에 맞게 나름의 행사를 진행하였습니다. 생각보다 많은 가족들이 신청하였고 그중 100가족이 선정되어 진행되었습니다.

특히 준비하는 과정은 오로지 온라인 메신저만을 활용해 아버지들과 소통하고 계획하고 모든 것이 일사천리 막힘없이 진행되었습니다. 역시 아버지의 힘입니다. 아버지 몇 명이면 탱크도 만들 수 있다는 말은 괜한 말이 아니었습니다. 비록 예전처럼 함께 모여 계획하고 진행했던 행사처럼 역동성은 보여 주지 못했지만 코로나바이러스라는 큰 장벽 앞에 최선의 선택이었다고 생각합니다. '1년 동안 세상이 많이 바뀌었구나'라는 생각이 들었습니다.

짧지만 한 번의 행사를 끝내고 한 해를 돌이켜 보니 그간 아버지회와 함께했던 추억이 새삼 떠오릅니다. 새로운 친구들을 만나 학교에서 1박 2일을 보내고, 여름엔 물놀이를, 가을엔 함께 지리산을, 자전거 여행, 기차 여행을 갔고, 겨울엔 운동장에서 맨손으로 물고기를 잡고, 군고구마를 굽고, 연탄 봉사를 했던 추억들이 주마등처럼 스쳐 갑니다. 아빠에겐 다소 어색한 학교라는 공간에서 아이와 함께한 날들이 꿈을 꾼 것 같았습니다. 지나가 버린 시간이 너무나 아쉽지만 함께 간직할 수 있는 추억이 생겼다는 것만으로도 너무 좋았습니다. 한참 커 가는 아이와 함께할 수 있는 시간은 그리 많지 않다고 생각합니다. 더 많은 아버지들이 참여할 수 있는 시간을 만들어야겠다는 생각을 해 봅니다.

작년과 마찬가지로 당분간은 사람들이 함께 모여 하는 행사에 많은 제약이 있을 것입니다. 그럼에도 불구하고 올해는 좀 더 나아진다는 희망을 갖고 오늘도 아이와 함께 만들어 가는 아버지회를 꿈꾸어 봅니다.

부록

소소한 교육과정 전학공 이야기

게릴라전학공팀

교감 선생님이 새로 오신 기회로, 소담초를 깊게 들여다보고 싶은 사람들이 만담터(회의실)에 모였다. 이 전학공은 7월 한 달 동안 다양한 주제로 이야기를 나누었다.

#1. 소담이 소담인 이유(7월 1일)

교장 '소담이 소담인 이유'에서 소담부심이 느껴진다.

우석 승호 선생님은 소담초에 온 지 2일 차인데, 어떤지? 솔직하게.

승호 회의가 많다. 그러나 살면서 경험했던 회의와 달랐다. 알림, 전달을 듣는 자리가 아닌 것 같다. 소담은 하나하나 그냥 넘어가는 법이 없다. 모든 것이 논의거리가 된다.

'지지, 응원, 동참, 함께'에 대한 이야기

유찬 내가 적은 거다. 다른 학교에 근무하는 친구들의 이야기를 들어 보면 각개전투의 느낌이 난다. 반면 우리 학교는 누군가 어떤 일을 얼마든지 할 수 있는 분위기다. 그리고 구성원들은 그것을 지지해 준다. 또 응원하고 동참하는 분위기와 문화가 다른 학교와 차이가 있는 것 같다.

우석 살을 붙여 나가 보자. 지지와 응원을 받은 경험을 말해 달라.

유찬 본 것은 배드민턴 동아리고, 겪은 건 삶과 글 동아리다. 배드민턴을 좋아하는 사람들이 동아리를 만들고, 일단 같이 활동하고, 하다 보니 홍보도 하고, 대회도 열었다. 관심 있는 분야를 함께 즐기고, 추진하는 활동에 대해 지지하고 동참하는 분위기가 좋았다. 삶과글 동아리는 1정 연수 때 들은 것을 실천으로 옮겨 보았다. 글을 쓰고 함께 나누는 모임에 대해 알게 되어 학교에서 한번 해 보고자 동학년 선생님들한테 이야기했다. 해 보고 싶다고. 그랬더니 일단 좋다며 응원해 줬다. 그래서 같이 하자고 했고, 작게 시작했다. 하다 보니 동학년 학급에서 일어나는 일을 알게 되었다. 여러 학년에 홍보를 했고, 조금씩 규모를 키워 나가 학년의 일을 공유하게 되었다. 모든 것이 긍정적인 지지와 함께하는 분위기 덕에 가능했다.

유숙 학교 안 공식적인 교직원 동아리 기능이 뭔가 생각해 보면 어쨌든 공동체를 만들고, 진행해 보는 경험은 여러모로 크다. 동아리를 운영하는 경험은 젊은 선생님들이 리더 역할을 해 보는 좋은 기회가 될 것이다. 예산도 사용해 보고 공식적인 모임을 운영하며 사람을 모아 보는 등 당장 부장을 맡는 것보다 유익할 수도 있다.

우석 이게 가능했던 이유는 '우리 학교는 해도 돼', '가능해'라는 문화가 우리에게 있다. 다른 학교를 보면 '교장 선생님한테 물어봐야 돼' 등 진행 절차가 복잡해져 미리 포기하기도 한다. 나아가 뭔가를 하고자 할 때 '우리가 어디까지 일을 진행시킬 수 있는가?'를 아는 것이 교육과정 문해력이라고 생각한다.

여유는 어디서 생기나? 학년에서 자주 만나게 하는 힘은?

교장 여유는 어디에서 생기는가?

유찬 업무량이 적고, 학급의 일에 신경을 쏟으면 되는 학교문화도 큰 몫을 한다. 교사끼리 자주 만나서 하고 싶은 일에 대해 이야기하다 보면 의욕이 생기고, 짬을 내서 일을 추진하고자 심적인 여유를 만들어 내는 것 같다.

상미 학년에서 자주 만나게 하는 힘은 뭔가?

유찬 만나서 이야기하는 것이 재밌어야 한다. 사적 관계를 쌓는 것이 중요한 것 같다.

상미 부러운 점이기도 한데, 젊은 교사들은 시간적인 여유가 있어서 많은 접촉이 가능했을 텐데, 육아 등 개인적인 조건이 맞아서 분위기가 형성되는 건 한계가 있을 것 같다.

영하 사실 작년 6학년이 말하길 전제는 '멤버가 싱글이 많아 가능했다'였다. 적극 동감하는 바. 그런 조건이 충족이 안 된다면? 아직 잘 모르겠다.

상미 확실한 건 어찌 됐든 '같이 해야 좋구나'라는 느낌을 받는 것이 중요하겠다.

소담초TV의 개설 과정

교감 허용적인 분위기는 누가 만들었을까?

유찬 성격도 있다고 본다. 나는 사실 큰 관심 없어서 '그래, 한번 해봐~'라고 느낌으로 말한다. 무던한 사람들이 모이면 좀 더 허용적이지 않을까?

상미 소담초TV의 개설 과정도 비슷하다. 현진 선생님이 소담초TV 를 만들고, 사람들은 '그런가 보다' 했을 때의 과정. 점점 더 커 지고 확산되는 것을 볼 때, 어떤 일을 추진할 때 새초롬하게 보 는 사람보다 '좋다' 하는 사람이 많을 때 일이 크게 확장된다.

유숙 일을 만드는 과정은 좀 조마조마했다. '학교 공식 채널인가? 뭐지?', '먼저 사전 협의를 해야 하지 않나?' 등등. 그런데 이런 식으로 일이 진행되어 크기가 확장되는 경우도 있더라.

상미 공식화되는 과정이 비공식적이었다. 친한 사람들끼리 시작을 했는데, 그 과정에서 소외되는 사람들도 있을 수 있다.

영하 지시하는 문화가 아니어서 그런 것 같다. 어떤 사람이 의견을 던졌을 때 '이런 의미가 있겠다' 식으로 의미를 주변에서 계속 부여한다. 그런 과정이 계속 확장을 돕는 것 같다. 적극 지지! 대 신 협조와 지지가 은근하게 있으니 추진이 가능하다.

그러나 내부적으로 지지받지 못하는 경우도 있다

상미 기획회의에서 몇 번의 사례가 있었다.

교장 늘 명암은 존재한다. 우리 학교의 좋은 점 중 하나는 무작정 직진할 때 옆에서 계속 제동을 걸어 주는 것이다. 지지받지 못한 다기보다 함께 옳은 길로 가려고 말을 보태 주는 거더라.

교감 나와 뜻이 맞는 사람에게는 지지를 하지만, 그렇지 않은 사람 에게는 아닌 경우도 있다. 나와 생각이 다른 사람에게 과연 지지 를 하고 있는가? 소담을 바깥에서 보면 '그들만의 리그(문화)'라 고 한다. 오래 근무한 사람끼리는 눈만 봐도 알겠지만 전입 교사 등 새로 온 사람들에 대한 배려가 필요하다.

상미 기획회의 절차에 대한 문제였던 것 같다. 절차 중 하나만 소홀히 해도 오해가 생기는 것 같다. 이 부분을 잘 챙겨야겠다.

우석 좋은 학교가 되려면 좋은 관리자가 오길 기다릴 수만은 없다. 자존심이 있지 않나. 내부에서 디자인을 잘해야 한다고 생각한다. 물론 시스템에 치중하다 보면 창의성이 떨어지겠지만, 어쨌든 적절한 시스템을 구축해야 한다. 반대되는 입장이 있을 테니 논의 과정을 잘 거치는 것은 필요하다.

유숙 '일을 옳게 하는 것에 매달리느라 옳은 일을 하는 걸 놓친다'는 말이 떠오른다.

외부에서도 지지를 받았으면

영하 '소담 가고 싶지 않다'라는 말을 자주 듣는다. 구성원으로는 좋은데, 바깥의 이야기는 그렇지 않다. 바깥에서도 우리를 지지해 줬으면 좋겠다. '소담초 일을 우리 학교에서도 하면 좋겠다' 등.

유숙 '소담초 너무 잘하고 있지만 아무도 모른다'는 말도 듣는다. 사실 우리가 잘하고 있는 일을 다른 사람들이 알 필요가 있을까?

상미 언론 등 노출이 있으니 다른 학교에서 박탈감이 좀 있는 것도 같다.

교감 소담에 대해 좋게 이야기해도 순수하게 받아들이지 않더라.

우석 나한테는 그런 얘기 안 하던데.

#2. 우리 학교의 철학에 대해(7월 3일)

영하 2년 반이나 됐는데 소담에 잘 못 스며드는 이유를 생각해 보니 철학적인 내용이라 공유가 쉽게 되지 않는 게 아닌가 싶다.

교장 우리 학교의 철학이 뭔가?

상미 학교 비전에 철학이 모두 함축되어 있다. 형이상학적으로 느껴
     지는 이유는 실제 삶과 비전이 연결이 되지 않아서 그런 게 아
     닐까?

우석 살아가는 건 비슷하다. 생활과 도덕이 별개로 존재하는 느낌
     인데, 좀 맞춰야 하지 않나? 우리도 학교 비전과 실제를 세세하
     게 맞춰 가는 것이 중요하다.

영하 철학이라는 단어는 좀 무리인 듯. 철학 대신 마인드로 하겠다.

상미 개교 당시와 비교했을 때 4년 동안 어떤 변화가 있었는지에 대
     해 4년 차 평가 때 논의하면 좋겠다.

유숙 소담 수업관, 학력관 등에 대해 이야기는 했지만, 소담의 철학
     에 대해 이야기해 보진 않았다. 2학기에 같이 이야기하면 좋겠
     다. 개인/공동체 역량을 별개로 삼을 게 아니라 개인의 역량을
     공동체 역량으로 변화시키는 것이 중요하다. 분리해서 생각하면
     안 된다.

우석 사실 다른 학교와 비슷한데, 비슷한 사람들이 살고 있는데. 다
     른 학교와 달리 우리는 철학에 대해 생각하는 사람들이 많다.
     그 이유는 뭘까? '우리 학교의 철학은 뭔가?' 등에 대해 이야기
     하는 학교는 없을 거다.

교감 개인 일을 하면서도 뭔가 더 해야 하지 않을까 하는, 스스로
     뭔가 찾게 만드는 것이 소담의 문화인 것 같다.

지연 기억은 하나의 가치로 묶으려는 경향이 있다. 학교는 아이들의
     행복이 목적인데, 교사마다 방법은 다 다를 것. 그래도 우리는
     소담으로 묶인다. 소담이라는 브랜드가 있는 것이 다른 학교와
     의 차이라고 생각한다.

우석 공모사업 우수 사례 쓰는 담당인 적이 있었다. 막 쓰면서 생각해 보니 '이런 걸로 학교를 관리하는구나.' 그런 경험을 가지고 혁신학교에 와 보니 보는 눈이 더 넓어졌다. '자존심'과 관련된 문제인데, 그런 일이 있을 때 지금은 '그런 거 안 해도 난 잘할 수 있어'라는 생각이 든다.

상미 포상 등에 얽매이지 않을 수 있는 이유. 그런 거 없어도 소담의 방식으로 살아가는 것에 만족을 느끼기 때문이다. 그런 거 없어도 잘 살 수 있다.

우리를 알아줘

교감 '꼭 알아줘야 하나?' 싶은 생각도 있었지만, 우리 학교를 많이 알아주면 좋겠다.

영하 우리 학교를 알아주면 좋겠다는 말은 소담이 긍정적인 파급력을 냈으면 좋겠다는 말 같다. 소담의 성공 사례를 발판 삼아 다른 학교에서도 갖다 쓸 수 있는.

상미 소담을 겪은 사람들은 최소한 옳고 그름에 대한 판단을 더 잘할 수 있기에 앞으로 어딜 가든지 긍정적인 파급력을 낼 수 있을 것이다.

우석 자기가 전문가라고 생각할수록 다른 성공 사례를 잘 인정하지 않을 것이다. '전문가'라는 말에 너무 치우치면 다른 학교의 성공을 받아들이기 힘들다.

교장 변화의 흐름에 맞추어 간다면 서서히 변화가 있을 것이다. 생각보다 많은 것들이 변했다.

영하 4년 동안 시행착오가 있었다. 다른 학교에서 우리의 문화를 가져갈 때, 소담이 4년 걸렸다면 소담을 참고하여 다른 학교는

2년, 또 다른 학교는 1년으로 줄어들 것이다.

유숙 알고 보면 여러 면에서 소담의 파급력이 꽤 있다. 간혹 다른 학교에서 전화가 오기도 한다.

우석 어쨌든 학교에서 필수적으로 겪어야 할 문제는 있을 것이다.

유찬 개교 때 만든 철학을 유지하려면? 이제 소담도 한두 명씩 떠나는 시점이 왔다.

유숙 개교 당시, 더 조이는 방식으로 만든 가치도 있을 것이다. 구성원에 따라 철학도 변할 것이다.

우석 절대 불변은 없을 것이다. 바꿔야 하는 분위기라면 바뀔 수 있다.

#3. 몇 사람의 영향력과 노력(7월 6일)

홍준 우리 학교에 대한 만족도가 높은 반면 심리적인 소진이 크다. 학교가 안전한 울타리 역할을 잘 못하는 느낌이 든다. 소담이 소담스러운 모습을 갖춰 나간 것은 몇 사람의 영향력에 의한 것임을 부정할 수 없다.

영하 그 몇 사람에 홍준 선생님이 있었다고 생각하는데, 휴직을 하고 와서 생각이 달라진 건지?

우석 여러 조건이 있겠지만, 자치학교 4년은 아무래도 아직 이르다고 생각한다. 갈등이 없는 학교가 있나?

교감 불편한 마음이 있다. 뭔지 모르겠지만.

영하 내가 다 할 수 없어서, 다른 사람들이 너무 잘해서 벅찼다. 내가 시간을 얼마나 더 써야 저렇게 될 수 있을까 싶은 마음도 있다.

교장 선생님에 대해

우석 초창기 본인은 '난 카리스마가 없다', '아는 게 없다'라는 말을 많이 했던 것 같다. 그러나 아침 맞이 4년 동안 만들어진 힘은 분명히 있을 것이다. 혁신학교라 내려놓은 것이 많을지 몰라도 그만큼 얻은 것도 많을 것이다.

홍준 아침 맞이가 가장 인상 깊었다. 학생들 이름도 다 기억해 주시고.

유숙 구성원 마음속에 깊이 들어와 있다. 학교 선생님들의 이야기를 들을 때마다 대내외적으로 교장 선생님의 역할과 신뢰에 대한 이야기가 많았다.

우석 카리스마, 포용 등 어떤 식으로든 교직원들의 마음을 움직이는 힘이 있어야 한다고 생각한다. 우리 교장 선생님은 그게 가능한 것 같다.

유숙 김동겸 교감 선생님, 지금은 안 계시지만 마찬가지로 갖고 있는 구성원들에 대한 신뢰가 있을 것이다. 소담에서 역할을 찾는 것에 스스로 고뇌가 많으셨을 것 같다.

우석 요즘 많이 드는 생각인데, 회의 진행을 물 흐르듯 아주 자연스럽게 했다.

영하 본인의 실수를 실수라고 바로 인정하는 모습을 보면 훌륭한 인품을 갖고 계시더라.

유숙 의견이 달랐을 때 또는 관리자 입장에서 걱정스러운 모습을 갖고 있을 때. 그럼에도 불구하고 우리 입장을 지지하고 믿어 주셨다.

#4. 공모 교장 참관 후기(7월 8일)

우석 이런 상황을 나뿐만 아니라 여러분도 겪을 수 있다. 준비과정에서 도와준 사람들, 응원해 준 사람들을 보니 막중한 책임감을 느낀다. 평소에 잘 지내야겠다. 평생을 형식에 얽매이지 않고 살아왔는데, 그럴 필요도 있는 것 같다. 와 주셔서 든든했다. 고맙다.

민정 연예인 보는 것 같았다. 1번 지원자의 이야기를 들었을 때 '말 잘하신다'고 생각했는데, 우석 선생님이 나와서 이야기하는 걸 들으니 '아, 찢었다'.

성주 나는 혁신이 뭔지 잘 모르겠지만 우석 선생님은 혁신에 대한 확고한 신념을 갖고 있다는 생각이 들었다.

우석 우리 학교가 하고 있는 것들이 모두 혁신이다. 월등하다. 우리 학교에서 하는 활동들에 대해 깊게 생각해 보면 도움이 될 것이다.

해정 수업에 대한 생각만 갖고 있는 나인데, 우석 선생님은 정말 넓은 생각을 갖고 있더라.

송철 해밀초에 같이 가는 사람들 입장에서 봤을 때 '또 한마디 하겠구나.' 싶었다. 옆에서 코칭해 주신 분들이 닦달하지 않았겠나. 비교하자면 본인의 경험에 비추어 혁신을 이야기했다. 한 가지 질문이 있다. 나의 성공과 성과가 아닌 해밀의 성공에 대해 신경 쓰겠다고 했는데, 해밀의 성공이 소담에 어떤 영향을 미칠 수 있을까?

우석 2011년에 세종에 왔는데, 출근의 모습과 퇴근의 모습이 다를 정도로 변화가 빨랐다. 멘토의 말 "이 도시가 가치를 가졌으면 좋겠다. 너 같은 젊은이가 하면 좋겠다." 새 도시가 생기면 개인의 욕망이 많이 나온다. 가치에 대해 생각하는 사람도 필요하다고 생각했다. 지도를 보며 소담이 장을 펼칠 수 있는 공간이 되겠다고 생각했다. 소담의 성공을 발판으로 해밀로 가자는 생각을 2015년에 했다. 그 당시에 생각을 했기에 지금의 길이 생기지 않았을까.

영하　우석 선생님의 삶이 무엇인지, 어떤 가치를 갖고 있는지 심사위원이 느꼈을 것이다. 소담 구성원은 당연히 느꼈을 것이고.

지연　정선되지 않은 말에서 가치관이 느껴졌다. 면접에서 '을'이 아니라 면접을 이끄는 느낌을 받았다.

교감　교장단과 교사 사이에 끼어 있는 느낌을 받았다. '나의 포지션은 뭐지?', 교장이 된다고 했을 때, '교장의 역할은 뭐지?' 멘토가 재목을 알아보고 이야기를 해 준 것이다. 이야기를 듣고, 꿈을 꾸고 실천하는 것을 보니 부러웠다. 궁금한 건, 소담에서 한계를 만난 적이 있나? 해밀에서 한계를 만나면 어떻게 극복할까? 거기서 하고 싶은 건 뭔가?

우석　하달식 업무를 하는 것에 대한 반작용으로 혁신학교가 등장했다. 민주주의가 부각되었다. 학교민주주의는 어느 지점에 서 있을까? 학교민주주의에 대한 체계를 잡고 싶은 마음이 크다. 해밀에서는 소담에서 하지 못한 유-초-중-고-마을이 연계된 마을자치를 함께하고 싶다. 소담에서 시도를 했지만 잘 안되어 아쉽다. 관심을 가진 사람은 많이 있었다. 작은 학교는 한 곳의 부재가 크게 다가오지만, 큰 학교는 빈 곳을 다른 것으로 메울 수 있는 기회가 많아 큰 학교에서 도전하는 것이 기대가 된다.

교감　두레 등 전학공은 겉핥기가 아닌 우리 학교의 필요에 의해 진행하는 것이라고 생각한다. 지금 모임 같은 작은 전학공도 마찬

가지다. 다른 학교에서 보기 드문 소담의 특징이다. 교사 간 관계도 좋다. 동아리든 수업 준비든 모두가 즐겁게 생활한다. 유우석 선생님이 소담 문화를 만드는 데 많은 역할을 했다고 생각한다.

영하 인원이 빠졌을 때, '소담은 어디로 가야 할까?'라는 고민이 많은데, 해밀로 가는 분들은 이런 생각을 해 본 적이 있나? 말에서 도움을 얻고 싶다.

현진 나의 정체성은 길을 여는 사람이다. 새로운 곳에서 혁신교육을 위해 애쓸 것이다. 그리고 혁신교육에 힘쓰는 후배들을 위해서라도 더 열심히 해야겠다는 생각이 든다. 내가 소담에 있어야 잘될 거라고 생각했는데, 없어도 남은 사람들이 더 잘할 수 있겠다고 생각한다.

은영 지금의 소담이 몇 사람으로 인해 굴러간다는 생각은 안 든다. 세대교체를 할 때이기도 하다.

교장 세종의 교장 선생님들은 굉장히 민주적이다. 누가 오든 예전 같지 않을 것이다. 소담의 문화가 쉽게 무너지지 않을 것이라고 생각한다. 분위기는 전체가 만드는 것이며 한 사람으로 인해 만들어지는 것이 아니므로 집단지성을 잘 발휘하면 좋겠다. 자유롭게 이야기 나눌 수 있는 분위기를 조성해 주길.

#5. 소담에서 생긴 '내가 기억하는 소담 사건'
(7월 10일, 14일, 15일, 16일)

그의 꿈

상미 과거 우석 선생님과 이야기를 나누던 중 "나는 학교에 힘을 쏟겠다. 내 꿈은 6생활권에서 실현된다"라는 말을 들었다.

토론

상미 많은 자리에서 성 평등과 관련된 토론, 회의를 통해 여러 의견 나눔을 경험했다.

우석 진짜 토론은 2017년 학폭 가산점에 대한 것이었다. 성과급 이 야기는 수월했는데, 학폭 가산점은 치열했다. '원하는 사람이 받 자'와 '돌아가면서 받자'의 토론이 치열했다. 결과가 났는데, 이의 를 제기하고, 또 토론하고. 교장 선생님도 심적으로 불안했을 것 이다.

유숙 생생하게 기억난다. 복직하고 얼마 안 됐을 때인데, 그때 분위 기를 파악하는 데 어려움이 있었다.

영하 치열했던 덕분에 그 이후 소담에 온 사람들은 어려웠다. 이야 기를 꺼내기조차 어려웠다.

우석 이 사건으로 토론 등 민주역량이 많이 올라갔을 것이다. 결과 가 어찌 되었든 과정을 통해 많은 경험을 했다.

두레 폐지 요구

유숙 2018년에 두레가 조직되었다. 초창기에 두레 폐지 또는 개선 에 대한 요구가 많았다. 이 사건을 통해 두레에 대한 내용을 확 고하게 만들고자 하는 의욕이 생겼다. 그래서 『학교자치를 부탁 해』 집필 과정은 내용에 대한 기초가 없던 시기에 두레를 탄탄 하게 만드는 것에 목적을 두었다. 다른 학교 업무지원팀은 기능 적인 부분만 처리하는 곳도 있다. 매년 지원팀 구성에 어려움을 겪기도 한다. 지원팀이 하는 희생을 물질적 보상으로 해결한다.

반면 소담은 두레 중심으로 지원팀을 꾸리는 덕에 내용적인 부분을 챙길 수 있었다.

영하 2018년 전입 왔을 당시 어려웠다. '꼭 해야 하나?' 싶었다. 2019년에 부장을 맡으면서 두레를 하니 부장의 일이 많이 덜어지는 느낌을 받았다. 각 두레에서 영역마다 업무를 맡아서 처리해 주니 업무가 수월했다.

상미 담당자 입장에서 볼 때, 업무를 담당자 혼자 맡아서 하면 어려움을 겪지만 학년 선생님들과 함께한 덕에 다양한 시점에서 업무를 볼 수 있었고, 일 처리가 수월했다.

교감 학교 운영에 모든 교사가 참여하는 것에 의미가 있겠다.

우석 구조적인 측면에서 볼 때, 두레장 모두가 역량을 가져야겠다는 생각이 든다. 다른 학교에서 적용하기 매우 어려울 것이다. 일련의 과정과 내용이 공유되어야 한다. 첫째, 교육과정의 다양한 영역을 주제로 두레를 만드니 교무, 연구 등 기능 부장의 역할이 대폭 축소되었다. 둘째, 학년편의주의에서 벗어날 수 있다. 다양한 학년과의 만남이 학년 이야기 공유를 통해 이루어진다. 셋째, 참여해서 결정하는 것이 중요하다. 참여가 목적이 아니라 두레에서 함께 결정하는 경험이 특히 중요하다. 넷째, 두레에서 논의하면 추진해도 되느냐? 두레에서 논의한 것을 기획회의에서 공유하기로 하고, 큰 하자가 없으면 되도록 존중하는 것을 원칙으로 한다.

영하 작년에는 학년에서 함께 업무를 나누고 두레를 정했는데, 올해 두레를 먼저 정하고 업무를 나누니 수월했다.

쪽문 개방

우석 개교 당시 2단지가 먼저 입주했다. 정문으로 등하교했다. 이후 6단지 입주 후 한 학부모가 쪽문 개방을 요구했다. 학부모대로, 학생회대로, 교사대로 여러 회의를 거쳤고, 회의록을 학교종이 앱으로 공유하고, 공청회도 여는 등 민주적인 절차를 거쳤다.

유숙 교사는 일상의 문제로 학부모의 요구가 와닿지 않을 수 있다. 매일 돌아서 등하교하는 학생 학부모의 입장을 알지 못한 상황이었다. 사실 안전상의 이유로 쪽문을 개방하지 않을 수 있었다. 그런데 이런 절차를 통해서 학부모의 이야기가 명분과 이유가 있구나 알게 되었고, 그래서 설득당할 수 있었다.

우석 '이런 민원 들어주면 하나하나 다 들어줘야 한다'는 불안이 학교 입장에서 있었을 것이다. 그러나 사실 그렇지 않다.

넌 왜 가냐, 거기를

승호 교장 공모제 참관 당시 다른 학교 동료들에게 들었던 말이다. 17명이 참관한 경험에서 소담의 문화를 느꼈다.

우석 예전에는 '어리다', '잘 모르는 게' 등의 이유로 끼고 싶어도 낄 수 없었다. 최대한 많이 참여해 보는 경험이 필요하다. 낄 데를 가리기 시작하면 낄 데가 없다.

지리산, 짜장면

우석 17년도 5명, 18년도 10명 정도, 19년도 40여 명(학생, 학부모, 교사)이 지리산에 같이 갔다. 아버지회 첫 만남 때 교무실에서 짜장면을 먹었는데, "우리 다음에 지리산도 한번 가요"라는 말에서 시작되었다.

밀푀유나베

유찬 소담에 처음 왔을 당시에 있었던 일이다. 실과실에서 여러 선생님들이 요리를 함께 준비하는 걸 보고 소담의 문화를 어렴풋이 느꼈다.

우석 찐한 고통을 겪고 난 이후에 이정현 선생님이 앙금 풀고 함께 잘 지내자는 뜻으로 모임을 기획했다.

학부모회와 연석회의

영하 소담 와서 놀란 것 중 하나가 연석회의다. 회의에 교사뿐만 아니라 학부모와 학생이 참여한다. 특히, 학생 대의원의 의견을 수렴하는 게 놀라웠다.

우석 대표끼리 모여서 회의, 그리고 두 개 이상의 주체가 만나서 회의하는 것을 연석회의라고 한다. 소담 마실이나 소담 축제 TF 등도 일종의 연석회의다.

교사 수상 건

영하 개인적으로 지도 교사상이나 연구회 상을 받는 건 관심이 없어서 별생각 없었다. 스승의 날 포상 같은 것도 관심 없다. 학교에 오래 근무해서 대상이 되더라도 승진을 안 할 생각이라서 관심이 없었다. 소담 선생님들의 의견을 수렴하는 과정에서 (어느 쪽으로 결정되더라도 나쁘지 않을 것 같아서) 사회를 봤는데 어려웠다. 심각하게 의논된 점이 새로웠다.

우석 포상 수상 관련해서 전화 온 적이 있다. 0.2초 동안 고민한 경험이 있었는데 유혹이 없지는 않았다.

교장 이익만 챙겨서 하는 것이 아닌, 누구나 인정할 수 있는. 어떻게 보면 칭찬을 받는 건데 상 받는다고 엄청난 돈이나 명예가 생기는 게 아닐 테고. 그렇지만 그 선생님의 자존감을 세워 줄 수 있다고 생각하므로 당시에는 필요하다고 생각했었다.

번외: 교장 부임 중 하지 못해서 아쉬웠던 점

교장 독서, 1인 1악기, 상, 끼 발표 등이 있다.

영하 우리 학교는 다른 방향과 다른 색깔로 이미 하고 있는 것 같다.

교장 젊은 선생님이 관련하여 더 고민하고 연구를 잘하고 있다고 생각한다. 선생님들 스스로 독서가 얼마나 중요한지 알고 있다. 초등학교에서는 다양한 경험이 중요하다.

유숙 특히 학교에서만 할 수 있는 것들을 해야 한다. 학원이나 가정에서는 할 수 없는 것들.

교장 조금의 불편함과 힘듦에서 비롯되는 다양한 경험이 필요하지 않을까 싶다.

수업 나눔

승호 이전에 동학년 동료장학에서 하나의 지도안으로 공동 수업하는 것, 전체 공개수업, 임상장학 등을 경험했다.

우석 '기존 수업 나눔을 벗어나려면 아예 새로운 방식으로 해야 한다'는 취지에서. 뒷문열기 주간(넓게 나눔), 깊게 나눔(수업 준비부터 사후 협의회까지 함께 함) 등을 만들었다.

교감 넓게 나눔 수업은 단편적인 면만 보지 않을까?

유찬 넓게 나눔을 경험했을 때 여러 학년의 분위기, 학년성을 알수 있었다. 또 평소에 궁금했던 선생님의 수업을 가볍게 볼 수 있었다.

교감 넓게 나눔뿐만 아니라 깊게 나눔도 모두가 하면 좋겠다.

우석 관리와 자발성과 창의성에 대해 생각할 필요가 있다. 수업을 관리한다고 하면 자발성, 창의성이 떨어지고, 그 반대로 하면 관리가 되지 않는 것 같고. 각각의 장단이 있다.

그림자 체험학습

교감 5, 6학년이 가면 어울릴 것 같다.

우석 올해 4~6학년이 하기로 했는데, 코로나19 때문에 못 갔다. 기억나는 게, 작년 6학년 그림자 체험학습 때 그림자 선생님끼리 단톡방을 만들었다. 같이 이야기도 나누고, 사진도 보내는 등 학교에 대한 이해가 커진 느낌이 들었다. '6학년에서 어지간한 사고를 쳐도 이 사람들이 변호해 주겠구나'라는 생각도 들었다.

메기 잡이

유찬 2017학년도 종업식 날, 아버지회에서 운동장에 메기를 풀어놨다. 한곳에서 민속놀이도 하고, 어묵탕도 나눠 주면서 학생들은 풀장에서 메기를 잡고 놀았다. 행사장에 온 느낌이 들었다.

우석 풀장을 만들기로 했는데, '어떻게 하면 아이들이 따뜻하게 활동할까?'에 대해 아버지회 회의를 했다. 이런저런 아이디어를 내다가 획기적인 이야기가 나올 때, 다 같이 환호를 할 때 짜릿한 느낌이 든다. 한 팀이라는 소속감이 들 때다.

#6. 소담이 지켜야 할 '소담'함
(Rules To Follow in Sodam)(7월 17일, 20일, 21일)

공동체

지연 집단지성으로 뭉치는 공동체가 소담을 이끄는 힘이다.

우석 '공동체'라는 말은 중립적이다. '@+공동체'가 되어야 비로소 방향을 가진다.

지연 그럼 '지속적인 공동체'로 하겠다.

교장 같은 생각인데, 나는 '공동체' 대신 '협력'이라는 단어를 썼다. 함께하는 마음이 모두에게 전달되어 협력하는 모습을 보이는 소담이다. 선두주자를 필두로 함께 가는 사람들이 협력했으면 한다.

유숙 '협력공동체'도 좋겠다.

따뜻함

지연 말 한마디조차 따뜻하게 해 주는 우리 소담의 문화. 둥근 결에서 느껴지는 따뜻함이 새로 온 사람들도 빨리 적응할 수 있게 만들어 준다.

우석 왜 따뜻한 것 같은지?

지연 운 좋게도 만난 사람들 모두가 따뜻했다.

승호 3일간 몰카(승호 선생님은 교무실 입성 기념으로 3일 동안 몰래 카메라 이벤트를 당했다)를 당한 것도 따뜻한 맞이의 일종이라고 생각하겠다.

회의, 토의

유찬 업무지원팀에 들어와서 요즘 회의는 나에게 업무 추진할 때의 안심장치다. 칠 부분 치고, 얹을 부분 얹어 주는 사람들이 있으니 기획회의에 들어가서 조언을 구할 수 있다.

승호 오자마자 회의에 많이 참여하게 됐다. 미시적인 부분(수업) 말고, 학교가 어떻게 돌아가는지 알 수 있었다.

교장 회의할 때 힘들다고 생각한 적은 없다. 학교가 살아 있다는 느낌이 컸다. 처음 맡아 달라고 할 때에는 부담스러웠다. 하지만 발제자가 의견 말하고 진행하는 부분이 있어 편했다. 의견이 대립할 때 조율하는 부분은 아직 어렵다. 중간 쉬는 시간도 아주 중요하다. 의견이 팽팽할 때, 자존심 부릴 때, 쉬는 시간을 가지면 선생님들도 여유가 생겨 분위기가 부드러워진다.

동아리

유찬 동아리는 학교에 적응할 수 있게 큰 도움이 된 장치다. 선생님들과 많이 친해질 수 있었고, 동아리를 개설하는 경험도 했고, 함께 사적인, 공적인 이야기를 나누어 돈독해지는 느낌을 받았다.

우석 원래 주 1회 하기로 했는데, 평가회를 거치면서 근무시간 외로 조정이 되었다. 많이 참여하지 않을 줄 알았는데, 또 지내 보니 잘 운영되는 것 같더라. 공식적인 모임이 아니어도 관계에 윤활유가 되는 것 같다.

두레, 전학공

교감 교사 자발적인 모임은 지켜 나갔으면 한다. 복무 관련하여 긍정적인 조임이 되는 수단이다. '오늘 두레가 있었지', '모두 참여하는데 나도 있어야지' 등 긍정적이다. 교사의 지적 욕구를 채워 주는 장치가 되기도 한다.

우석   사실 두레는 자발적인 모임이 아니라 모두가 참여해야 하는 행정조직이다. 두레를 공식화하는 작업이 있었다.

유숙   두레를 없애면 소담 조직이 전면 개편되어야 한다. 잘 지켜 나가면 좋겠다.

교장   의견을 나눌 수 있고, 학년 의견을 공유할 수 있어서 두레는 참 좋은 조직이다. 모든 교사가 학교에 참여할 수 있게 만들어 준다.

우석   결재판이 없는 것도 두레와 관련되어 있다. 두레에서 논의하고, 기획회의에서 결정한다.

끝

유숙   내가 썼다. 오늘 모임 이걸로 끝내려고.(웃음) 여러 기회를 내려놓고, 학교에 올인하는 중이다. '이왕 이렇게 된 거 끝까지 가 보자'라는 각오가 생겼다.

영하   본인이 포기한 것들이 아쉽진 않은지?

유숙   아쉬워하기엔 소담에 와서 얻은 것들도 많다.

지연   소담에 이렇게 올인하는 이유는 무엇인가?

유숙   개교 TF팀에 함께했다. 시간이 지나 하나둘씩 떠나는 모습을 보고, 그래도 끝까지 책임지는 모습을 보이고 싶었다.

교장   짠한 느낌이 든다.

영하   '여기까지만 하자'라는 의미로 받아들였는데, 정반대였다. 대단한 신념이다.

자신감

승호 빠르면 2학기, 내년 되면 많이 바뀔 텐데 그런 흐름 속에서 나머지 사람들이 충분히 잘 해낼 것이다.

우석 위기는 누군가에게 기회일 것. 더 잘할 수 있는 계기가 될 것이다.

교감 몇 사람이 나간다고 크게 바뀌면 안 된다.

아침 맞이

교장 요즘 생각해 보면 중·고등학교 시절 선도부의 역할을 하고 있는 게 아닌가 싶다.

유숙 혁신학교 아침 맞이를 처음 시작한 교장 선생님 책을 본 적이 있다. 관계를 기반으로 한 말들은 잔소리든 훈계든 괜찮다고 본다.

교장 학교를 옮겨도 아침 맞이는 할 생각이다. 재미있어서 하는 거다. 요즘 보면 많은 교장 선생님이 아침 맞이를 한다.

유숙 상징적인 의미라고 생각했는데, 4년째 꾸준히 하시는 모습을 보니 학교 구성원 입장에서 결국 신뢰와 연결되는 것 같다.

우석 '3월 기선 제압을 위해 애들한테 웃어 주지 마라'는 이야기가 계속 전해진다. 소나기 주간은 아이들을 기선 제압하는 관리보다 환대의 의미로 바뀐 좋은 제도이다. 아침 맞이도 같은 맥락이다. 선도부같이 관리하는 것보다 '맞이'의 의미이다. 교장 선생님의 고민은 '엄마니까 이런 소리를 한다'와 비슷할 것이다.

지조

우석 지조가 중요한 것인지 지조를 가지고 뭘 지키자는 것인지?

유숙 함께 정한 것은 우리가 생각하기에 중요한 것이니까 소담의 문화를 지켜 나가자는 뜻이다.

우석 10년 동안 내가 지키기로 한 것은 첫째, 방학 되면 놀러 가는 것. 둘째, 매년 문집 만들기. 셋째, 지리산 가기. 이건 내 나름대로의 지조이다.

유찬 지조 같은 건 아닌데 내가 하고 싶었던 걸 얘기하자면 스포츠클럽이다. 아이들하고 함께 스포츠클럽 활동을 하고 싶다.

교장 좀 다른 얘기지만, 교사 자신만의 '브랜드'를 갖고 있어야 한다.

에세이

우석 말 그대로 '이야기'이다. 우리가 옛날 생각을 해 보면 뭘 가르쳤는지보다 어떤 추억이 있었는지를 먼저 떠올린다. 모든 걸 기억하고 추억할 수는 없기에 지금은 이야기를 만들어야 할 시기가 아닌가 싶다.

교감 소담초와 다른 학교의 차이점이 뭐냐고 물어봤을 때, 세종의 모 교감 선생님이 다른 학교도 다 똑같이 하는 걸 좀 더 멋지게 표현하는 것과 기록하는 것이라고 했다.

#7. 소소한 교육과정 마무리(7월 24일)

교장 거창한 주제 없이 즉문즉답 형식으로 해서 생동감 넘쳤다. 시간을 정해서 한다면 다양한 이야기가 나올 것이다. 생각지도 못한 재미있는 시간이었다. '다른 학교에 갔을 때 기획회의 등 협의체를 운영할 수 있을까'라는 고민이 시작되었다.

우석　기획회의의 핵심은 회의 정례화와 안건 미리 모으기라고 생각한다.

마무리 한마디

우석　'혁신학교 출신 교장'에 대한 기대를 갖고 있을 것이다. 다른데 가서도 분명 잘하실 것.

승호　이 모임에 개근했다. 이 기회를 통해 소담초의 문화를 더 빨리 알 수 있었다.

유찬　회의록을 정리하는 능력이 생겼다. 말과 글로 생각을 정리하는 시간이었다. 소담초의 역사를 한번 훑어본 느낌이다.

지연　2학기에 대한 고민을 많이 했는데, 이 모임에서 생각이 정리되었다. 교장 선생님께 한마디. 임용 2차 면접에서 처음 만나 흐뭇하게 웃어 주신 교장 선생님을 다시 만나니 편하고 좋았다. 소녀 같으시다.

교감　잘 모르겠단 말을 많이 했는데, 함께 이야기(말)해 보니 소담초의 문화를 받아들일 수 있었다. 두레 등 협의체가 생긴 과정에 대해 알게 되니 여러모로 이해가 된다. 학교의 분위기를 이해하는 데 많은 도움이 되었다. 솔직히 이야기하는 시간이라 후련했다.

유숙　오랜 시간 맡은 업무의 책임자는 어쨌든 나라는 생각에 혼자 책임지고 업무를 해 왔다. 터놓고 이야기하니 괜찮은 결과가 나오고, 함께 책임질 수 있을 것 같다. 교감 선생님과 함께했으면 좋겠다고 생각하여 이 모임에 참여했다.

교장　모두 소중한 시간 내서 이렇게 모임에 참여해 준 모든 선생님들에게 고맙다고 말해 주고 싶다.

혁신, 그거 어떻게 하는 걸까?

교장 김묘중

세종 혁신학교 1번지 소담초등학교.

2020년 9월 1일. 소담초 2대 교장으로 발령이 났다. 작은 학교가 아닌 큰 학교, 읍면지역 학교가 아닌 동지역 학교, 게다가 일반 학교가 아닌 혁신학교라니.

'내가? 이거 큰일이다' 걱정이 들면서도 한편으로는,

'혁신? 그거 별거 아닐 거야. 일반 학교에서도 혁신은 다 하고 있는 거잖아.'

스스로 위안을 하며 가슴을 진정시키는데 그동안 들어왔던 혁신학교에 대한 숱한 이야기들이 스쳐 지나간다.

"혁신학교는 회의시간이 길대."

"혁신학교는 선생님마다 의견을 다 들어서 결정해야 하기 때문에 시간이 많이 걸린대."

"혁신학교에서는 교장이 결정할 수 있는 게 없대."

떨리는 마음으로 출근을 하니 코로나19로 학생들을 위한 인사 영상을 찍자고 한다. '배울 힘을 키워 꿈을 찾는 어린이, 나눌 품을 키워 함께 크는 어린이'라는 소담의 철학과 '성실하고 예의 바른 어린이, 몸과 마음이 건강한 어린이'라는 학교장의 학생상을 담아 첫인사를 전하며 첫날이 지난다. 그리고 다음 날부터 시작된 아침 맞이. 혁신학교의 일상을 파악하기에는 코로나19 여파로 여러 아쉬움과 어려운 점이 있어 보였다. 끝없이 이어지는 등교 방법에 대한 논의, 원격수업 방법에 대한 고민, 방역도우미 역할에 대한 협의. 학생들에게 무엇 하나라도 더 돌아가게 하고, 함께하려는 소담 선생님들의 의지와 열정이 그대로 느껴진다.

어려운 상황에서도 사회적 거리 두기를 지키며 여러 차례 진행한 전교직원 다모임, 찾아가는 세종자치학교 정책설명회, 교실에서 즐기는 놀담먹담꿈꾸담 축제, 대화와 감동이 있었던 자치학교 학부모 설명회, 줌ZOOM으로 진행된 학교자체평가회(두레 평가, 수업 컨퍼런스, 연석회의, 교실 마실, 다모임)까지. 혁신학교 4년 차를 마치고 자치학교로 나아가기 위한 여러 가지 몸짓이 생소하기도 하고 놀랍기도 하다.

"혁신학교가 다르긴 다르구나!"

짧은 시간이지만 그간의 학교와의 차이를 온전히 느끼는 시간이다. 치열한 협의 후 준비에서 실행까지 착착 진행되는 모습이 드러내지 않으면서도 스며드는 묘한 그 무엇을 확인하게 된다.

소담초에는 구성원들이 바뀌고 변화할 때마다 서로 소통하고 협력하여 함께하는 학교문화가 자리 잡혀 있다. 교육활동을 기획하고 지원해 주는 업무전담팀인 두레장과 학년교육과정을 자발적으로 실천하는 학년장, 또 거기에 속한 구성원들의 끈끈한 유대관계는 소담에서만 발견할 수 있는 감동과 놀라움이다. 공공성, 민주성, 자발성, 공동체성, 창의성. 혁신학교 원리라는 이 딱딱하고 멀게 느껴지는 말들을 학교 안 일상 곳곳에서 실감하고 발견할 수 있다.

'홀로 서며 함께하는 삶'을 진솔하게 보여 주는 소담초 선생님들은 모두 대단한 사람들이다. 교사이기 전에 사람 냄새가 난다. 아이들을 하나의 인격체로 대하는 마음가짐부터 몸소 행동으로 보여 주는 실천력 또한 놀랄 일이다. 서로가 서로를 배려하고 소통하려고 노력하는 모습은 아름답기까지 하다. 한 사람 한 사람 구성원이자 또한 리더로서 소임을 다해 주는 소담초 선생님들의 열정과 헌신. 이 잘 차려진 밥상에 나는 숟가락만 올려놓고 있는 격이다.

그래서 '혁신, 어떻게 하는 걸까?'에 대해 6개월간 내가 첫 번째로 찾은 답은 바로 교사다. 혁신교육을 실현하는 것도 교사, 교육으로 아이들을 변화시키는 것 바로 교사, 학부모와 소통하며 관계와 참다운 길을 찾는 것도 교사. 그리고 우리 소담초 선생님들이 바로 그런 교사라고 감히 말하고 싶다.

소담초등학교에서 내는 6번째 교육 실천서.
〈학교자치 시리즈〉『학교자치를 부탁해』,『학교자치를 부탁해 2』,
『학생자치를 부탁해』와 〈혁신학교 시리즈〉『어쩌다 혁신학교』,
『그래도 혁신학교』가 절찬리에 판매, 아니 홍보 중이다.

어쩌면 누군가는 궁금할지도 모를 것들에 대한 자문자답 인터뷰.

Q1. 아니 왜 자꾸 책을 내지?
우리도 묻고 싶다. 창작의 고통을 겪으면서 다들 한 번씩은 되뇌
는 질문일 거다.

Q2. 어떻게 참여할 수 있나?
'누구나 조금씩은 주인'이라며 전 교직원 참여 제안을 하지만 초
기 지원자는 많지 않다. 11월 즈음 활동을 시작하는 기록 브로커
를 경계해야 한다. 어느 순간 나타나 "작가가 되고 싶지 않냐"며
유혹하는 그를 주의하라.

Q3. 책 제목은 어디서 왔나?

각출한 회비에서 10만 원 상금을 걸자 30개 후보가 쏟아졌다. 유형화하여 열거, 분석하면,

결과론파 그래서 혁신학교, 이래서 혁신학교, 그건 바로 혁신학교, 다시 또 혁신학교.

답정너파 역시나 혁신학교, 어차피 혁신학교, 언제나 혁신학교, 그럼에도 혁신학교.

우기자파 기어코 혁신학교, 무조건 혁신학교, 이제는 혁신학교.

부추겨파 당장 혁신학교.

공동체파 다함께 혁신학교, 우리는 혁신학교.

자유파 소담스러운 혁신학교, 혁신학교 그곳에는.

성실파 꾸준히 혁신학교, 묵묵히 혁신학교, 오늘도 혁신학교.

발전파 거듭나는 혁신학교, 혁신학교의 미래.

낭만파 꿈꾸는 혁신학교, Shall we 혁신학교?

예쁜말파 소소한 혁신학교, 오롯이 혁신학교.

이 중 압도적으로 정상 범주에 들어 있는 '오늘도 혁신학교'가 표심을 확보했으며, 이 소식에 줍줍파인 '내일도 혁신학교'가 내년 후보군을 노리고 있다고 한다.

Q4. 저자들은 어떤 사람인가?

김민정 병 주고 약 주는 아이들이 예뻐 죽겠는 교사입니다.

김아현 아이들의 웃음이 좋아 선생님이 되었습니다. 아이들과

함께 차별 없는 세상을 만드는 것이 꿈입니다.

김혜진 게으르지만 완벽함을 추구하는 피곤한 새내기 교사입니다. 아이들에게만큼은 늘 한결같은 존재이고 싶습니다.

박지연 오고 가는 사랑 속에서 따스한 편안함을 함께 만들어 가고픈 교사입니다.

서승원 매일 배우고 성장하는 교사입니다.

윤휘경 아이들과 함께 성장해 가는 따뜻한 사람을 꿈꾸는 교사입니다.

이상미 배려와 이해, 책임과 존중이 숨쉬는 평화로운 공동체를 꿈꾸는 교사입니다

임진희 온 마을이 배움터가 되는 그날을 꿈꾸며 오늘도 숙제를 합니다.

임형신 일상 속 소소한 행복에 감사하며 살고 싶은 교무행정사입니다.

장경희 학교 성장과 함께하는 교무행정의 전문가이고 싶습니다.

정유숙 얼굴에 책임져야 할 나이라지만 지금 당장은 학교가 먼 저입니다.

정현미 건강한 학교를 꿈꾸는 보건교사입니다.

조윤진 어쩌다 회장이 되어 책까지 냅니다. 불편하더라도 바른 길로 가고 싶은 자유로운 영혼입니다.

주대근 더불어 사는 세상을 꿈꾸는 평범한 40대 두 아이 아빠입니다.

함유찬 따뜻한 삶을 재미있게 살고 싶습니다. 사람과 사람을 연결하는 소담의 미드필더가 장래 희망.

Q5. 표지는 누가 그렸나?

소담초 교사들의 손그림 동아리 '오늘 뭐 그릴까?'가 그렸다. 수다와 그림 그리기를 좋아하는 선생님들이 2주마다 모여 운영 중이다. 소담 사람들 간의 만남과 이별, 함께 키우던 닭과 토끼, 뱅스크림이 있는 축제, 아이들의 배움 등 학교의 모든 일상이 그림의 소재가 된다. 본교 교사 서정민, 이빛나, 이윤정, 이지현, 전윤주, 최지원, 황소연이 활약 중이고 올해도 절찬리 회원 모집과 더불어 눈부신 작품 활동을 할 예정이다.

오늘도 스마일: 에세이를 쓴 소담 작가팀

오늘도 그린다: 표지를 그린 손그림 동아리팀

삶의 행복을 꿈꾸는 교육은 어디에서 오는가?

● **교육혁명을 앞당기는 배움책 이야기** 혁신교육의 철학과 잉걸진 미래를 만나다!

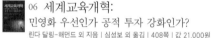

● **비고츠키 선집 시리즈** 발달과 협력의 교육학 어떻게 읽을 것인가?

생각과 말
레프 세묘노비치 비고츠키 지음
배희철·김용호·D. 켈로그 옮김 | 690쪽 | 값 33,000원

도구와 기호
비고츠키·루리야 지음 | 비고츠키 연구회 옮김
336쪽 | 값 16,000원

어린이 자기행동숙달의 역사와 발달 Ⅰ
L.S. 비고츠키 지음 | 비고츠키 연구회 옮김
564쪽 | 값 28,000원

어린이 자기행동숙달의 역사와 발달 Ⅱ
L.S. 비고츠키 지음 | 비고츠키 연구회 옮김
552쪽 | 값 28,000원

어린이의 상상과 창조
L.S. 비고츠키 지음 | 비고츠키 연구회 옮김
280쪽 | 값 15,000원

비고츠키와 인지 발달의 비밀
A.R. 루리야 지음 | 배희철 옮김 | 280쪽 | 값 15,000원

수업과 수업 사이
비고츠키 연구회 지음 | 196쪽 | 값 12,000원

비고츠키의 발달교육이란 무엇인가?
비고츠키교육학실천연구모임 지음 | 412쪽 | 값 21,000원

비고츠키 철학으로 본 핀란드 교육과정
배희철 지음 | 456쪽 | 값 23,000원

성장과 분화
L.S. 비고츠키 지음 | 비고츠키 연구회 옮김
308쪽 | 값 15,000원

연령과 위기
L.S. 비고츠키 지음 | 비고츠키 연구회 옮김
336쪽 | 값 17,000원

의식과 숙달
L.S 비고츠키 | 비고츠키 연구회 옮김
348쪽 | 값 17,000원

분열과 사랑
L.S. 비고츠키 지음 | 비고츠키 연구회 옮김
260쪽 | 값 16,000원

성애와 갈등
L.S. 비고츠키 지음 | 비고츠키 연구회 옮김
268쪽 | 값 17,000원

흥미와 개념
L.S. 비고츠키 지음 | 비고츠키 연구회 옮김
408쪽 | 값 21,000원

관계의 교육학, 비고츠키
진보교육연구소 비고츠키교육학실천연구모임 지음
300쪽 | 값 15,000원

비고츠키 생각과 말 쉽게 읽기
진보교육연구소 비고츠키교육학실천연구모임 지음
316쪽 | 값 15,000원

교사와 부모를 위한 비고츠키 교육학
카르포프 지음 | 실천교사번역팀 옮김
308쪽 | 값 15,000원

혁신교육, 철학을 만나다
브렌트 데이비스·데니스 수마라 지음
현인철·서용선 옮김 | 304쪽 | 값 15,000원

혁신교육 존 듀이에게 묻다
서용선 지음 | 292쪽 | 값 14,000원

다시 읽는 조선 교육사
이만규 지음 | 750쪽 | 값 33,000원

대한민국 교육혁명
교육혁명공동행동 연구위원회 지음
224쪽 | 값 12,000원

경쟁을 넘어 발달 교육으로
현광일 지음 | 288쪽 | 값 14,000원

독일 교육, 왜 강한가?
박성희 지음 | 324쪽 | 값 15,000원

핀란드 교육의 기적
한넬레 니에미 외 엮음 | 장수명 외 옮김
456쪽 | 값 23,000원

한국 교육의 현실과 전망
심성보 지음 | 724쪽 | 값 35,000원

통하는 공부
김태호·김형우·이경석·심우근·허진만 지음
324쪽 | 값 15,000원

내일 수업 어떻게 하지?
아이함께 지음 | 300쪽 | 값 15,000원
2015 세종도서 교양부문

인간 회복의 교육
성래운 지음 | 260쪽 | 값 13,000원

교과서 너머 교육과정 마주하기
이윤미 외 지음 | 368쪽 | 값 17,000원

수업 고수들
수업·교육과정·평가를 말하다
박현숙 외 지음 | 368쪽 | 값 17,000원

도덕 수업, 책으로 묻고 윤리로 답하다
울산도덕교사모임 지음 | 320쪽 | 값 15,000원

체육 교사, 수업을 말하다
전용진 지음 | 304쪽 | 값 15,000원

교실을 위한 프레이리
아이러 쇼어 엮음 | 사람대사람 옮김
412쪽 | 값 18,000원

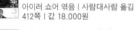
마을교육공동체란 무엇인가?
서용선 외 지음 | 360쪽 | 값 17,000원

교사, 학교를 바꾸다
정진화 지음 | 372쪽 | 값 17,000원

함께 배움
학생 주도 배움 중심 수업 이렇게 한다
니시카와 준 지음 | 백경석 옮김 | 280쪽 | 값 15,000원

공교육은 왜?
홍섭근 지음 | 352쪽 | 값 16,000원

자기혁신과 공동의 성장을 위한
교사들의 필리버스터
윤양수·원종희·장군·조경삼 지음 | 280쪽 | 값 14,000원

함께 배움 이렇게 시작한다
니시카와 준 지음 | 백경석 옮김 | 196쪽 | 값 12,000원

함께 배움 교사의 말하기
니시카와 준 지음 | 백경석 옮김 | 188쪽 | 값 12,000원

교육과정 통합, 어떻게 할 것인가?
성열관 외 지음 | 192쪽 | 값 13,000원

학교 혁신의 길, 아이들에게 묻다
남궁상운 외 지음 | 272쪽 | 값 15,000원

미래교육의 열쇠, 창의적 문화교육
심광현·노명우·강정석 지음 | 368쪽 | 값 16,000원

주제통합수업,
아이들을 수업의 주인공으로!
이윤미 외 지음 | 392쪽 | 값 17,000원

수업과 교육의 지평을 확장하는 수업 비평
윤양수 지음 | 316쪽 | 값 15,000원
2014 문화체육관광부 우수교양도서

교사, 선생이 되다
김태은 외 지음 | 260쪽 | 값 13,000원

교사의 전문성, 어떻게 만들어지나
국제교원노조연맹 보고서 | 김석규 옮김
392쪽 | 값 17,000원

수업의 정치
윤양수·원종희·장군 지음 | 280쪽 | 값 14,000원

학교협동조합,
현장체험학습과 마을교육공동체를 잇다
주수원 외 지음 | 296쪽 | 값 15,000원

거꾸로 교실,
잠자는 아이들을 깨우는 수업의 비밀
이민경 지음 | 280쪽 | 값 14,000원

교사는 무엇으로 사는가
정은균 지음 | 292쪽 | 값 15,000원

마음의 힘을 기르는 감성수업
조선미 외 지음 | 300쪽 | 값 15,000원

작은 학교 아이들
지경준 엮음 | 376쪽 | 값 17,000원

아이들의 배움은 어떻게 깊어지는가
이시이 준지 지음 | 방지현·이창희 옮김
200쪽 | 값 11,000원

대한민국 입시혁명
참교육연구소 입시연구팀 지음 | 220쪽 | 값 12,000원

교사를 세우는 교육과정
박승열 지음 | 312쪽 | 값 15,000원

전국 17명 교육감들과 나눈 교육 대담
최창의 대담·기록 | 272쪽 | 값 15,000원

들뢰즈와 가타리를 통해 유아교육 읽기
리세롯 마리엣 올슨 지음 | 이연선 외 옮김
328쪽 | 값 17,000원

학교 민주주의의 불한당들
정은균 지음 | 276쪽 | 값 14,000원

프레이리의 사상과 실천
사람대사람 지음 | 352쪽 | 값 18,000원
2018 세종도서 학술부문

혁신학교, 한국 교육의 미래를 열다
송순재 외 지음 | 608쪽 | 값 30,000원

페다고지를 위하여
프레네의『페다고지 불변요소』읽기
박찬영 지음 | 296쪽 | 값 15,000원

노자와 탈현대 문명
홍승표 지음 | 284쪽 | 값 15,000원

선생님, 민주시민교육이 뭐예요?
염경미 지음 | 244쪽 | 값 15,000원

어쩌다 혁신학교
유우석 외 지음 | 380쪽 | 값 17,000원

미래, 교육을 묻다
정광필 지음 | 232쪽 | 값 15,000원

대학, 협동조합으로 교육하라
박주희 외 지음 | 252쪽 | 값 15,000원

입시, 어떻게 바꿀 것인가?
노기원 지음 | 306쪽 | 값 15,000원

촛불시대, 혁신교육을 말하다
이용관 지음 | 240쪽 | 값 15,000원

라운드 스터디
이시이 데루마사 외 엮음 | 224쪽 | 값 15,000원

미래교육을 디자인하는 **학교교육과정**
박승열 외 지음 | 348쪽 | 값 18,000원

흥미진진한 아일랜드 전환학년 이야기
제리 제퍼스 지음 | 최상덕·김호원 옮김 | 508쪽 | 값 27,000원
2019 대한민국학술원우수학술도서

폭력 교실에 맞서는 용기
따돌림사회연구모임 학급운영팀 지음
272쪽 | 값 15,000원

그래도 혁신학교
박은혜 외 지음 | 248쪽 | 값 15,000원

학교는 어떤 공동체인가?
성열관 외 지음 | 228쪽 | 값 15,000원

교사 전쟁
다나 골드스타인 지음 | 유성상 외 옮김
468쪽 | 값 23,000원

시민, 학교에 가다
최형규 지음 | 260쪽 | 값 15,000원

교육과정, 수업, 평가의 일체화
리사 카터 지음 | 박승열 외 옮김 | 196쪽 | 값 13,000원

학교를 개선하는 교장
지속가능한 학교 혁신을 위한 실천 전략
마이클 풀란 지음 | 서동연·정효준 옮김 | 216쪽 | 값 13,000원

공자뎐, 논어는 이것이다
유문상 지음 | 392쪽 | 값 18,000원

교사와 부모를 위한
발달교육이란 무엇인가?
현광일 지음 | 380쪽 | 값 18,000원

교사, 이오덕에게 길을 묻다
이무완 지음 | 328쪽 | 값 15,000원

낙오자 없는 스웨덴 교육
레이프 스트란드베리 지음 | 변광수 옮김
208쪽 | 값 13,000원

끝나지 않은 마지막 수업
장석웅 지음 | 328쪽 | 값 20,000원

경기꿈의학교
진흥섭 외 지음 | 360쪽 | 값 17,000원

학교를 말한다
이성우 지음 | 292쪽 | 값 15,000원

행복도시 세종,
혁신교육으로 디자인하다
곽순일 외 지음 | 392쪽 | 값 18,000원

나는 거꾸로 교실 거꾸로 교사
류광모·임정훈 지음 | 212쪽 | 값 13,000원

교실 속으로 간 **이해중심 교육과정**
온정덕 외 지음 | 224쪽 | 값 13,000원

교실, 평화를 말하다
따돌림사회연구모임 초등우정팀 지음
268쪽 | 값 15,000원

학교자율운영 2.0
김용 지음 | 240쪽 | 값 15,000원

학교자치를 부탁해
유우석 외 지음 | 252쪽 | 값 15,000원

국제이해교육 페다고지
강순원 외 지음 | 256쪽 | 값 15,000원

선생님, 페미니즘이 뭐예요?
염경미 지음 | 280쪽 | 값 15,000원

평화의 교육과정 섬김의 리더십
이준원·이형빈 지음 | 292쪽 | 값 16,000원

학교를 살리는 회복적 생활교육
김민자·이순영·정선영 지음 | 256쪽 | 값 15,000원

 수포자의 시대
김성수·이형빈 지음 | 252쪽 | 값 15,000원

 교사를 위한 교육학 강의
이형빈 지음 | 336쪽 | 값 17,000원

 혁신학교와 실천적 교육과정
신은희 지음 | 236쪽 | 값 15,000원

 새로운학교 학생을 날게 하다
새로운학교네트워크 총서 02 | 408쪽 | 값 20,000원

 삶의 시간을 잇는 문화예술교육
고영직 지음 | 292쪽 | 값 16,000원

 세월호가 묻고 교육이 답하다
경기도교육연구원 지음 | 214쪽 | 값 13,000원

 혐오, 교실에 들어오다
이혜정 외 지음 | 232쪽 | 값 15,000원

 미래교육, 어떻게 만들어갈 것인가?
송기상·김성천 지음 | 300쪽 | 값 16,000원
2019 세종도서 교양부문

 혁신교육지구와 마을교육공동체는 어떻게 만들어지는가?
김태정 지음 | 376쪽 | 값 18,000원

 교육에 대한 오해
우문영 지음 | 224쪽 | 값 15,000원

 선생님, 특성화고 자기소개서 어떻게 써요?
이지영 지음 | 322쪽 | 값 17,000원

 혁신교육지구 현장을 가다
이용운 외 4인 지음 | 344쪽 | 값 18,000원

 학생과 교사, 수업을 묻다
전용진 지음 | 344쪽 | 값 18,000원

 배움의 독립선언, 평생학습
정민승 지음 | 240쪽 | 값 15,000원

 혁신학교의 꽃, 교육과정 다시 그리기
안재일 지음 | 344쪽 | 값 18,000원

 **교육혁신의 시대
배움의 공간을 상상하다**
함영기 외 지음 | 264쪽 | 값 17,000원

 학습격차 해소를 위한 새로운 도전
보편적 학습설계 수업
조윤정 외 지음 | 225쪽 | 값 15,000원

 서울의 마을교육
이용윤 외 지음 | 352쪽 | 값 18,000원

 물질과의 새로운 만남
베로니카 파치니-케처바우 지음 | 240쪽 | 값 15,000원

 평화와 인성을 키우는 자기우정
따돌림사회연구모임 우정팀 지음 | 240쪽 | 값 15,000원

 미래교육을 열어가는 배움중심 원격수업
이윤서 외 지음 | 332쪽 | 값 17,000원

● **살림터 참교육 문예 시리즈** 영혼이 있는 삶을 가르치는 온 선생님을 만나다!

 꽃보다 귀한 우리 아이는
조재도 지음 | 244쪽 | 값 12,000원

 선생님이 먼저 때렸는데요
강병철 지음 | 248쪽 | 값 12,000원

 성깔 있는 나무들
최은숙 지음 | 244쪽 | 값 12,000원

 서울 여자, 시골 선생님 되다
조경선 지음 | 252쪽 | 값 12,000원

 아이들에게 세상을 배웠네
명혜정 지음 | 240쪽 | 값 12,000원

 행복한 창의 교육
최창의 지음 | 328쪽 | 값 15,000원

 밥상에서 세상으로
김흥숙 지음 | 280쪽 | 값 13,000원

 북유럽 교육 기행
정애경 외 14인 지음 | 288쪽 | 값 14,000원

 우물쭈물하다 끝난 교사 이야기
유기창 지음 | 380쪽 | 값 17,000원

 시험 시간에 웃은 건 처음이에요
조규선 지음 | 252쪽 | 값 15,000원

 오천년을 사는 여지
염경미 지음 | 272쪽 | 값 16,000원

 다정한 교실에서 20,000시간
강정희 지음 | 296쪽 | 값 16,000원

교과서 밖에서 만나는 역사 교실 상식이 통하는 살아 있는 역사를 만나다

전봉준과 동학농민혁명
조광환 지음 | 336쪽 | 값 15,000원

남도의 기억을 걷다
노성태 지음 | 344쪽 | 값 14,000원

응답하라 한국사 1·2
김은석 지음 | 356쪽·368쪽 | 각권 값 15,000원

즐거운 국사수업 32강
김남선 지음 | 280쪽 | 값 11,000원

즐거운 세계사 수업
김은석 지음 | 328쪽 | 값 13,000원

강화도의 기억을 걷다
최보길 지음 | 276쪽 | 값 14,000원

광주의 기억을 걷다
노성태 지음 | 348쪽 | 값 15,000원

선생님도 궁금해하는
한국사의 비밀 20가지
김은석 지음 | 312쪽 | 값 15,000원

걸림돌
키르스텐 세룹-빌펠트 지음 | 문봉애 옮김
248쪽 | 값 13,000원

역사수업을 부탁해
열 사람의 한 걸음 지음 | 388쪽 | 값 18,000원

진실과 거짓, 인물 한국사
하성환 지음 | 400쪽 | 값 18,000원

우리 역사에서 사라진
근현대 인물 한국사
하성환 지음 | 296쪽 | 값 18,000원

꼬물꼬물 거꾸로 역사수업
역모자들 지음 | 436쪽 | 값 23,000원

즐거운 동아시아사 수업
김은석 지음 | 240쪽 | 값 15,000원

노성태, 역사의 길을 걷다
노성태 지음 | 324쪽 | 값 17,000원

교과서 밖에서 배우는 역사 공부
정은교 지음 | 292쪽 | 값 14,000원

팔만대장경도 모르면 빨래판이다
전병철 지음 | 360쪽 | 값 16,000원

빨래판도 잘 보면 팔만대장경이다
전병철 지음 | 360쪽 | 값 16,000원

영화는 역사다
강성률 지음 | 288쪽 | 값 13,000원

친일 영화의 해부학
강성률 지음 | 264쪽 | 값 15,000원

한국 고대사의 비밀
김은석 지음 | 304쪽 | 값 13,000원

조선족 근현대 교육사
정미량 지음 | 320쪽 | 값 15,000원

다시 읽는 조선근대 교육의 사상과 운동
윤건차 지음 | 이명실·심성보 옮김 | 516쪽 | 값 25,000원

음악과 함께 떠나는 세계의 혁명 이야기
조광환 지음 | 292쪽 | 값 15,000원

논쟁으로 보는 일본 근대 교육의 역사
이명실 지음 | 324쪽 | 값 17,000원

다시, 독립의 기억을 걷다
노성태 지음 | 320쪽 | 값 16,000원

한국사 리뷰
김은석 지음 | 244쪽 | 값 15,000원

경남의 기억을 걷다
류형진 외 지음 | 564쪽 | 값 28,000원

어제와 오늘이 만나는 교실
학생과 교사의 역사수업 에세이
정진경 외 지음 | 328쪽 | 값 17,000원

● 더불어 사는 정의로운 세상을 여는 인문사회과학 사람의 존엄과 평등의 가치를 배운다

밥상혁명
강양구·강이현 지음 | 298쪽 | 값 13,800원

좌우지간 인권이다
안경환 지음 | 288쪽 | 값 13,000원

도덕 교과서 무엇이 문제인가?
김대용 지음 | 272쪽 | 값 14,000원

민주시민교육
심성보 지음 | 544쪽 | 값 25,000원

자율주의와 진보교육
조엘 스프링 지음 | 심성보 옮김 | 320쪽 | 값 15,000원

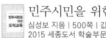
민주시민을 위한 도덕교육
심성보 지음 | 500쪽 | 값 25,000원
2015 세종도서 학술부문

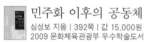
민주화 이후의 공동체 교육
심성보 지음 | 392쪽 | 값 15,000원
2009 문화체육관광부 우수학술도서

교과서 밖에서 배우는 인문학 공부
정은교 지음 | 280쪽 | 값 13,000원

갈등을 넘어 협력 사회로
이창언·오수길·유문종·신윤관 지음
280쪽 | 값 15,000원

오래된 미래교육
정재걸 지음 | 392쪽 | 값 18,000원

동양사상과 마음교육
정재걸 외 지음 | 356쪽 | 값 16,000원
2015 세종도서 학술부문

대한민국 의료혁명
전국보건의료산업노동조합 엮음 | 548쪽 | 값 25,000원

교과서 밖에서 배우는 철학 공부
정은교 지음 | 280쪽 | 값 14,000원

교과서 밖에서 배우는 고전 공부
정은교 지음 | 288쪽 | 값 14,000원

교과서 밖에서 배우는 사회 공부
정은교 지음 | 304쪽 | 값 15,000원

전체 안의 전체 사고 속의 사고
김우창의 인문학을 읽다
현광일 지음 | 320쪽 | 값 15,000원

교과서 밖에서 배우는 윤리 공부
정은교 지음 | 292쪽 | 값 15,000원

카스트로, 종교를 말하다
피델 카스트로·프레이 베토 대담 | 조세종 옮김
420쪽 | 값 21,000원

한글 혁명
김슬옹 지음 | 388쪽 | 값 18,000원

일제강점기 한국철학
이태우 지음 | 448쪽 | 값 25,000원

우리 안의 미래교육
정재걸 지음 | 484쪽 | 값 25,000원

한국 교육 제4의 길을 찾다
이길상 지음 | 400쪽 | 값 21,000원
2019 세종도서 학술부문

왜 그는 한국으로 돌아왔는가?
황선준 지음 | 364쪽 | 값 17,000원
2019 세종도서 교양부문

마을교육공동체 생태적 의미와 실천
김용련 지음 | 256쪽 | 값 15,000원

공간, 문화, 정치의 생태학
현광일 지음 | 232쪽 | 값 15,000원

교육과정에서 왜 지식이 중요한가
심성보 지음 | 440쪽 | 값 23,000원

인공지능 시대의 사회학적 상상력
홍승표 지음 | 260쪽 | 값 15,000원

식물에게서 교육을 배우다
이차영 지음 | 260쪽 | 값 15,000원

동양사상과 인간 그리고 사회
이현지 지음 | 418쪽 | 값 21,000원

왜 전태일인가
송필경 지음 | 236쪽 | 값 17,000원

장자와 탈현대
정재걸 외 지음 | 424쪽 | 값 21,000원

한국 세계시민교육이 나아갈 길을 묻다
유네스코태평양 국제이해교육원 지음 | 260쪽 | 값
18,000원

놀자선생의 놀이인문학
진용근 지음 | 380쪽 | 값 185,000원

● 평화샘 프로젝트 매뉴얼 시리즈 학교폭력에 대한 근본적인 예방과 대책을 찾는다

학교폭력 어떻게 만들어지는가
문재현 외 지음 | 300쪽 | 값 14,000원

아이들을 살리는 동네
문재현·신동명·김수동 지음 | 204쪽 | 값 10,000원

학교폭력, 멈춰!
문재현 외 지음 | 348쪽 | 값 15,000원

평화! 행복한 학교의 시작
문재현 외 지음 | 252쪽 | 값 12,000원

왕따, 이렇게 해결할 수 있다
문재현 외 지음 | 236쪽 | 값 12,000원

마을에 배움의 길이 있다
문재현 지음 | 208쪽 | 값 10,000원

젊은 부모를 위한 백만 년의 육아 슬기
문재현 지음 | 248쪽 | 값 13,000원

별자리, 인류의 이야기 주머니
문재현·문한뫼 지음 | 444쪽 | 값 20,000원

우리는 마을에 산다
유양우·신동명·김수동·문재현 지음
312쪽 | 값 15,000원

동생아, 우리 뭐 하고 놀까?
문재현 외 지음 | 280쪽 | 값 15,000원

누가, 학교폭력 해결을 가로막는가?
문재현 외 지음 | 312쪽 | 값 15,000원

**코로나 19가 앞당긴 미래,
마을에서 찾는 배움길**
문재현 외 지음 | 308쪽 | 값 16,000원

● 남북이 하나 되는 두물머리 평화교육 분단 극복을 위한 치열한 배움과 실천을 만나다

10년 후 통일
정동영·지승호 지음 | 328쪽 | 값 15,000원

선생님, 통일이 뭐예요?
정경호 지음 | 252쪽 | 값 13,000원

분단시대의 통일교육
성래운 지음 | 428쪽 | 값 18,000원

김창환 교수의 DMZ 지리 이야기
김창환 지음 | 264쪽 | 값 15,000원

한반도 평화교육 어떻게 할 것인가
이기범 외 지음 | 252쪽 | 값 15,000원

포괄적 평화교육
베티 리어든 지음 | 강순원 옮김 | 252쪽 | 값 17,000원

● 창의적인 협력 수업을 지향하는 삶이 있는 국어 교실 우리말 글을 배우며 세상을 배운다

**중학교 국어 수업
어떻게 할 것인가?**
김미경 지음 | 340쪽 | 값 15,000원

토론의 숲에서 나를 만나다
명혜정 엮음 | 312쪽 | 값 15,000원

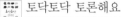
토닥토닥 토론해요
명혜정·이명선·조선미 엮음 | 288쪽 | 값 15,000원

인문학의 숲을 거니는 토론 수업
순천국어교사모임 엮음 | 308쪽 | 값 15,000원

어린이와 시
오인태 지음 | 192쪽 | 값 12,000원

수업, 슬로리딩과 함께
박경숙 외 지음 | 268쪽 | 값 15,000원

언어던
정은균 지음 | 268쪽 | 값 15,000원
2019 세종도서 교양부문

민촌 이기영 평전
이성렬 지음 | 508쪽 | 값 20,000원

감각의 갱신, 화장하는 인민
남북문학예술연구회 | 380쪽 | 값 19,000원

참된 삶과 교육에 관한
생각 줍기